沿岸巡航入门

美国帆船协会沿岸巡航基础课程官方教材

美国帆船协会 / 编
刘伟 / 译

大连海事大学出版社

图书在版编目（CIP）数据

沿岸巡航入门 / 美国帆船协会编 ；刘伟译. — 大连 ：大连海事大学出版社，2019.9（2025.7 重印）
ISBN 978-7-5632-3832-3

Ⅰ. ①沿… Ⅱ. ①美… ②刘… Ⅲ. ①机帆船－资格考试－教材 Ⅳ. ① U674.926

中国版本图书馆 CIP 数据核字 (2019) 第 177009 号

沿岸巡航入门

Coastal Cruising Made Easy

大连海事大学出版社出版

地址：大连市黄浦路 523 号 邮编：116026 电话：0411-84729665(营销部） 84729480（总编室）
http://press.dlmu.edu.cn E-mail:dmupress@dlmu.edu.cn

大连天骄彩色印刷有限公司印装 大连海事大学出版社发行

2019 年 9 月第 1 版 2025 年 7 月第 3 次印刷
幅面尺寸：215 mm× 280 mm 印张：11.5
字数：364 千 印数：5011~6520 册

出 版 人：余锡荣 责任编辑：董洪英
封面设计：解瑶瑶 责任校对：杨 淼

ISBN 978-7-5632-3832-3 审图号：GS（2019）3087 号 定价：139.00 元

沿岸巡航基础课程ASA103教材

《沿岸巡航入门》

组织单位　美帆联国际体育发展有限公司

策　　划　KEN BROWN　于　虹

翻　　译　刘　伟

校　　对　郭丹蓉　穆昱仲　张　坚　张科钱

美国帆船协会简介

美国帆船协会（ASA）成立于1983年，使命是教人们如何安全、自信地驾驶帆船。为了实现这个目标，ASA着手设立了一系列标准用以衡量学员的知识与技能水平，这是美国第一套适用于龙骨帆船水手的统一标准。

在充分研究了其他国家开设的课程后，ASA的创始人选择了加拿大游艇协会（CYA）的学习巡航（Learn to Cruise）课程，并获准在美国开课。基于背后的强大传承，ASA不断吸收来自其学校网络的宝贵建议，持续提升并扩大其教育体系。

如今，ASA是由帆船学校、租船公司、专业帆船教练和水手，和超过300所遍布欧洲、中美洲、美国、日本、中国（包括台湾地区）以及其他远东国家/地区附属帆船学校所构成的联盟。这些认证学校向达到相应水平的学员颁发ASA认证证书。

本书属于ASA认证体系中八个重要级别中的ASA103——沿岸巡航基础课程的教材。如果你正在一所ASA学校中学习航海课程，可能早已熟悉ASA101课程官方教材《帆船驾驶入门》。顺利通过ASA103课程的笔试及水上实践考试之后，你可以继续报名参加ASA104光船租赁课程，获得更多的知识、自信和资历，几乎能在全球任何一个地方担任帆船船长。

不论你的目标是在波利尼西亚的塔希提岛租船，还是自信满满地在周末短途航行中担当船员，ASA的帆船教育体系将为你提供全面的帆船理论指导，训练你必需的驾船技巧，并为你奠定坚实的知识基础，使你能够合法且安全地驾船。

通过设定帆船教育的国际化标准，ASA使更多的人能够安全地参与此项运动，经过适当的训练及船长责任感的培养，保证让每一个人的航行都更安全、更智慧、更有趣。

如欲了解更多，请访问我们的网站：www.asa-asia.com。

Charlie Nobels

美国帆船协会执行理事

本书目的

编写本书的初衷是将它作为ASA103沿岸巡航基础课程的教科书。因为ASA103课程的内容紧密衔接龙骨帆船驾驶基础课程（ASA101），因此本书也以ASA101教材《帆船驾驶入门》的内容为基础。

本书适用于有一定帆船驾驶基础，并希望进一步提升技能以便能在日间的熟悉水域航行更远距离的人群。若能成功地完成本书的学习目标，则证明他们有能力作为船长或船员，在适宜的风力与海况中驾驶25~35英尺长的配备辅助动力的帆船，在当地相应水域内安全航行。

在编写本书的过程中，ASA吸收了其他帆船教练在岸上及水上长期教学实践中所积累的经验。因此，本书的内容切合学员们的实际学习过程，针对学生的水上训练能够将理论运用于实践，树立信心、提升安全。

本书也是ASA后续课程和教材的基础。完成ASA103沿岸巡航基础课程的学员中有2/3将继续学习ASA104光船租赁课程，进一步在一次驶离熟悉水域、持续数天的租船旅程中，学习作为船长所必须掌握的一些高级知识点——这是许多初学者的目标。

虽然本书是非常好的教学工具，但是书面的文字并不能取代教练的个人见解和亲自指导。本书是ASA103水上实践的课前读物，也是课内教材，更是未来航行中的参考书。

本书共八章，配有四套复习题，用以巩固知识，并为学员参加ASA103考试做准备。帆船运动涉及大量词汇，本书首次出现的词汇都有中英文对照和解释，大多配有插图。常用词汇和术语参见书末词汇表。

作者团队简介

美国帆船协会感谢以下所有参与本书编写的编辑和作者等。

编辑

Peter Isler 美国著名职业水手，自1983年以来一直担任ASA董事，致力于带领新人加入帆船运动。曾荣获耶鲁大学“年度大学船员称号”，至今已参加了五次美洲杯帆船赛，其中两次担任“星条旗号”帆船（Stars & Stripes，船长是Dennis Conner）的导航员并和其团队取得美洲杯帆船赛的胜利，三次通过电视报道赛事。著有四本书，包括畅销书《航海傻瓜书》（*Sailing for Dummies*）和《Peter Isler的航海秘密蓝皮书》（*Peter Isler's Little Blue Book of Sailing Secrets*）。同时还是一位广受欢迎的励志演说家。

Jeremy McGeary 现为《老爷船》（*Good Old Boat*）杂志的高级编辑。1970年从英国出海，到加勒比海从事租船工作五年，后定居美国，从事帆船设计，并为帆船杂志撰稿，曾在《巡航世界》（*Cruising World*）杂志社担任编辑。除作为本书的编辑外，还开发了书本中的许多内容，包括文字与插图等。

LennyShabes 美国帆船协会的创始人并担任董事会主席。首次航行经历是8岁时在中央公园的湖上操控船模，自此沉迷航海，在世界各地参加比赛和巡航。曾做过船舶代理商、帆船教练、租赁船船长。拥有一所帆船学校和一家租船公司，从事航海行业已经35年。与其妻子Cindy拥有一艘J/100，常在加利福尼亚的玛丽安德尔湾（Marina del Rey）参赛或巡航。

作者

Harry Munns 本书初稿的主要撰写人。美国帆船协会的创始人之一，20年里培训出世界各地数百位教练。从小就在家乡马萨诸塞州驾驶帆船，后到南加利福尼亚航海、授课、担任职业船长。著有多本帆船类书籍，包括畅销书《巡航基础》（*Cruising Fundamentals*）。

Bob Diamond 在20世纪70年代早期作为夏令营的帆船教练兼顾问开始帆船事业。曾在加州圣何塞当过小学老师，1984年开始在雷德伍德城（Redwood City）全职教授帆船课程。同时还是美国海岸警卫队（USCG）的持证教员、ASA教练评估官。

Tom Landers ASA教练和ASA学校校长，担任多个航海相关咨询项目专家。酷爱航海，担任租赁船船长40年，一直在切萨皮克湾（Chesapeake Bay）巡航或比赛。曾在里士满大学教授帆船课程多年，在美国帆船协会授课超过10年，在弗吉尼亚州的德尔塔维尔（Deltaville）创办了一所经ASA认证的帆船学校。曾获得多个奖项。

Mary Swift-Swan 自1980年开始玩帆船，后开始教授帆船课程。1985年成为ASA认证教练，同年成为美国海岸警卫队（USCG）的持证船长。1987年，在加利福尼亚的贝尼西亚（Benicia）创办了第一所帆船学校，并与其他学校合作开发新课程，包括针对女性的课程。1997年，成为ASA第一位女性教练评估员。现与其丈夫在加利幅尼亚的奥克兰共同拥有Afterguard Sailing Academy，为高中生提供帆船驾驶课程。

Lan Yarbrough 自1989年起教授ASA课程，工作地点远至切萨皮克湾和尼罗河。曾任开罗游艇俱乐部的主教练，还被任命为埃及国家帆船队教练。虽然接触帆船较早，但直到体验过ASA教练的专业教学，每节课都能学到新东西的时候，才真正认真对待帆船这个职业。现为加利福尼亚一所帆船学校的合伙人，主要从事传统海图导航和电子导航的教学。

翻译

刘伟 资深帆船爱好者，工科硕士。自大学起一直从事科技英语翻译工作，在帆船领域有丰富的翻译经验，热爱帆船航海，对各种船舶系统、航行技术有着深厚的理解，还对欧美传统木工造船技术很有研究，现在业余设计和制造一些18英尺以下的小帆船。

中文校对

郭丹蓉 与国内大多帆船教练出身于运动员不同，她只是一个在男多女少的船舶行业中有点另类的工科女。在辗转于造船厂、设计室以及游艇和帆船俱乐部后，她认识到帆船的基础教学才是一个好故事的开始，于是致力于让学员们能轻松学懂帆船、玩转帆船。在水上千奇百怪的状况中，先保证安全再去解决问题是她从ASA的系统中得到的最大安全感。她认为弄懂手上的工具，就可以用智慧碾压恐惧！与其说她爱玩帆船，不如说她更爱船本身。作为帆船配件供应商从业者，对桅杆、滑轮、固定锁具的珍惜和保护是她急切想传达给每一位学员的。

穆昱仲　毕业于大连海事大学航海技术专业，拥有甲类驾驶适任证书和多年远洋商船航海经验。后在佳海游艇从事游艇行业工作，担任AZIMUT、COMAR等国际品牌地区售后服务经理。其间完成ASA教练认证，为所在公司ASA学校负责人。多次参与国内各大型帆船赛事，均取得优异成绩。为推广航海文化及帆船运动，参与ASA教材汉化。

张坚　2007年投身并扎根于帆船领域。了解到国内帆船培训方面的缺失后，于2012年通过考核正式成为ASA在中国地区的前八位认证教官之一。多年来为各大商学院、知名企业、企业家及大学生等青少年群体设立课程及培训。他认为帆船运动不仅是一项运动，也是一种娱乐，甚至是一种感悟，能够让人对生活充满热情，更加珍惜生活的美好。

张科钱　户外运动爱好者。2015年冬天在上海的滴水湖初次接触帆船运动，在刺骨寒风和冰凉湖水的陪伴中与小伙伴们完成培训课程，从此痴迷于帆船运动。热爱运动的他被帆船运动的团队精神深深打动，组织小伙伴们共同训练，并参加后续等级的培训，投入各种比赛与航海活动，并以极大的热情完成了教练课程。当了解到此项运动的相关资料几乎都源自国外后，萌生了翻译并推广普及帆船航海文化的念头，恰逢ASA相关教材的汉化工作提上日程，即加入汉化团队。

摄影

Billy Black　被誉为相机艺术家，在纽约时尚产业开始摄影职业，但很快发现自己更加喜欢运动和旅游，想要到新的地方去捕获光的魔力和人的精神面貌。1986年驾驶“Ericson　39”到纽波特（Newport）参加BOC单人帆船环球赛，1991年搬至罗得岛，在朴次茅斯（Portsmouth）有办公室，常与妻子Joyce及助手Meagan在各地拍摄。专注于各种船型的宣传工作，同时也喜欢风景摄影及航海探险摄影。

插图

Peter Bull　作为自由插画师已经工作超过25年，多年来为航海手册绘制插图。在位于英国东萨塞克斯郡的工作室（Peter Bull Art Studio）工作，与插画师及设计师们一起为全球许多出版、广告公司进行创作。

致谢

ASA诚挚感谢以下人员，他们为本书的付梓贡献颇多：

Charlie Nobles 执行理事

Jeff Riecks 教练

Cynthia Shabes 总裁

Brenda Wempner 教育协调员

Dave Lumian 政府监管联络员

Andy Batchelor 教练

Lisa Batchelor Frailey 教练

Reed Freyermuth 董事会成员

同时感谢Hunter Marine为Hunter帆船拍摄提供的赞助以及Narragansett Sailing提供的各类船只。

开篇介绍

恭喜你！在成为一名航海能手的道路上，你又将迈出一步。对我来说，航海运动持续吸引我的原因，部分来自它所包含的诸多挑战。我们不但无法完全掌握所有技能，而且每次航行对于我们的知识与技能都是新的考验。水手之间有一条共同的纽带：喜欢待在水上，驭风时的兴奋感，以及通过挑战我们的极限去发现下一个地方有什么、再下一个有什么样的乐趣。航海给了我们离开安全区、离开码头去冒险的方法，并使我们得以追随那些最早跨越海图边缘的水手，那时人们还以为世界是一个平面，海图边缘之外标着“此处危险”！

在能够前往世界的边界并超越它之前，你需要掌握许多技能。水手必须了解水、风、潮、流，当然还有天气。本书能在这些方面帮到你，希望你喜欢。

若没有成千上万名专业的ASA教官来传递对海洋的热爱，所有这一切是不可能实现的。在此我要感谢所有投身于此项运动并传授知识的ASA教官，他们使航海运动更加丰富多彩。

Lenny Shabes

ASA董事长

3301
15
BENETEAU

RAMBLER 100

前 言

"要抵达港湾，我们必须扬帆——扬帆吧，别总是锚泊——扬帆吧，更不要随波逐流。"

富兰克林·D.罗斯福

作为水手，学无止境。这是帆船运动的要点之一。通常你会驾一艘小船在熟悉的水域开始航行，只要坚持，你将最终获得带着你的船队安全地穿越大洋，探索那些人迹罕至疆域的能力。有些人并不痴迷旅行，但喜欢磨炼航行技能，在风力太大以至于别人都收帆回港的时候继续享受航行。总的来说，航行将给你带来丰富多彩的体验，你可以在未来的岁月里一直航行下去——只要保持学习。

如果你在完成龙骨帆船基础课程后，继续学习沿岸巡航基础课程，说明你已经打算增加航行的难度了。你的世界将从熟悉的船和水域向外延伸，你将学习操纵尺寸更大的船，熟悉相关系统并磨练航行技能，以便在更具挑战性的天气条件下航行。

学习航行的关键在于真正掌握基础技能，因此ASA的课程设置是循序渐进的。你应花时间理解每一步的课程内容，尽可能多地练习并提升技能后，再进入下一个阶段。不要仓促完成——应当去享受这个过程。任何老水手都会告诉你帆船是持续一生的乐趣并且学无止境。

每个人在练习航行技能的同时，也要对自己的船和船员负责。在船上——尤其是在具有挑战性的情况下——船员都指望着经验更丰富的人能给予安慰、指引和领导。要记住，你的所学并非仅为你自己——对船上的其他人也很重要——比如你的家人、朋友和船员。

祝一切顺利！

Peter Isler

Peter Isler（ASA董事）

两届美洲杯获胜队导航员及ASA创会理事

英文版本由下述人员为ASA编撰出版
装帧设计和出版人 Amanda Lunn
美术编辑 Sharon Rudd
索引编辑 Penelope Kent
英文校对 Paul Massey

英文版本由美国帆船协会于2012年第一次出版

美国帆船协会
地址：洛杉矶Beethoven大街5301号265室
邮编：CA90066

ISBN 978-0-9821025-1-0

目 录

第一章
巡航的魔力 1

巡航帆船 2
巡航帆船的船舱 6
帆船的设备和系统 10

第二章
动力航行基础 15

起航前 16
离岸前准备 20
动力操控 22
机动船驾驶规范 27
舷外机 28
复习题 32

第三章
巡航生活 35

安全是最重要的 36
甲板上的安全 38
额外安全装备 40
辅助引擎的保养和加油 42
生活空间 44
航行动力学 48
巧妙用帆 50

第四章
帆和调帆 53

绳索操控设备 54
起航前 56
升帆 58
精准调帆 60
航行中缩帆 64
特殊情形下航行 66
复习题 68

第五章
航行规则与导航工具 71

航行规则 72
低能见度下航行 78
助航标志 80
海图 82
船用罗经 84
罗经和海图 85
距离、速度和时间 86
电子导航 87

第六章
巡航实操 89

罗经的用法 90
水上定位 94
锚泊 96
锚更 100
动力离靠码头 102
系泊 110
复习题 112

第七章
船艺 115

海洋气象 116
电子通信 122
应急处置 124
船员落水 130

第八章
独立航行 139

计划一次短程巡航 140
妥善放置帆船 144
绳结 148
追逐梦想 150
复习题 152

附录 153
词汇表 156
索引 162
复习题答案 165

HUNTER
36

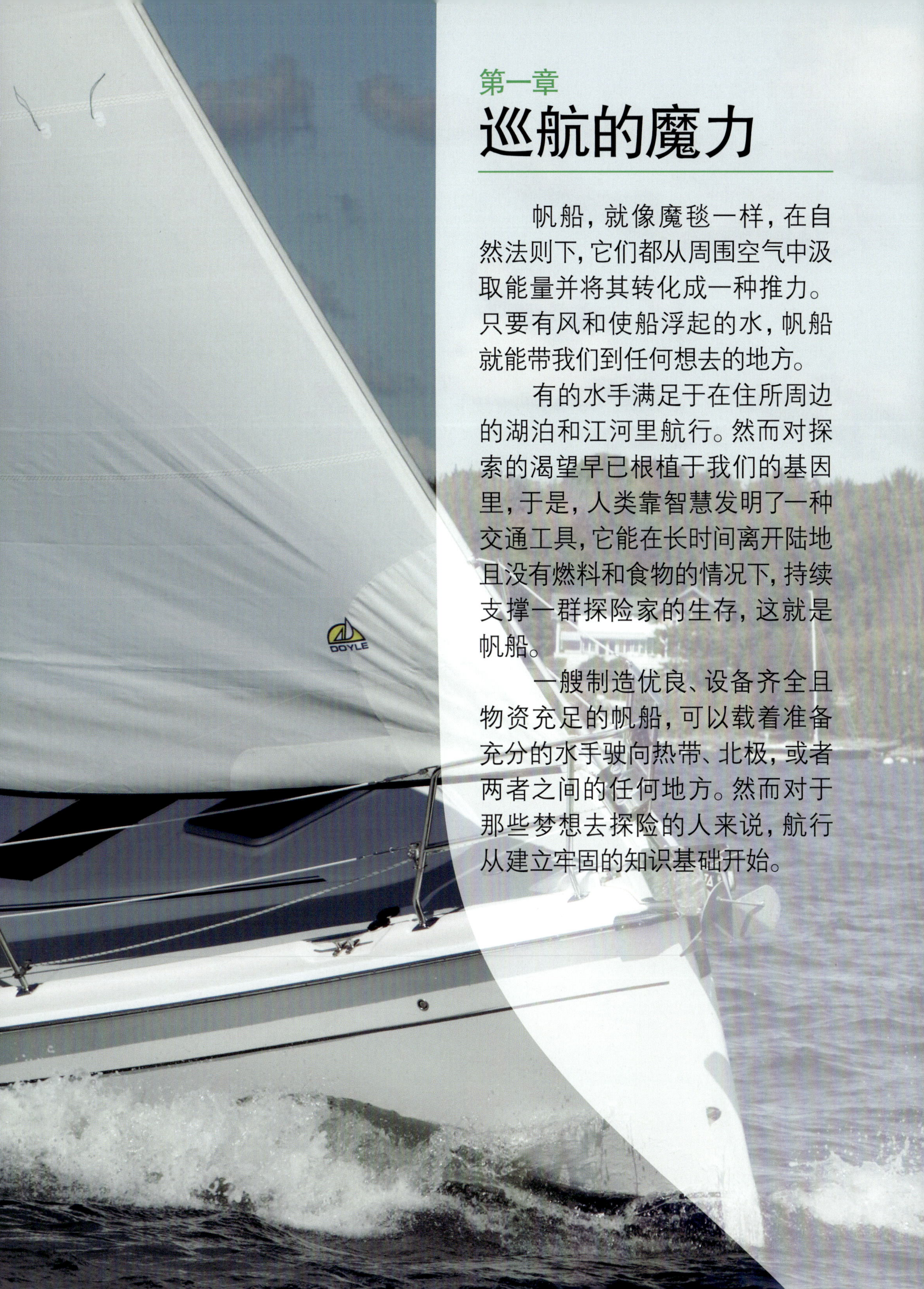

第一章

巡航的魔力

帆船，就像魔毯一样，在自然法则下，它们都从周围空气中汲取能量并将其转化成一种推力。只要有风和使船浮起的水，帆船就能带我们到任何想去的地方。

有的水手满足于在住所周边的湖泊和江河里航行。然而对探索的渴望早已根植于我们的基因里，于是，人类靠智慧发明了一种交通工具，它能在长时间离开陆地且没有燃料和食物的情况下，持续支撑一群探险家的生存，这就是帆船。

一艘制造优良、设备齐全且物资充足的帆船，可以载着准备充分的水手驶向热带、北极，或者两者之间的任何地方。然而对于那些梦想去探险的人来说，航行从建立牢固的知识基础开始。

巡航帆船

什么是巡航帆船？简单地说，它是任意一种可以在水上到处旅行的帆船。无论大小，巡航帆船都有一定的生活空间和舒适设施。本书中，我们将认识和学习操纵30~35英尺长的帆船。对于希望实现越洋航行的梦想者来说，这样的尺寸刚好能够满足需要；对于初学者来说，这样的尺寸又足够小巧，能灵活地进出海湾和河流，初尝巡航的乐趣。

典型的巡航帆船

为了满足水手们各种各样的愿望和雄心，帆船有不同形状、尺寸和类型。它们也反映了设计师和建造者的风格和想法，一些水手还将其看作一种艺术形式。下面的插图描绘了一艘大约33英尺长的帆船，甲板上下的设计非常经典，有巡航帆船普遍拥有的基本配置。本书使用大量不同帆船的图片以展示设计上和内外布局上的多样性。

尺寸的影响

如果你已经学过如何驾驶小型日航龙骨船，当你登上这种船后，会发现这种船比别的船更稳。这是因为这类船只体积较大，重量较大。你的体重相对于船体重量来说微乎其微，所以船只对你所站立或所坐的位置没有那么敏感。同样地，需要更多动力来移动这种船。这就意味着帆和索具的负载相对更高。相应地，船上用于升帆和调帆的器材要比日间航行龙骨船的更大、更坚固且更重。

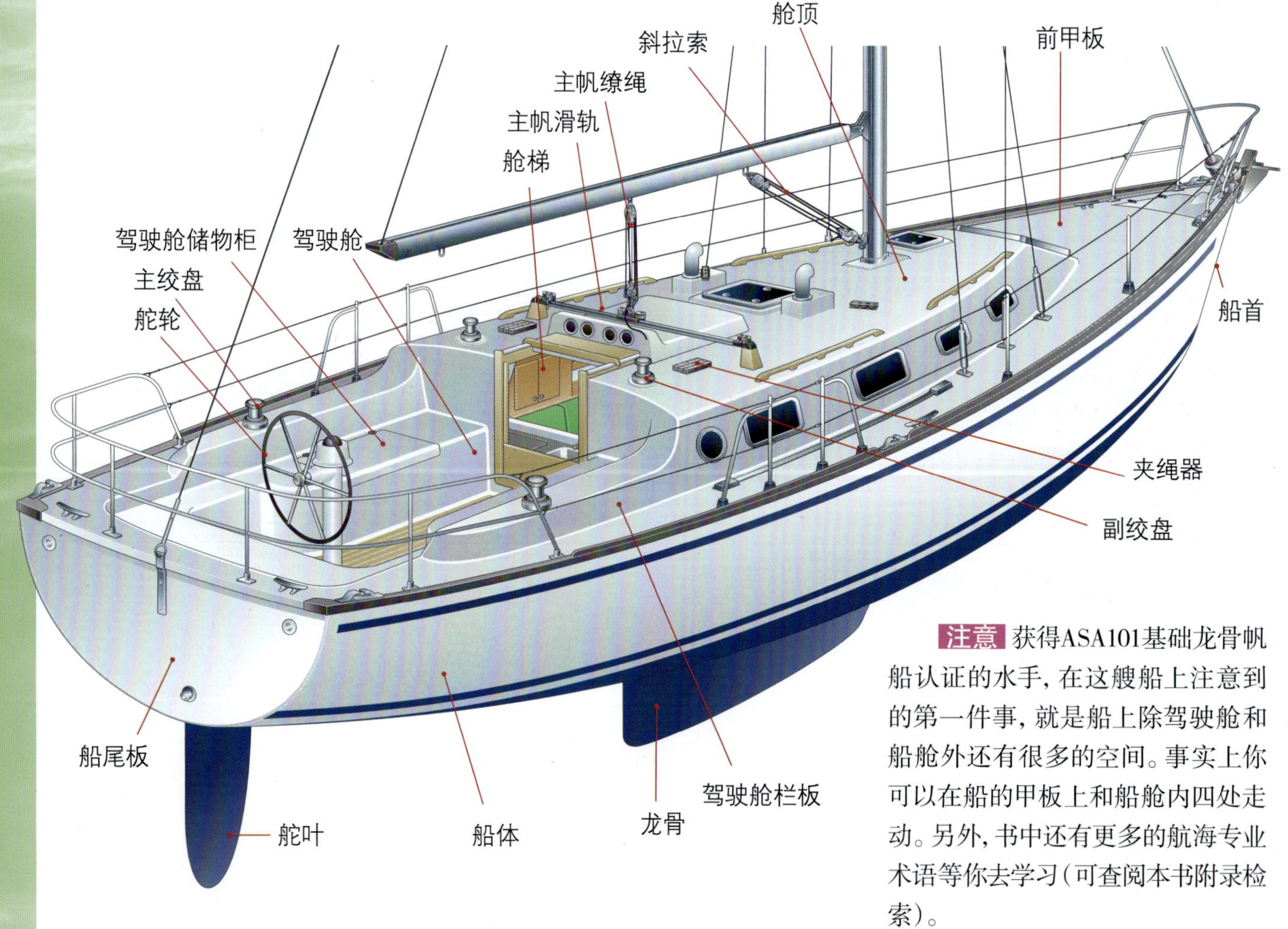

注意 获得ASA101基础龙骨帆船认证的水手，在这艘船上注意到的第一件事，就是船上除驾驶舱和船舱外还有很多的空间。事实上你可以在船的甲板上和船舱内四处走动。另外，书中还有更多的航海专业术语等你去学习（可查阅本书附录检索）。

舵

ASA龙骨帆船入门课程中使用的小型日航帆船通常都有一个舵柄，在巡航帆船上是舵轮。其实这样大的船也可以用舵柄控制，许多水手更喜欢舵柄的感觉及反应，但当用舵柄操纵大型船只时，根据杠杆原理，需要很长的舵柄。相对而言，舵轮能够提供同样甚至更大的作用力，还能节省驾驶舱空间——连接舵轮和舵叶的传动装置大部分位于驾驶舱下方。

当我们踏上一艘帆船，有谁不想马上站到舵轮后面掌舵呢？被急切出海的船员们围绕着，站在船长的角度巡视帆船和周边环境，你会不禁遐想："这才是当船长的感觉！"

驾驶舱

驾驶舱是自动排水（self-bailing），它的位置高过水线（waterline），在重力的作用下，任何进入驾驶舱的水都能被排出船外。水是通过位于驾驶舱尾角的排水孔（scuppers，看起来像大型浴缸的排水孔）排出的。

巡航并不是一直在迎风换舷或顺风换舷，驾驶舱也可作为船的过道、休息区甚至餐厅。座位在航行和休息期间提供支撑力和舒适感。在船上，驾驶舱的座位被隔开适当的距离，当船侧倾时，其间距恰好可以让人坐在上风侧座椅上，脚撑在下风侧座椅上。座椅靠背也充当驾驶舱栏板，形成一堵驾驶舱围墙，以阻挡沿着甲板流动的水。

人人都喜欢站在舵轮后掌控着船，欣赏美丽风景的感觉。

自排水驾驶舱

很多小型船，从稳向板船到日航帆船，都没有自排水驾驶舱。浪打进来或者下雨流进来的水都要用水桶或专用水勺泵出去或舀出去。自排水驾驶舱是任何想要离开受遮蔽的近岸水域去探险的船必须配备的安全装置。

驾驶舱布局

巡航时，航行是唯一的娱乐。在此类船上，调帆索具及其他操船设备的布局设计应便于操作，同时也不会影响驾驶舱的其他用途。

你会注意到舱梯口前方的舱顶上布置着主帆缭绳和滑轨。这种布局对巡航有几种好处：顺风换舷时主帆缭绳不会扫过驾驶舱；滑轨不会妨碍驾驶舱内人员的走动；更易于安装遮阳棚。但在这种布局下舵手无法操控主帆缭绳，也就是说，必须指派一名船员来控制主帆缭绳。

和许多帆船一样，我们的船上有大量的绳索（升降索和缭绳），都被导引到驾驶舱前端的绞盘上。这样水手就可以在一个位置上进行所有帆的操控，航行时也不用去桅杆或前甲板。这些绳索穿过并固定在夹绳器（详见第四章）上，并能够利用绞盘来松紧绳索。刚开始这些绳索可能会让你眼花缭乱，不过一上手之后，你很快就能驾轻就熟（如果绳索颜色不同，夹绳器贴有标签，就更容易区分了）。

前帆缭绳被引至驾驶舱栏板上的左、右舷主绞盘处，使舵手伸手可及。这在人手不足时有很大优势。

驾驶舱的储物空间

即使是日航帆船也携带很多辅助设备，如缆绳、防碰球等安全设备；巡航帆船携带的辅助设备更多。所有这些设备必须有地方归置以免在航行中散落一地。绝大部分放置在驾驶舱储物柜里。

在我们的船上，打开位于左舷驾驶座椅上的舱口,会发现里面有一个很深的储物柜。通常情况下，这个柜子能存放很多物品，包括一面或两面备用帆。把储物柜里的物品整理得井井有条并不容易，但很有必要，这样做不仅可以在匆忙中快速找到备用绳索，而且储物柜通常是通向船上重要的固定设备（如我们的船上的发动机和操舵装置）的通道。

右舷座椅下面也有一个储物柜，但比较浅。这是因为，这一侧下面是生活区。

舵手的座位上还有两个舱口，存放掌舵装置和其他船用系统设备。

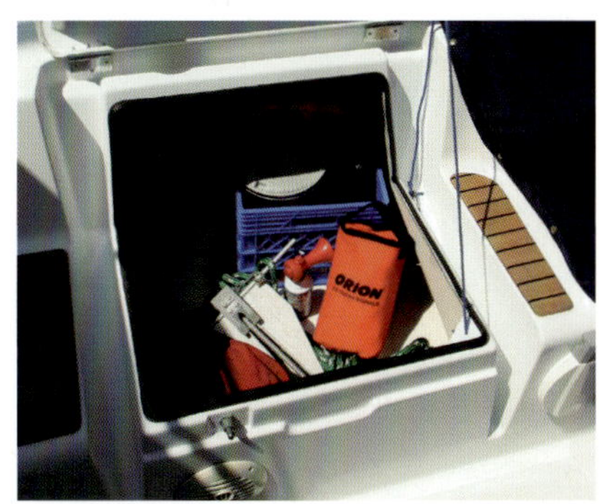

通常驾驶舱储物柜是船上最大的储物空间，而且很快就会填满！

甲板之旅

即使船被牢固地系在码头，人要是在上面走一圈，也像在参在障碍赛。切记，不要跑动，注意脚下，利用船上一切能握的抓手。

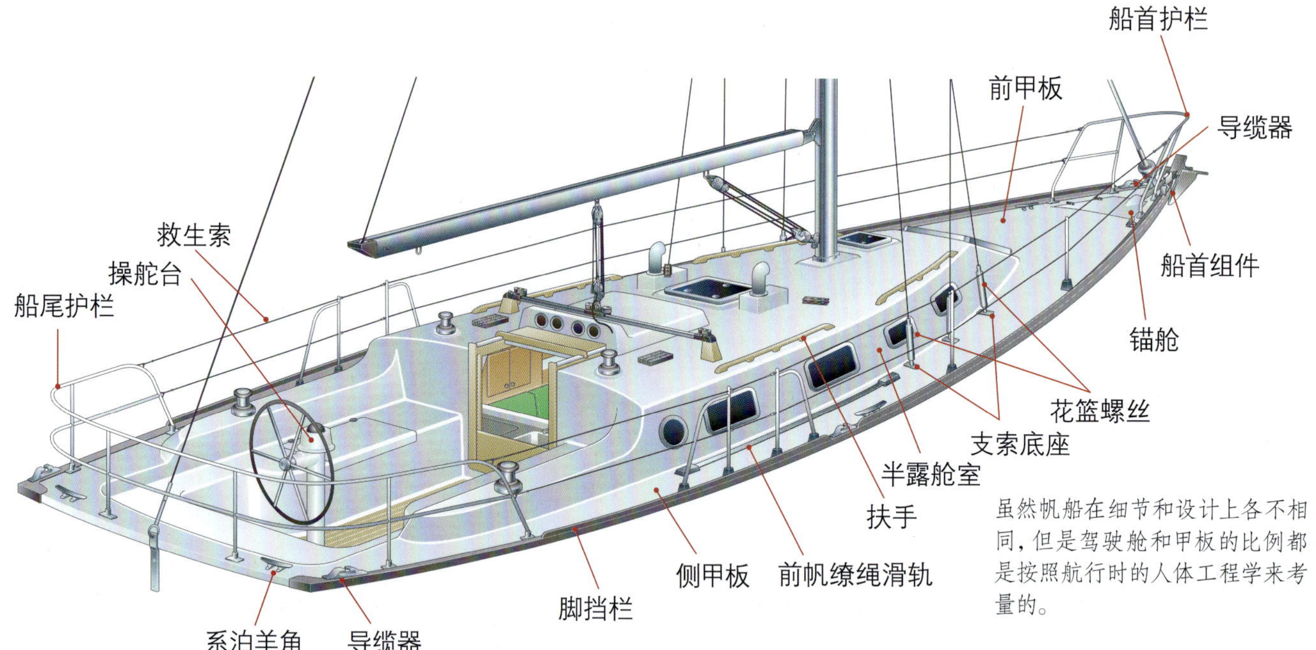

虽然帆船在细节和设计上各不相同，但是驾驶舱和甲板的比例都是按照航行时的人体工程学来考量的。

侧甲板

当离开驾驶舱走到甲板上时，你要跨过的首个障碍就是驾驶舱栏板，它由半露舱室延伸至船身后部。半露舱室是为了提升下方船舱的舱内高度而将甲板抬升的区域。

跨过驾驶舱栏板，就到了侧甲板。它位于船舱和甲板外缘之间的区域（由于脚挡常被安装在此处以确保行走安全，因此将其称为脚挡栏）。

脚挡内侧是支撑救生索的支柱（stanchion）。

与桅杆并排，从两旁支撑桅杆的钢索叫作侧支索。它们固定在甲板的支索底座上，能够把帆上产生的力传导给船体结构。

每根侧支索的下端和支索底座（chainplate，又称链盘）之间是花篮螺丝（turnbuckle），其作用是通过调整其长度来收紧侧支索。花篮螺丝通过销轴（clevis pin）与支索底座相连。开口销（cotter pin）穿过销轴末端的孔，可以防止销轴脱出。花篮螺丝中的螺丝上也可以插入开口销，防止螺丝松动。

侧支索的顶端连接桅杆挂口（tang）。

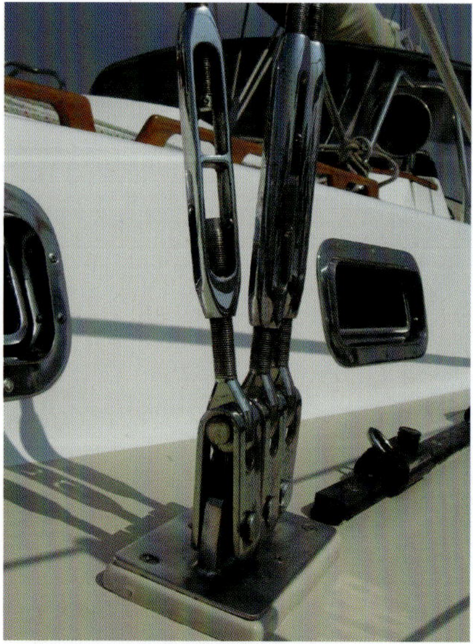

侧支索末端是花篮螺丝，花篮螺丝用销轴固定在支索底座上。

安全小贴士 牢记，航行时，沿着船的上风侧（船体高的一侧）走到船头是最安全的，移动时把身体重心放低。如果需要在下风侧工作（如下图所示），务必多加小心。要抓住舱顶盖扶手，因为它们位于船身内侧，比救生索牢固。时刻牢记："一手给帆船，一手给自己。"

前甲板

从桅杆继续向前走,就来到了前甲板(foredeck)。这里曾是水手更换前帆的场所,如果配备了前帆卷帆器,航行时水手就不用再去前甲板了。前甲板依然是欣赏风景的好去处,晒日光浴,吹海风,听涛声,看海豚。

下锚作业和停靠码头需要在前甲板上操作,船首两侧的导缆器会把缆绳导向两个大型的系泊羊角。

船锚很重且移动费力,对于需要经常锚泊的巡航帆船,锚一般被放在甲板上拿取方便的地方,方便下锚。

在我们的船上,船锚放在船首组件(stemhead fitting)上,这是一个重型不锈钢组件,上面有收放锚链用的滚轮导缆器和前支索的底座。前甲板有一个舱口用于存放待用锚缆的锚舱。

如果你在船头模仿电影《泰坦尼克号》里的经典动作,你就会明白什么是船首护栏(bow pulpit)了。安全牢固的船首栏杆,也是救生索的连接起点。

船首组件既是前支索的底座,也是锚架,还装有滚轮式锚链导缆器。

操舵装置

舵轮操舵已经在轮船上应用了几百年。操舵大型船只需要的力很大而选用舵柄是不切实际的,因此发明了舵轮。舵轮通过一个类似减速齿轮的机械装置来连接舵叶,以减少舵手操舵所需花费的气力。

船舵能够产生巨大的力,所以必须结实、安装稳固且在高负载时易于转动。

我们的船使用的是铲形悬挂舵(见右下角框内解释)。其主干骨架就是舵轴,从舵叶顶部延伸上来穿过船体的插孔。舵轴由船体内的轴承固定。

如果这艘船由舵柄控制,舵柄会连接到舵轴顶部。实际上,这艘船确实有一个应急舵柄,如果舵轮操作失效,可以把应急舵柄安在舵轴顶部,以便应急操纵帆船。

在众多用来将舵轮连接到舵叶上的机械装置中,最常见的就是使用传动钢缆,它连接着舵轴上的舵扇(基本上是呈扇形的舵柄,即1/4的圆)。钢缆的布局使得舵轮向右转动时船向右转舵,作用效果与汽车一样。舵轮的传动轴通常固定在操舵台(steering pedestal)中。

图中是一个圆形"舵柄"(叫作径向驱动),用螺栓连接在舵轴上。它与舵轮连接,由连接着舵轮并向下穿过驾驶舱的钢缆带动转动。

罗经座

操舵台是安装船用罗经的合适位置,所以操舵台也是一个罗经座。在有些船上,操舵台旁边还有发动机控制杆和导航仪器。

船舵类型

几个世纪以来,帆船和游艇的标准水下形态就是一条很长的龙骨及其后端连接的舵叶。现在还有很多帆船保留着这种水下构造,但大多数现代游艇的鳍形龙骨与船舵分开安装。艉鳍悬挂舵(skeg-hung rudder)是由集成在船体的艉鳍来支撑的;铲形舵是"独立"的,由船体内的舵杆支撑。现代帆船越来越多地使用铲形悬挂舵。

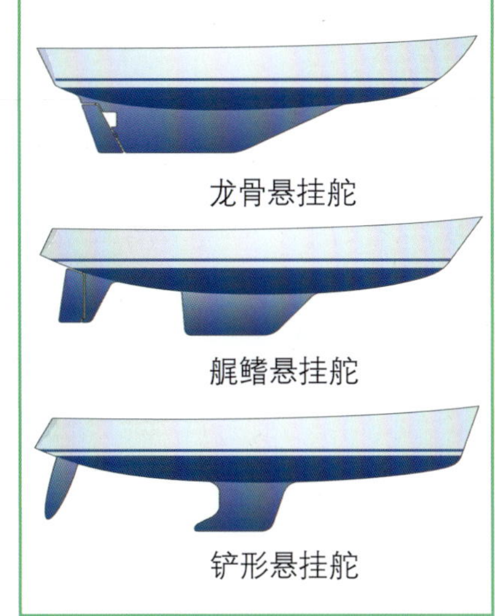

巡航帆船的船舱

世世代代的水手们认为：在帆船上居住的舒适性只要和露营一样就足够了，比露营更好的就是头顶上的甲板代替了漏水的帐篷，长沙发代替了岩石。然而时代不同了，现在即使是较小的现代帆船都有类似家的舒适感，只不过生活空间被缩小了，以适应船体的形状和比例。

舱室

对于刚学完ASA龙骨帆船驾驶基础课程的水手来说，巡航帆船的生活区是一个新鲜事物。因此，我们先来熟悉下这里的布局，学习各部位的航海术语吧。

紧凑且舒适

舱梯（Companionway）是我们船舱的入口，位于驾驶舱的前端。它有一个滑动舱口和一节短梯通往下部的主船舱。

主船舱的不同区域有着各自专门的用途，由于船的尺寸大小和船体的形状限制，空间非常珍贵，许多部件同时具备了两个甚至多个用途。

主船舱的一部分是沙龙区（saloon），中间有一张桌子，四周是长沙发。此区域可作为起居室、餐厅和休息室使用，座位也可作为额外的船员和客人的床铺。远洋航行中，沙龙区有时候也被用作工作室和补帆修理间。

巡航是一种社交娱乐，厨房（galley）和客厅是连通的，以便和厨师交流。

在主舱室的另一个角落，有导航员所需的海图桌。为了一物多用，导航员的座位可能是艉舷床铺的头部。

用于睡觉的舱室叫作卧舱（stateroom，这种术语来源于豪华游轮），床叫作床铺（berth）。位于船首的卧舱，床铺形状跟船首的形状一样，船首部位变窄，所以叫V形床铺（V-berth）。

在船上，洗手间叫作head。在我们的船上有一个船用马桶、一个洗手盆及一个手持淋浴等，分布在一个淋浴间大小的空间里。

帆船内部的结构设计要符合人体工程学，以满足水手们在航行和休息时的各种活动需求。同时其必须满足船舶结构的要求。

隔间和储物空间

把船内部分隔成多个隔间的墙壁被称作舱壁（bulkhead）。有些舱壁属于船体结构件，在许多船上，主舱壁位于沙龙区的前端，用于支撑船体，承受桅杆和索具施加的压力；其他舱壁用于分隔卧舱和洗手间。

床铺和沙龙座位上有舒适的坐垫。为了不浪费空间，床铺和座位下面也用来储物。这些空间又被分隔成柜子，一些用来储物，可以存放带上船的所有物品：食物、发动机配件、安全设备，甚至啤酒（可以是罐装的，但请不要携带瓶装的）；另一些空间被各种箱体占据——你会在右舷长沙发或V形床铺下发现淡水箱，或者在艉舷床铺下发现燃料箱——及其他船上居家必需的配备。

海图桌

传统意义上，海图桌（或称导航桌）是航行和在港时的操作中心。航行中用到的书本、海图和仪器都被存放在这里；航行时，船长和导航员在此跟踪记录船舶行进轨迹并将它用作通信站。因为海图桌是一张桌子，船在港内时，它自然就成为船上的办公室，而且它的储物隔间触手可及，更方便放置需要干燥的物品，比如你的手机。如果你要找发动机钥匙、记事本或手电筒，它们都可能会在海图桌上或其附近找到。

有些船上，船舱地板上的舱口下面也是储物箱。在船上，你行走在上面的地板称为sole（在船上，floor是横跨在龙骨上的结构部件，连接着两侧的船体）。船舱地板下船底的空间叫作舱底（bilge）。

船上每个可利用的角落都可作为储物空间。储物柜固定在沙发后面、厨房周围、卧舱以及洗手间。你还会发现到处都是抽屉。

航海时，甲板上的水手经常会被水溅湿，所以有的船配有湿柜（wet locker），用来悬挂溅湿的航海服（让你在甲板保持干燥的衣服），以免弄湿船舱内部。

小贴士 船上的“锁柜”就是你家中的橱柜，为了使锁柜里的东西在船航行时也能保持原位，锁柜的门需要在船倾侧时保持紧锁状态。

小型船也能很舒适，即使它们只有必需品。麻雀虽小，五脏俱全，它们比帐篷更舒适。

现代敞开式布局把主要功能区，如沙龙区、厨房及海图桌等，融合成一个温馨惬意的空间。

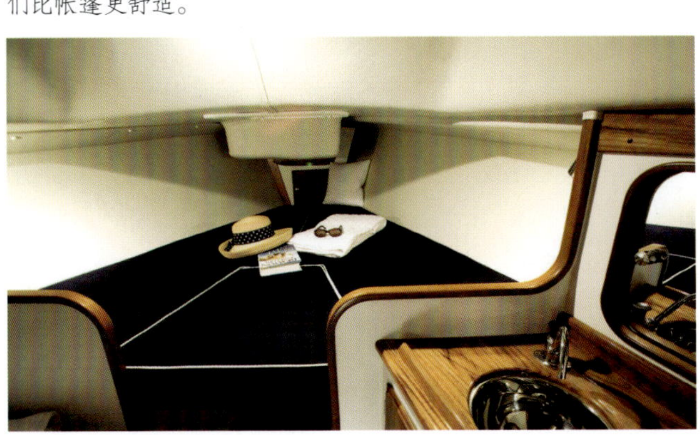

V形床铺因其形状而得名，契合船首的形状。

在大型船上，V形船舱可以非常宽敞和奢华。

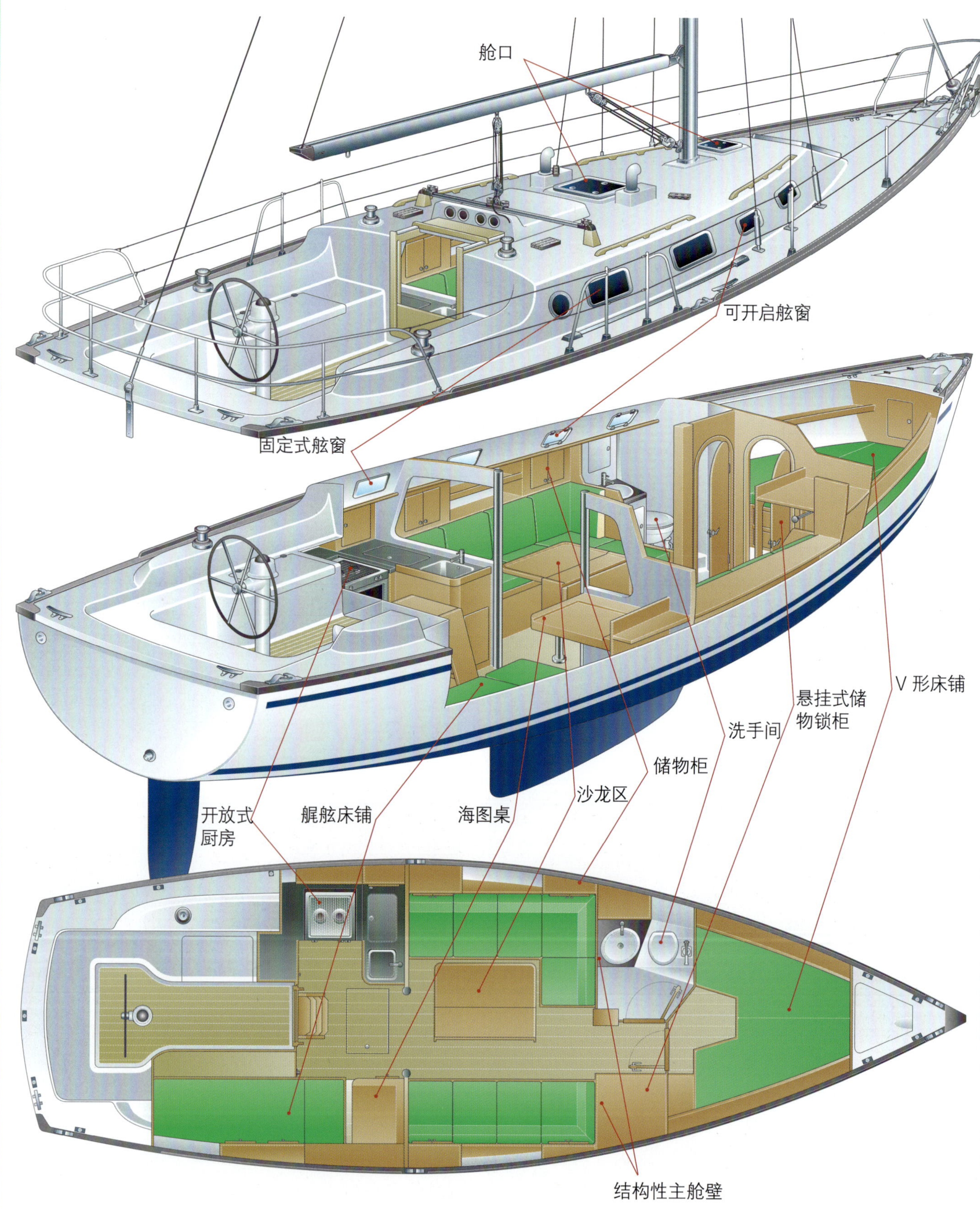

一艘帆船的内部设施好比周末度假木屋，而其内部结构设计须能够承受海洋和船帆施加的力。每个部件都在某种程度上与其他部件相连。例如，在我们的船上，如果驾驶舱更长一些，则会影响到厨房和沙龙区，且意味着可能要重新安置主帆滑轨的位置。

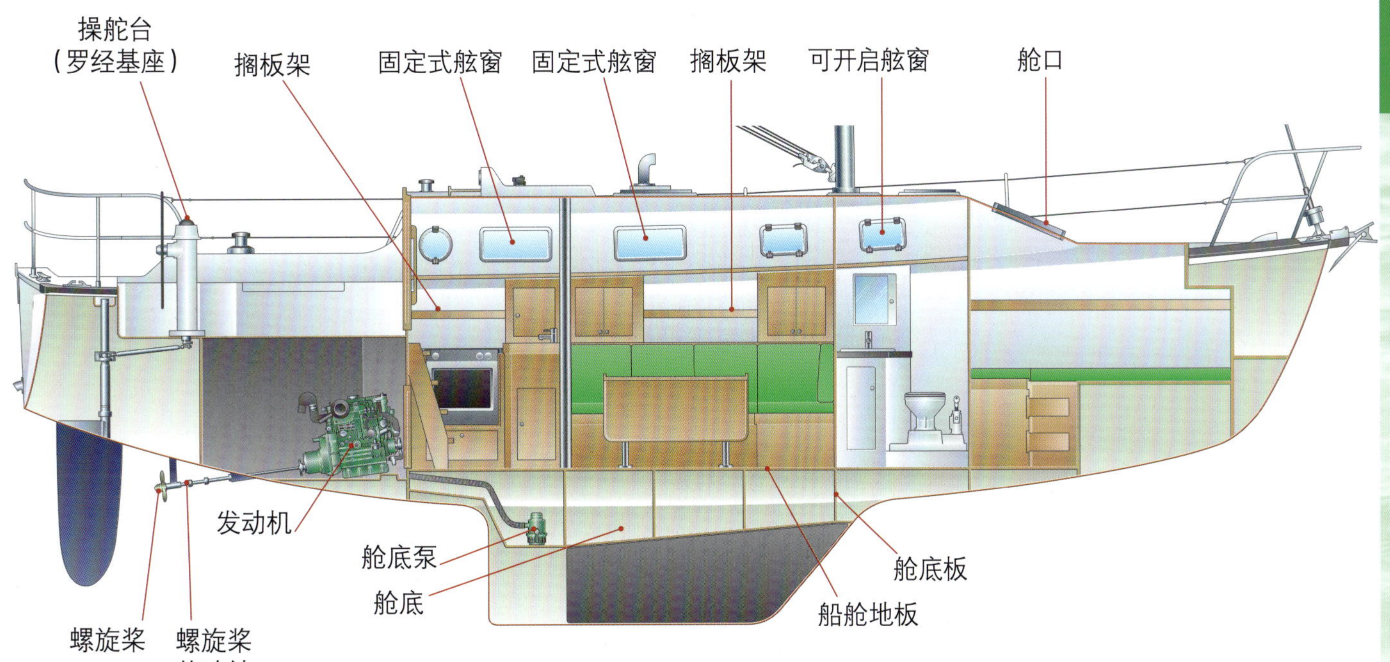

采光和通风

采光和通风是影响船上舒适性的重要因素。在保证充足的采光和良好的通风的同时，还要防止水进入。

甲板上开的口叫作舱口（hatch），可用于船员通行，也可用于通风。位于船体或船舱两侧的固定“窗户”被称为固定式舷窗（deadlight），可打开的窗户被称为可开启舷窗（portlight）或开放舷窗（opening port）。任何此类开口都是潜在的漏水口，但可喜的是，如今这些装置都是精心设计的，坚固且防水（只要你记得在航行前关上它们）。在我们的船上每个种类的窗子各有好几个。

在船舱的两边交替有可开启舷窗和固定式舷窗。除了头顶上方的舱口之外，沙龙区上方有一个大开放式舱口，洗手间上方有一个小舱口。另一个开放式舱口位于V形床铺上方，其尺寸足够大，可用作后门或逃生舱口（船帆也可以通过）。我们的船上的所有舱口都是有利于光线穿透的坚固的透明塑料透镜材质。

典型布局

如本书中的图片所示，不同的船甲板下方布局差异很大。我们的船布局简单，与同类型同尺寸的巡航船布局类似。

厨房位于左舷，与舱梯相邻。

防水通风口

不管船上有多少个舱口和舷窗，航行时都必须关上，船舱内会因为通风不良变得潮湿。1929年，Olin Stephens在设计“多拉达号”（Dorade）游艇时想出来一个解决办法。这套装置是安装在盒子上的一个风斗，盒子内有挡板，能使空气通过，同时又可以阻挡雨水和溅起的水花。

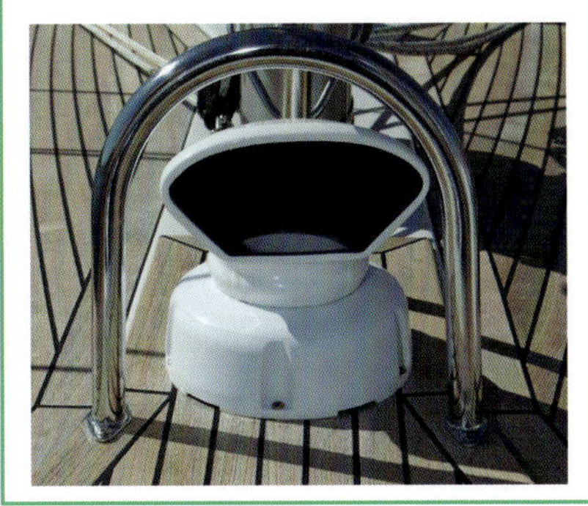

厨师倚靠在厨房U形操作台中间，可以够到任何东西——储物柜、箱子、洗手盆及炉灶。

正对着厨房的是海图桌，海图桌后面是床铺。在某些设计中，有的床铺可以占据驾驶舱下方的整个船宽。

在沙龙区的左侧，L形的沙发围绕着餐桌，餐桌上有折叠桌板，需要的话可以展开，展开后能够到右舷侧的沙发。左右两侧的沙发都足够长，可用作床铺。

储物柜和其他存储区域在长沙发后侧或坐垫下方。

沙龙区前面是主舱壁，它的结构起到支撑船体和分隔空间的作用。

主舱壁的前面是洗手间，里面有马桶、洗手盆和淋浴，这些在左舷侧。悬挂式储物锁柜固定在右舷侧。

V形床铺在最前面的卧舱。在较大的船上，船舱有更多地板空间和储物柜。

图示船上的发动机位于舱梯台阶的后面。

帆船的设备和系统

目前为止，你应该已经理解，巡航帆船是可以非常舒适的。为了维持船员“与外界隔离”下的长时间活动所需，巡航帆船除了需配备淡水、燃油和食物外，还要有机械、管道和电气系统等。当进入甲板下方后，教练会向你展示重要的船用设备位置。本书将就此进行阐述，并随着课程的深入，展示船用设备和系统是如何工作的。

安全设备

回顾ASA基础龙骨帆船驾驶课程中所提及的，出于保护生命的目的，美国联邦法规要求船只必须携带安全设备。不同船只尺寸对应的规格和相关法规都已罗列在附录（第154页）的安全设备清单中。现在，让我们了解一下不同物品存放的位置。

灭火器

对于33英尺长的帆船来说，美国联邦政府要求必须携带1只B-Ⅱ型或2只B-I型灭火器。字母B是指此类灭火器适用于油类火灾。本书示例帆船由玻璃钢制成，携有石油燃料（发动机用的是柴油），所以必须携带B类灭火器。美国联邦规定仅是最低要求，涉及安全问题时，最好携带更多或更大的灭火器，ASA建议多带几只大的B-Ⅱ型灭火器，有策略地放置在船舱内和驾驶舱储物柜里。

灭火器不会美化内饰，但必须要放在显而易见的地方，必要时方便取用。

遇险信号用具

鉴于我们船的尺寸和夜航能力，33英尺长的船必须携带昼夜可用的信号用具。3个手持红色发光信号弹就能满足昼夜航行的需求。不过还是那句话，“越多越好”。不妨多带3个或更多的橙色烟雾信号弹，因为在晴朗的白天，橙色烟雾信号弹比发光信号弹效果好。

在船上，海图桌附近的储物柜用于存放这些紧急遇险信号用品，它的位置靠近舱梯和驾驶舱，方便取用。其他可用来发出信号的物品，如求救旗、气喇叭（有备用罐）和手电筒等都可以放在这里。

小贴士 不同船只物品的存放位置取决于船的布局和船长的偏好。本节内容仅供参考。

救生衣

美国联邦规定每艘船都必须携带海岸警卫队认证的救生衣并保证人手一件。示例船艇的标准配备是6件，谨慎起见，可多带几件以备有同伴同行。

同在家一样，“百宝箱”里是些零碎的物品，此图是海图桌的抽屉。

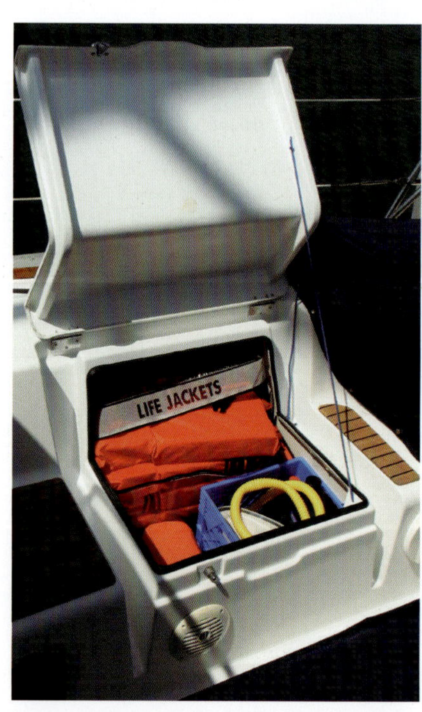

靠泊时，救生衣可以放在船舱里；航行时，要把救生衣放在驾驶舱储物柜中。

管道和泵

在使我们的巡航船适宜居住的诸多便利设施中，淡水供应位居前列。用水时，我们需要设法将水从水箱内抽出，并处理使用后的污水。另外，舱底的积水也是一个问题。

淡水

当帆船离开码头后，你会事事都依赖船。淡水，是必须携带的必备品！

水很重又占空间，诸多因素限制了淡水箱的容量。水能用多久取决于你如何使用它。如果巡航时每晚都进港停泊，那就可以路上补给淡水。如果长时间远洋航行，就必须严控用水量，以免航行中途淡水消耗殆尽。

大多数巡航帆船有淡水管道系统。我们的船的厨房里有水龙头，洗手间也有水龙头，外加一个淋浴。它们通过配有蓄电池和压力开关的水泵工作（与带有水井的农村家庭中的设施不同）。水泵从淡水箱中抽水，图示船型的淡水箱位于右舷沙龙区的长沙发下方，水泵和蓄电池在水箱后面。（厨房水槽还有一个手动泵。）

废水

厨房水槽通过船底的穿舱口（through-hull fitting）向船外排水。为了防止排水泵故障而导致海水涌入，穿舱口上还配有船用通海阀（seacock）。

洗手间里的水槽以同样的方式向船外排水。注意，在我们的船上，当船向左舷倾斜时，水槽靠近舷外且可能低于海平面，因此，船在航行时，通海阀应一直保持关闭。船只长时间无人照看时，也要养成关闭通海阀的习惯。

淋浴时为防止肥皂水流进舱底，应先将水收集在地板下方的集水坑，再由电动抽水泵排至船外。

舱底系统

任何进入船内的水，无论是从打开的舱口流入的海水或雨水，还是渗漏的淡水都会收集到舱底，并由舱底泵（bilge pump）排至船外。

为了有备无患，大多数船配有至少两个舱底泵，其中一个通常是电动舱底泵，安装在舱底最深处（在我们的船上，舱底泵位于海图桌和厨房中间的船舱地板下），配有浮子开关，当水位达到一定高度时，浮子开关自动接通（就像地下室排水泵）。舱底最深处还有一条水管连接着驾驶舱的手动泵。两个泵的吸入口都安装有过滤器以阻止固体物质进入。

要经常抬开地板查看舱底，检查舱底泵是否能正常工作，确保吸入口无异物堵塞。

船上的穿舱口都集中安装在一处时，操作通海阀或检查是否漏水就变得简单多了。

舱底的集水坑安装有自动舱底泵和手动抽水泵的吸水管。周围的过滤网能防止异物进入泵内。

供电系统

许多人感觉巡航比露营舒服很可能是因为船上有电用。事实上，我们的船上有两套独立的供电系统，一套一直运行，另一套只能在靠岸时连接岸电使用。

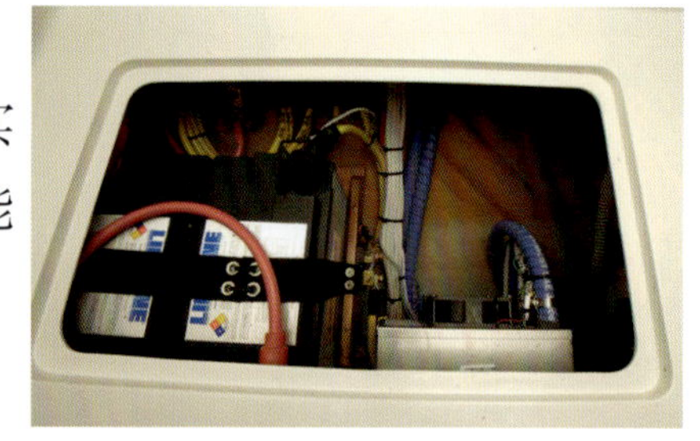

船上蓄电池为照明、水泵、通导设备等供电，还可启动发动机。

直流电

这个尺寸的帆船上的电子设备大多使用由蓄电池提供的12 V直流电系统。

我们的船上有两个12 V的蓄电瓶（比汽车蓄电池大得多），置于艉舷床铺旁边。一块是家用蓄电池，满足照明、水泵等“家居”或导航仪器等设备运行的用电需求。另一块（启动蓄电池）用于启动发动机。一般情况下，使用家用蓄电池以保留启动蓄电池的电力，这样就能随时启动发动机。当需要连接蓄电池时，可以用蓄电池选择开关（battery selector switch）来操作。

可通过配电板（distribution panel）或开关面板（switchboard）来监控蓄电池电压并控制用电量。在我们的船上，配电板位于船只的神经中枢——海图桌旁边。面板上的每个开关对应船只上的一条电路，当需要使用某条电路时才将其打开。例如，只有当配电板上照明电路的开关打开后，各个舱室内的开关才能控制该舱室的照明。

蓄电池的电量有限，所以必须节约用电（不用的时候随手关灯及相应设备）。发动机正在运行（详见本页）或连接岸电（shorepower）时除外。

小贴士 水手必须时刻注意蓄电池的电量。

岸电

现在许多帆船有第二套电力系统，120 V交流电（类似于家庭供电）。这套系统有单独的配电板，只有当船连接码头岸电插口后才可以使用。

一艘配有120 V交流电的船，电源插座一般和家里的一样，可以插入和使用陆地上相同的设备——例如吹风机！当然，还有充电器能够为船上的蓄电池充电。

一艘连接岸电的船甚至能有空调，在天气炎热时，船水手结束白天的航行后可以舒服地待在船上。

配电板上的开关控制着各条直流电路和岸电。

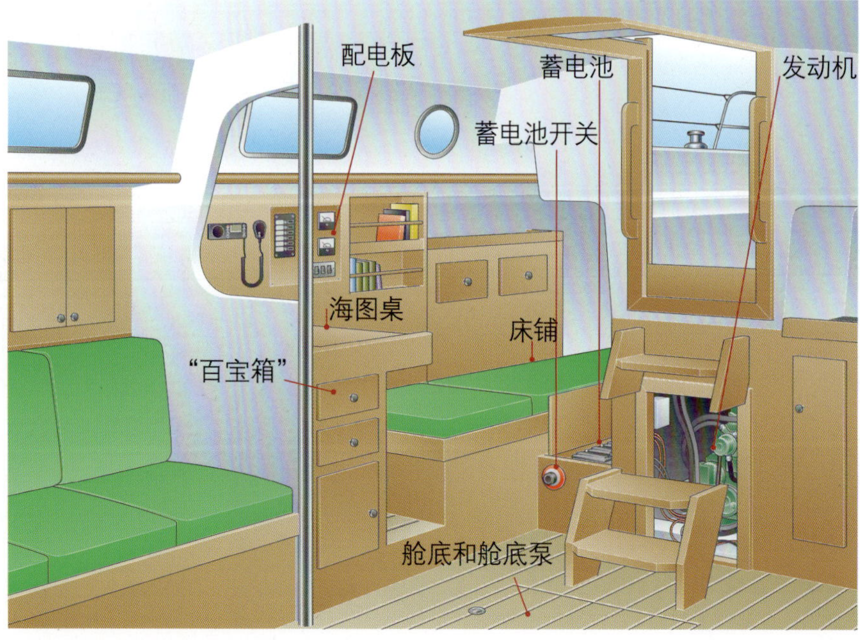

配电板一般在海图桌边。蓄电池开关位于蓄电池旁边，靠近发动机，这样能最大限度地缩短连接启动器、承载最高电流的粗电缆的长度。

辅助动力

许多水手能在船没有安装发动机的情况下远航。有些纯粹主义者认为，使用发动机无助于提高航海技艺；有些是不喜欢发动机的噪声和燃油味；有些是船上发动机故障后还未修理。除了极少数船，如今的巡航船一般安装有辅助发动机。

蓄电池选择开关在船上电力系统中扮演着一个非常重要的角色。

发动机

在这艘33英尺长的巡航帆船上，发动机安装在驾驶舱下方一个相当紧凑的空间里。抬起舱梯并打开舱梯后面的舱口，就能看到发动机的大部分结构，接触到它的一些维修保护检修点。但要前往发动机后端，即变速器和连接螺旋桨轴的地方时，就得从左舷驾驶舱的储物柜爬进去。

后文我们将详细介绍如何启动和关闭发动机，如何执行一些简单的维护工作。目前，我们只要知道发动机的位置，了解它的整套支持系统即可。发动机的配套系统包括燃油系统、排气系统、冷却系统、进气管路和联动的交流发电机。

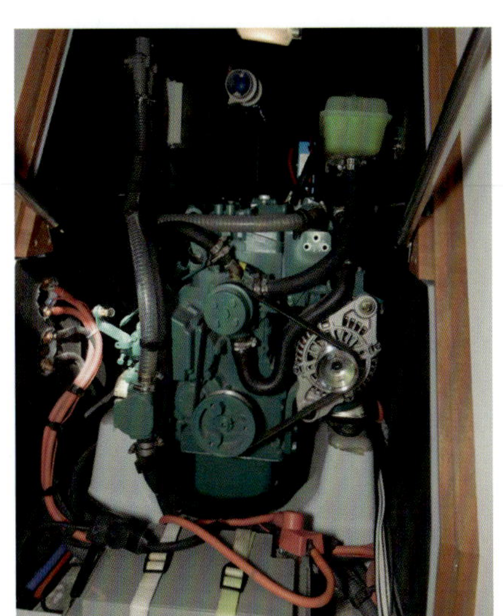
帆船上的辅助引擎往往位于相当紧凑的空间内，维修时是个挑战。

蓄电池充电

就像汽车一样，我们的巡航帆船配有由发动机驱动的交流发电机，能产生蓄电池充电所需的电力，为12 V直流系统提供电力。当船离开码头后，交流发电机是唯一能给蓄电池充电的设备。尽管帆船普遍靠帆航行，只在没风或离靠码头时使用发动机。但是，有时候也必须将发动机运行1小时左右给蓄电池充电，这样才能继续使用船上的照明或电子仪器。为了避免出现意外，充电时要时刻注意配电板上的电压计（显示蓄电池的电量），并使用蓄电池选择开关。

蓄电池选择开关

一个简易蓄电池选择开关上有四个位置：蓄电池1、蓄电池2、全开、全关。发动机运转时，把开关拨到全开的位置，同时给两个蓄电池充电。发动机不运转时，把开关拨到蓄电池1或蓄电池2（对应家用蓄电池的挡位）以保持启动蓄电池的满充状态。切记，发动机运转时，不要把开关拨到全关的位置，以免损坏电子设备和交流发电机。

风能和太阳能

提到可替代能源时，巡航帆船的水手们可是经验丰富。几十年来，巡航帆船一直都用风力发电机和太阳能电池板发电。这些设备容许他们进行长时间远航，还可在无须运转发动机或进入码头为蓄电池充电的情况下锚泊较长时间。

第二章

动力航行基础

ASA101的重点在于如何使用风力让帆船航行，如何把这些技巧应用到各种操纵中，比如航行到某个目的地，将船驶离码头和回到码头。

现在在一艘更大的船上，通过练习获得的自信仍然能让你完成这些操作。不管怎么说，船上有一个辅助引擎能够带来更多的选择，无论是顶风赶路还是从无风的地方回来。

本章将介绍利用发动机驾驶帆船的基本原理。你会发现发动机航行不仅仅是简单地推着船前进，你还能够学会另一套操控技术，提高航海本领。

起航前

想要看看辅助动力到底能帮助到你多少，你得先把船开到一个适合练习的水域。但是在任何船舶初次起航之前，你都必须熟悉这艘船的各个系统和操作方法，以及前往的海域。在浏览过甲板上、下之后，教练会展示如何对船上的设备及配件进行检查，这样就能确保帆船状态良好，可以尽情享受水上的美好时光。

马蹄形救生圈存放在船尾护栏的支架上，以备随时抛给落水者(MOB)。

安全检查

安全检查最好从安全设备开始，宁可在船停泊在码头的时候发现故障及缺陷，也不要等到在海上出现紧急情况急需设备的时候才去检查。

甲板下

在登船参观时，优先找到救生衣的存放位置。将它们拿出来，数一数，检查一下是否有磨损或损坏的迹象。若发现问题要向教练报告，并将救生衣整齐收好。

小贴士 试穿救生衣看看是否合身。如果你觉着穿上更放心，那么在起航时就要将它穿在身上。ASA推荐使用个人漂浮装置(PFD)。

检查灭火器是否存放在其固定位置上，并查看压力值是否正常。请阅读使用说明书——因为你记得越清楚越好。

将信号弹从容器中拿出来检查其失效时间，确保有空气号备用罐，并检查手电筒。如果船上有手持甚高频无线电，则观察电池是否充满。

小贴士 当你成为船长时，无论是在自己的船上还是在其他船上，你都要对船舶及船上所有人员的安全负责，这些检查便成为日常工作。如果确认安全设备状态良好，就不需要每天航行前检查一遍，但是要告知所有新船员——这些设备的存放位置和使用方法。要把救生衣分发给每个人并让其穿上。

人员落水设备

挂在船尾救生索上的是马蹄形救生圈或其他符合美国联邦法规要求的装备(法规要求船上应当配备可抛掷的漂浮装备)。这是救援落水人员的第一步——任何人看见人员落水，都要把它抛到落水者能够游到的范围内——所以船长要确保所有人都知道其位置及使用方法。

除了马蹄形救生圈，许多船上还配有许多其他装备：有的为落水者提供浮力；有的使落水者易于被人发现(如灯或旗杆)；有的使落水者易于被拉回(如救生颈圈)。

教练会在教学船上指出设备所处位置并告知它们的使用与部署方法。

小贴士 以6节的速度航行的船以10英尺/秒的速度远离落水者。在船上人员还在了解情况时，落水者可能已被拉开了一艘船的距离，所以迅速抛出落水营救装备极其重要。

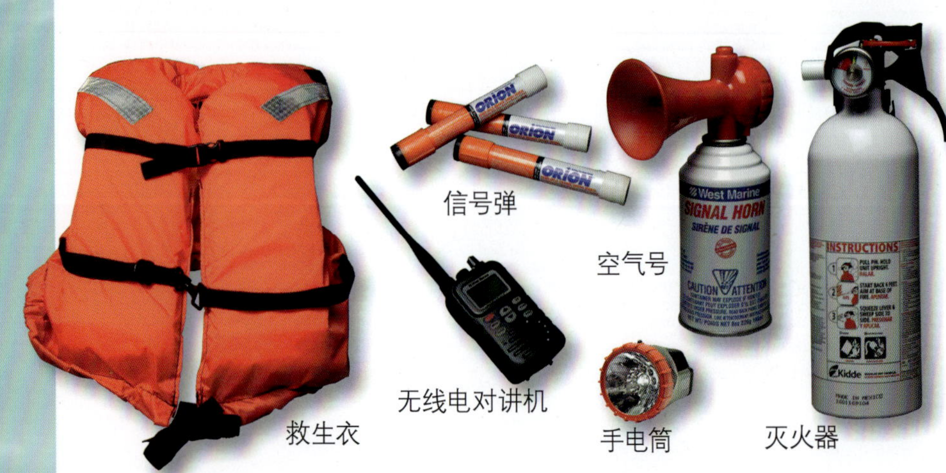

登临陌生船只后的第一件事就是熟悉安全设备及其存放位置。

出海前的常规准备

帆船巡航时，你不仅享受着居家般的舒适，还享受着航行的刺激和拜访新地方的好奇。有时，巡航体验中航行的感受会影响船上生活的感受，反之亦然。因此，将要起航时，帆船必须做好准备，以免在其摇晃、颠簸或倾斜时出差错。

零散物品的存放

当船员们在甲板上体验航行的乐趣时，可依靠坚固的挡边和扶手在甲板下走动。

你会注意到船内舱和搁板的水平表面，锁柜的内侧和外侧，它们的边缘上都有明显凸起的挡板，这些是挡边（fiddle rail），其作用是防止物品在船只遇风侧倾或波浪摇晃过程中滑落或掉出来。在一些关键位置，如厨房工作台面周围，它们足够结实，可用作扶手。

要把放在桌子上或其他平面上的零散物品（如餐具、书本、便携式播放器等）收好，以防止物品在帆受力时船体侧倾过程中甩出来。务必把零散物品存放在锁柜内或存放在带有较深桌子挡边的搁板上。

锁柜和储物箱

确保锁柜内的物品已经妥善放置，所有的柜门都是锁住的。特别注意厨房锁柜——它们使用得较频繁且经常容纳重物和坚硬物体。

储物箱的开口位于顶端，所以适合放置笨重物品，但是如果装得太满，东西可能会找不到。如果把同类物品放在一起，你会很容易找到它们。切记，如果水进入舱底，储物箱底部的物品可能会被弄湿。

小贴士 将物体放进锁柜是一门艺术，尤其是在厨房里。物品应当塞满以免到处晃动或滚动，否则发出的声音令人难以忍受，但是又要一眼能看到所有的东西，因为船在倾斜的时候你不会想去翻找高一侧的锁柜的。

水密完整性

检查所有可打开的舱门和甲板舱口，确保已经用把手、门闩或其他装置紧闭。海水特别适合航行和游泳，但对于生活区的家具来说不是什么好事，哪怕只是一点点进水。即使风平浪静，一个打开的舱口一旦遭遇到动力艇的尾波，也可能灌进很多水。

检查舱底是否有水，必要时，打开舱底泵抽出船舱内积水。记录舱底的积水量及排出积水所用时间，稍后复查是否还有积水进入。

深锁柜内的物品可以安心放置，船晃动也不用担心。放置有序，可便于拿取。

舱口关严才能防水。起航前要确认所有的舱口和可开启舷窗已经关好。反正你马上就要去甲板上呼吸新鲜空气啦！

甲板上检查

大自然不断地磨损人类所创造的一切，尤其是船。为了追求良好的船艺，水手们要小心谨慎，时刻留意船和设备的状况。船员每天做手头工作时会本能地扫一眼常用的五金件和器材，检查帆上的缝合处是否有破损、前帆缭绳是否磨损，或者桅杆配件上的螺栓是否松动。即便如此，制订例行检查计划依然是必要的。

卸扣的安全紧固

不要过分依赖卸扣（尤其是不锈钢卸扣），因为它们的销轴（销子）被设计成可松动的。用手并不能拧紧，因此应经常用钳子或卸扣扳手将其拧紧。为了更加安全，不需要经常松开的卸扣可用细钢丝缠绕捆扎在卸扣身上并穿过销轴上的洞。锚泊时，连接锚和锚链的卸扣对船的安全极其重要。

索具连接

在第一章中，我们在甲板上快速地转了一圈，现在该回去检查潜在故障点了。

固定索具要承受很重的负荷，这是开始检查的好地方。任何时候当船迎风换舷时，前帆和前帆缭绳会从侧支索（靠近花篮螺丝）的一侧被拉到另一侧。如果开口销的尖端露出，将会伤害船帆，或者脱落后损害整个桅杆系统。检查开口销上的保护胶条是否完整，销子是否有遗失或损坏。同时对前支索和后支索做相应检查。

救生索在船首护栏和船尾护栏两端的连接处也要进行相同的检查。如果开口销缺失、绑扎处有磨损、花篮螺丝松动，都将使救生索松开，可能导致人员落水。

每当看到滑轮（用于帆的操控系统）时，要确保每个滑轮（桅杆底部的升帆索滑轮、横杆处的主缭滑轮等）安装牢固。滑轮上可能会有带开口销的销轴或卸扣（shackle）。如果是卸扣，检查其销轴是否紧固，松动的销轴往往会导致意外发生。

舱底泵

驾驶舱内的操舵装置位置附近通常有一个手动舱底泵。我们希望永远都不要发生紧急情况而用到它。但和所有机械设备一样，要经常对手动舱底泵进行检测以确保其在需要时可用。它的手柄用绳索系住或存放在驾驶舱储物柜内专用支架上，因此不会轻易放错地方。

软管从舱底（还记得地板下的过滤器吗？）延伸至水泵的进水口。排水软管通到水线以上的穿舱口，一般位于船尾板。

每个滑轮都连着卸扣。主帆缭绳及其他系统也会用到很多卸扣。应当定期检查卸扣是否紧固。

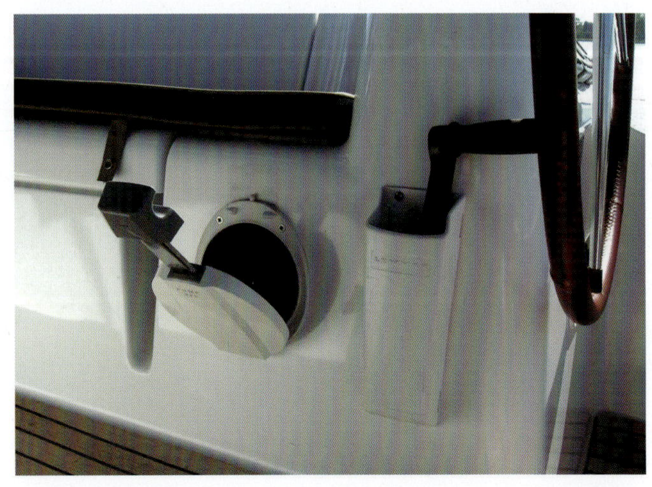

现今，几乎每艘船上都有手动抽水泵，类似图中这个，位于驾驶舱。远洋赛事规则要求必须配备这个安全装置。

操控

示例帆船是用舵轮来操控的，快到舵轮后面来感受一下吧。你会发现舵轮在某种程度上将你和驾驶舱其余部分隔开，而大部分控帆操作要在驾驶舱完成。在第一次练习离港时，你就会明白为什么教练掌舵时还需要依靠船员的响应和反馈来航行。

掌舵

舵轮和舵柄的掌舵方式不同，是一种新的体验。操作舵轮就像操作汽车方向盘一样。当船向前移动时，将舵轮向右转动，船首会转向右舷。而当船向后移动时（可用动力推进实现），船尾会转向右舷。

驾驶舱的布局允许船员站在或坐在舵轮的后方或左右两侧掌舵。如果航行时你喜欢在上风舷掌舵，可以轻松地弯腰钻到下风舷，瞄一眼前帆后面的状况。

航海仪表

从驾驶小船或小型龙骨帆船起步的水手，很多人是通过感知缭绳及舵柄上的反馈来评估风力、风向及船速。然而大型龙骨帆船比较重，尤其在小风或微风的天气，通常没有小船那么灵敏。对于这种尺寸的帆船，就需要借助航海仪器通过风速、风向及流速来显示船的移动速度。这些仪器的表盘会安装在舱梯舱口的前端，或安装在操舵台上，以便驾驶舱内的每个人都能看见。

这种驾驶舱设计既舒适又便于操作。高高的座椅靠背提供了支撑，前帆缭绳绞盘位于驾驶舱栏板上，触手可及。

舵居中

用舵柄控制时，你对舵角有个直观的参考：只要看舵打得多远。这对于舵手和缭手来说这很重要。如果舵手必须使用大舵角来保持航向，则舵的阻力会减慢船速。通过调帆你可以减少（或增加）舵效。

使用发动机操控帆船时，了解舵角也很重要。

舵轮是反映不出船舵的位置的。在完全了解这艘船之前，其实你对转了多少度舵角是没概念的。在船还停在码头时，下述步骤可帮助你搞清楚这个问题：

1. 朝一个方向转动舵轮，直到它停止。
2. 满舵时握住舵轮顶端（12点方向），不要放开手，反方向慢慢地转动，直到它再次停止，数一下轮辐数。
3. 再反方向转动舵轮，再数一遍轮辐数。
4. 别松手，把舵轮往回转动刚才所数轮辐数的一半轮辐。
5. 把舵轮固定在那个位置，用胶带在舵轮上标记 12 点方向位置。

现在就能知道何时舵叶是居中的，何时没居中，以及转了多少度"舵角"。

如果左、右两舷的止舵器并不完全对称，说明正舵的位置有点儿偏差，但目前已经足够了，可以启航了。我们稍后可以在航行中对其进行调整。

离岸前准备

对于之前所学课程是日航帆船的学员们来说，发动机是一个新鲜事物。因此在介绍更高级的航行主题之前，我们先来关注一下发动机——如何启动、关闭及如何使用前进挡和倒退挡来操控帆船。这并不意味着我们不需要帆了，毕竟这是帆船，如果那些机械设备出现故障，那么你还可以使用帆。

准备船帆

启动发动机之前，正常准备工作就像在日航帆船上一样：将主帆的帆罩解开并存放起来；系上升帆索并用绑帆绳把帆捆好；解开主帆缭绳、滑轨操控索、前帆缭绳及前帆的卷帆索。

发动机操控装置

注意 由于帆船内的绝大多数舷内发动机为柴油机，因在这里我们只讨论柴油发动机的启动和关闭。汽油发动机的操作流程见附录（第155页）。

每艘船的发动机操控装置的位置和样式各有不同。在我们的船上，发动机的操控装置及仪表板位于驾驶舱座位对面，在舵轮的右侧。仪表板上有一个转速表、一个电流表、一对指示灯、一个钥匙开关、一个启动按钮和一个停止按钮。

仪表板附近是一个操纵杆，用来控制油门和换挡。在其他船上，你可能会发现油门和换挡（有可能分开或合并在一个操纵杆上）安装在操舵台上。教练会给你示范具体操作。

发动机需要维护保养，具体内容见第三章。目前，我们假设发动机状态良好，供油正常。

启动发动机前最重要的一步就是检查原水冷却系统的通海阀是否已打开，以及其过滤器是否堵塞。

辅助发动机

千百年来，在没有发动机的情况下，水手们也能正常航行。由于清楚船完全受风和洋流的摆布，他们每一个操控都很谨慎。当风力完全消失时，则依靠船桨。大型帆船由船载小艇中的划桨手牵引。19世纪早期，蒸汽机问世，但直到20世纪紧凑型内燃机才开始发展，游艇才享受到辅助发动机带来的好处。

如今，发动机成为巡航帆船中不可分割的一部分。发动机使我们能够在诸如逆风、逆流等有碍驭帆航行的不利条件下继续前行，还能产生电力并为蓄电池充电，为相关安全装备及生活设施提供电力。

需要建立一套相关装备设施的常规检查制度，每次出航前都要例行检查。

在许多船上，发动机的换挡及油门控制都在操舵台上进行。

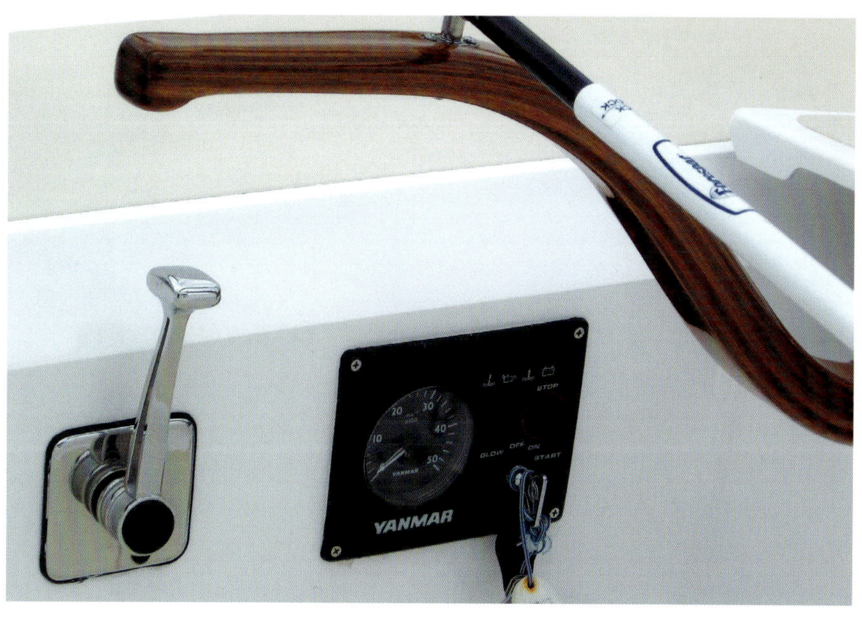

发动机的仪表板通常安装在舵旁边的平坦表面上。其上有转速表、钥匙开关、停止按钮和发动机系统的警示灯。

柴油发动机的启动程序

①将蓄电池选择开关转向“Both”位置。

②来回移动换挡杆，确保其位于空挡状态。

③前推油门到推荐的启动位置（通常为约1/4处）。检查换挡杆是否仍处于空挡状态。

④转动钥匙开关到“启动”位置。蜂鸣器发出声音，则表明油压低，发动机运转后蜂鸣消失。

小贴士 如果发动机启动后蜂鸣器继续发出声响，或发动机运行一段时间后蜂鸣器发出声响，则表明油压低或发动机过热。在查找问题前，应立即安全关闭发动机并采取相应措施确保船只安全。

⑤柴油发动机通常有一个电热塞对汽缸进行预热并协助启动。开启该开关约20秒。

⑥按下启动按钮。电动马达就会启动发动机（如汽车马达一样）。

⑦发动机启动后，松开启动按钮。按住按钮的时间不要超过10秒，以避免电机和蓄电池过载，运行几秒钟以确保其运转良好，然后松开油门。

⑧检查排气口（通常位于船尾板）。水应该会流出来（通常在有压力时会喷出来），如果没有水流出来，则立刻关闭发动机。排气装置中的水对发动机冷却系统来说至关重要（详见第三章），当水不能流出时，必须处理系统中存在的故障。

⑨准备启航时，让发动机在空挡怠速状态下预热一会儿。

这是最后快速巡视甲板下方的时机，同时也是聆听发动机声音的时机。

小贴士 发动机挂挡前，检查船外四周以确保没有绳子掉入水中。若有绳索缠住螺旋桨，发动机会立即停止工作。不要将绳子遗落在船边。

关闭柴油发动机

柴油发动机不需要电火花去点燃，因此仅仅通过钥匙切断电源来关闭发动机是不可能的。切断燃油供应是关闭柴油发动机的办法。

关闭发动机可通过按钮电动控制激活或通过控制板上的T形把手手动拉停。

要关闭发动机时，将油门拉回怠速状态并按下关闭按钮。发动机停止后，低油压蜂鸣器会再次发出声响报警，然后用钥匙关闭电源。

掌控发动机

你可以借助发动机的力量，在各种风和水流的情况下驶离码头。但如果想要安全使用发动机并发挥其最大优势，则需要熟悉其动力性能及如何控制。首次出港时也许由教练操作（在你的参与下），将船开到合适的水域，然后由你自己进行练习操作。

动力操控

当以稳定的速度直线行驶时，使用发动机驾驶帆船会非常简单。但当必须在狭窄水域内转弯或缓慢进入停泊位时，你会发现船的动力、自然的力量（风和流）和螺旋桨的特性都会影响到操控的方式。

匀速驾驶

教练把船驶向一个合适的无障碍的区域并以中速向前行驶后，可能会让你握住舵轮并要求你："让船直线行驶。"

当握住舵轮后，你会感觉到微小的振动。这是螺旋桨尾流流过舵叶时产生的振动。

选择前方一个静止的参照物，朝它前行（用舵轮上12点方向的标记作为参考）。就像开车一样，如有必要，则微微调整舵向。

直线行驶一段时间后，选一个在船右正横（或左正横，取决于哪一舷空间更大）处的参照物。转一个大弧度弯，直到指向参照物为止。转弯时，尝试不同的舵角（但不要过大）以便了解不同舵角是如何影响船的转弯半径的。然后在新航线上稳定方向。

接下来，反方向转弯，重新回到原航线。

加速

当以稳定的速度驾驶帆船时，看一下发动机仪表板上的转速表，注意发动机转速（单位为r/min）。

发动机只有一个前进挡，因此转速表就相当于一个速度表。风平浪静时，船会一直以相同的速度在相同的发动机转速下移动（假设船底和螺旋桨是干净的）。

稳稳地握住舵轮，缓慢地推油门直到转速增加到 500 r/min。

当继续直线行驶时，观察旁边的水（如果有速度表，则观察速度表），注意速度的增加。同时注意，此时船对舵角的变化更加敏感了。

小贴士 挂前进挡，油门全开，发动机转速会达到最高值且不再增加。通常情况下，不需要推到最高转速，稍微降低一点转速，船速也几乎一样快，而且更省油，噪声更小。大多数船艇上的转速表有一个"最佳点"，在这个转速点上，船以最佳的速度移动且发动机的振动最小。

减速

完全松开油门，回到怠速状态，发动机（及螺旋桨）慢下来后，停油门，然后挂空挡。船速会发生什么变化呢？没有什么变化，至少一段时间内不会有太多变化。

帆船，从设计原理上来说，以最小阻力划过水面。一条重达5吨的30英尺长的船，也能够继续航行一段距离，特别是在没有升帆的时候。即使借助发动机倒挡，也需要时间（和距离）让又大又重的船停下来。

使用发动机停船

出现紧急情况时，一条现代帆船在几个船身的长度内就能停下来，但那会对螺旋桨及相关机械设备产生很大压力。一般情况下，合理使用发动机就能够把船停住。

①缓慢地收回油门，发动机处于怠速状态。

②挂空挡。

③等待几秒钟，等螺旋桨减速后，挂倒挡。

④慢慢地增加转速，让螺旋桨有更好的作用力。紧握住舵轮，你会感觉到一些振动。

⑤观察附近的水以估算船速，松开油门直到船停下来。

⑥船不再前进时，让发动机怠速，挂空挡。

小贴士 换挡时要慢，发动机先打到怠速状态。若从全速前进状态迅速切换到全速后退状态，毋庸置疑会给动力传动系统（变速器、螺旋桨和传动轴）带来严重损坏，发动机迟早会罢工，你还要支付一大笔维修费用。

驾驶船的时候，要牢牢握紧舵轮，这样可以避免因螺旋桨推出的水流而使舵发生偏转。

螺旋桨

发动机驱使螺旋桨转动，螺旋桨在水中推动的方式就像使用螺丝刀把螺丝钉拧进木头里一样。因此，船的螺旋桨也被称为螺丝钉（screw）。像很多动力艇一样，如果一艘船有两台发动机，就会有更好的效果。螺旋桨固定在船体上，当它在水中自我推进时就推着船前进了，当然它还有一些其他的效果。

螺旋桨排出流

水不是木头，不是固体，因此螺旋桨向前推进的同时，水向相反的方向推动——形成螺旋桨排出流（prop wash）。在大多数船上，螺旋桨位于舵叶的前方，当动力前行时，螺旋桨排出流流过舵叶，你会在舵上感觉到它。操纵帆船时你可以让螺旋桨排出流为你所用。

螺旋桨排出流的影响

当船不动时，转动舵轮与转动停止不动的汽车方向盘产生的效果是一样的。但发动机会改变这一切。

船不动时，右满舵，挂前进挡，给1/4油门。船还没有向前移动，它就先向右转。

现在向左打左满舵——船转向左舷。

船身对舵有所回应，仿佛船正前进。这是因为排出流对舵叶施以推力，将其向一侧推，使船转动。

螺旋桨致偏

螺旋桨排出流是由螺旋桨转动产生的，它不是直线流动，而是旋转流动。这种旋转对船产生的影响被称为螺旋桨致偏（prop walk），它会使船尾侧向移动。

螺旋桨致偏的影响

为了了解螺旋桨致偏的影响，让船停在水中从正舵开始。理想情况下，最好是风平浪静的状态。如果有风，练习时让船头顶风。

选择正前方岸上的物标作为参照物，紧紧地把住正舵，切换到前进挡，轻推油门。在螺旋桨开始转动时观察物标与船首间的相对位置变化。船首会移动到物标的一侧。这是因为螺旋桨致偏引起船只旋转。

再次使船停下来。仍保持正舵，挂倒挡（遵循换挡慢而稳的原则），轻推油门。

这一次，船首转到了另一侧——因为螺旋桨反向转动——且更为显著。此时转动舵轮没有效果，因为螺旋桨排出流向前流动不经过舵叶。

前进挡时，螺旋桨致偏并不显著，你可以利用舵对其进行简单修正。

倒挡时，情况就完全不同了。效果因船而异，取决于螺旋桨的位置、舵叶的种类及其他因素。但有一些船的螺旋桨致偏现象特别明显。应尽早检测螺旋桨致偏是如何影响到你船的，因为这将影响到你如何在有限空间内（比如码头周围）进行操控。

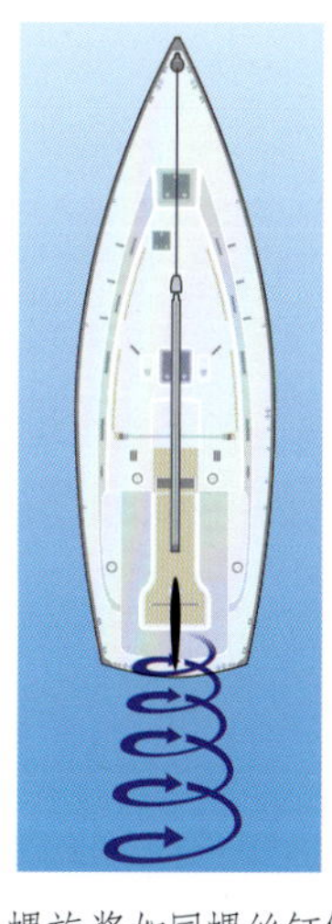

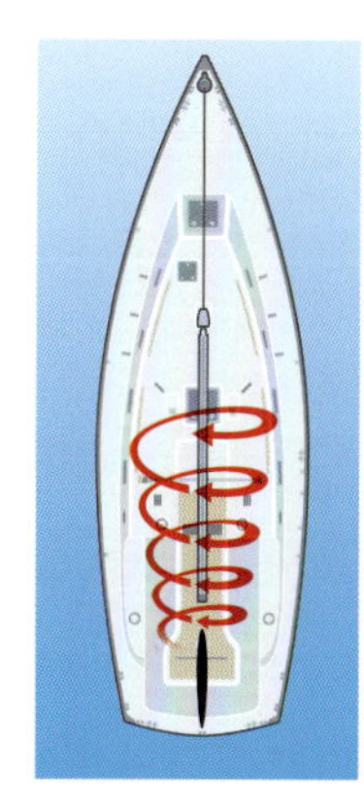

前进　后退

螺旋桨如同螺丝钉似地转动，推动船前进的同时把水推到反方向。

右旋（左旋）螺旋桨和螺旋桨致偏

螺旋桨致偏与螺旋桨的转动方向有关。

前进挡时，从船尾向船首方向看螺旋桨，根据转动方向可以分为：右旋螺旋桨、左旋螺旋桨。右旋螺旋桨以顺时针方向旋转，左旋螺旋桨以逆时针方向旋转。

螺旋桨顶部的桨叶朝着哪个方向旋转，“螺旋桨致偏”就会把船尾甩向哪个方向。安装右旋螺旋桨的船（大多数帆船采用右旋螺旋桨），前进时，船尾向右偏；倒车时，船尾向左偏。

了解螺旋桨致偏方向对于靠岸（或出港）很重要。

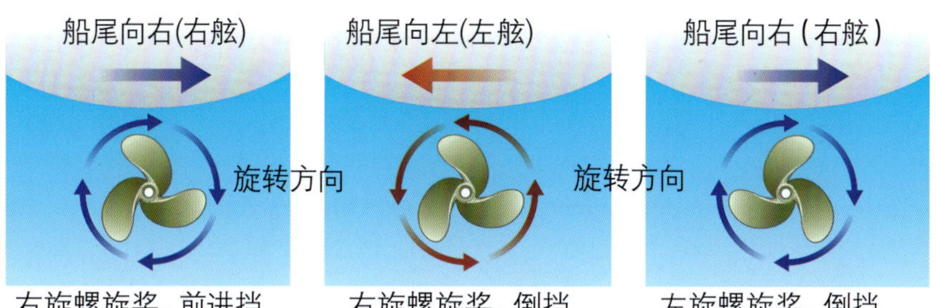

右旋螺旋桨。前进挡 后视图　右旋螺旋桨。倒挡 后视图　左旋螺旋桨。倒挡 后视图

三点转向

在许多游艇码头，操作空间有限。但是你依然可以利用螺旋桨致偏和螺旋桨排出流把帆船旋转180°，而转弯空间只比一个船长稍多一点。先在开阔的水域练习，直到你完全掌握这一技术——注意风和流的影响。对于实操训练来说，我们假设没有大风，没有水流，而且船上装的是右旋螺旋桨。

①船以缓慢的速度向前移动，速度快到可产生舵效即可，选择一处水域准备练习。
②距离所选位置差不多一个船身的长度时，将发动机切换到空挡怠速（为了让船行驶缓慢，也许你已经切换成怠速了）。
③快到达训练地点时，右满舵，挂倒挡，给一点油门（不要太大——这是一个精准的操作）。

两个力促成了这个转弯：只要船向前行驶，就有舵效；同时，螺旋桨致偏效应会帮助船尾向左偏移。
④保持满舵，当船不再向前行进时，关小油门降低速度，挂前进挡，再给一些油门。
⑤注意观察，螺旋桨排出流冲击舵所产生的力使船头向右转。赶在船刚要开始行进之前，关小油门减速，挂倒挡，再轻推油门。
⑥根据需要，反复交替切换前进挡与倒挡。
⑦一旦船头转到了预定方向，把舵回正，用前进挡配合轻微油门，让船有舵效。

注意 如果船上使用的是左旋螺旋桨，可运用此操作将船向左转。因此，在进行类似操作前，一定要弄明白螺旋桨致偏效应。

作为练习，向右转、向左转都试一下。你就会明白应该顺着螺旋桨致偏效应转弯，而不是和它作对的重要性了。

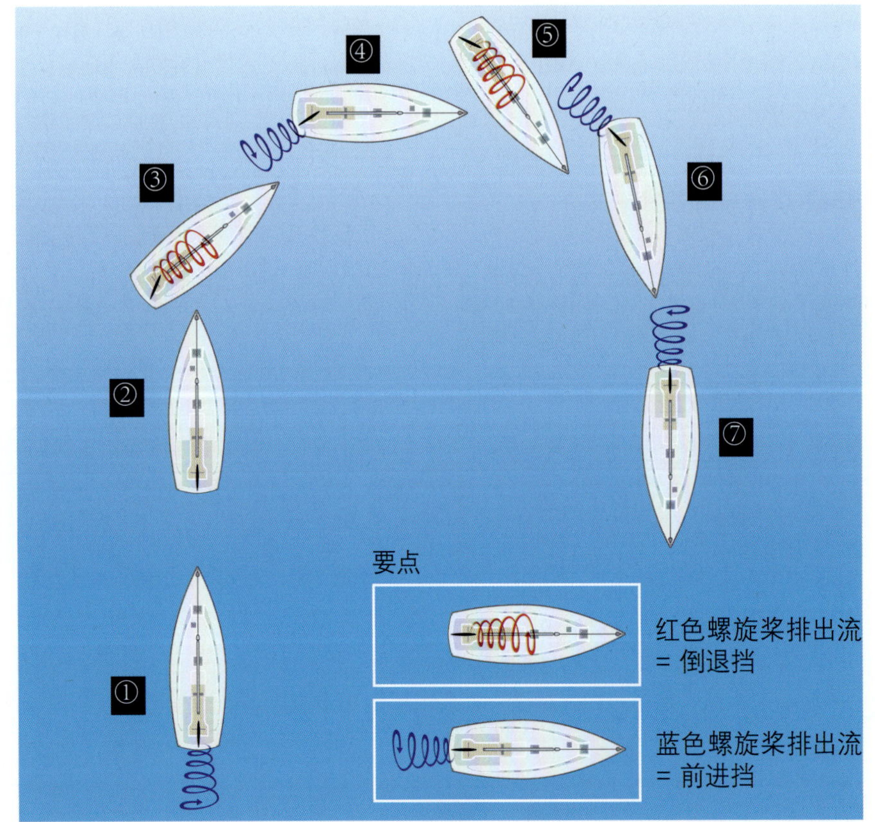

如图所示，船向右舷转向时利用螺旋桨致偏效应向左舷推动船尾转向，船尾向左。如果是左旋螺旋桨，这会是一个向左舷转向，利用螺旋桨致偏效应向右舷推动船尾。

小贴士 此操作的技巧在于不让船后退。在整个转弯过程中，仅用右满舵直到最终完成转弯。同时要做的就是操控挡位与油门，尽量让船保持不动，或仅有略微前进。

风效应

一旦失去前进的速度且风吹向船首的一侧，帆船就会顺风偏转。在开始转向前，如果你是迎风行驶，风力会帮助你完成转向。

如果是顺风行驶，帆船转弯时就会与风对抗，并且需要更多的空间来完成转向。船的前方要有足够的开放空间，尤其是下风侧。

你还要弄清楚前进挡的螺旋桨排出流和后退挡的螺旋桨致偏效应哪一个能提供最有效的转弯力。

如有可能，提前计划好怎样借助风力转弯。

小贴士 请注意，船转弯时不是以舵为轴心，而是以桅杆附近的某一点为轴心转动。船尾会大幅度摆动。在靠近码头或其他船时牢记这一点。

动力倒船

帆船向后移动通常比向前移动更难控制，每艘帆船都有其独特性，因此一定要尽早了解相关帆船的倒退特性。与其他练习一样，我们要在开阔水域进行练习。

安全提示 当船向后移动时永远不要放开舵轮——或舵柄。水对舵叶施加的压力会立刻将其推至满舵，其强大的力量可能损坏操舵系统——或令舵柄以巨大的力量横扫过驾驶舱造成破坏。出于同样原因，千万不要把手穿过舵轮轮辐拿取任何东西，尤其是在船倒退的时候。

为了尝试这种操控，驾驶船到安全地点并停船，发动机处于怠速状态，油门挂空挡。

小贴士 在比微风大的风况下，首先顺风练习。

①正舵，紧握舵轮。
②确保发动机处于怠速状态，挂倒挡，给一点油门。观察船在螺旋桨致偏效应的影响下转动的过程。如果船尾偏向左边（左舷），那么这艘船是右旋螺旋桨船。
③将舵轮向右转动。记住，倒退时，船尾移动方向与转动舵轮顶部的方向一致（就像汽车一样）。

过一会儿，船在螺旋桨致偏效应的影响下会继续向“错误”的方向偏转。只有当船获得足够大的速度时，舵才会产生足够大的力来克服螺旋桨致偏效应。加大油门让船尽快提速也没用——发动机转速越快，螺旋桨致偏效应的影响越大。
④当后退到一定速度时，挂空挡以消除螺旋桨致偏效应，改用舵把向。
⑤给几下短促的倒挡怠速油门，以保持倒船速度。
⑥如果船继续朝着“错误”方向转动，转左舵，挂前进挡，轻推油门。这样螺旋桨排出流会推向舵，使船尾向右摆。
⑦重新挂空挡，转右舵，挂倒挡，使用低转速。

小贴士 在速度大到足以产生舵效前，你可能需要切换几次前进挡调整船尾方向。

⑧一旦船以稳定的速度后退，则将舵回正。在某些船上，你也许可以面向船尾操舵。

小贴士 如果练习时船头迎风，当转向时，风会使船加速转向。只有船尾顶风倒船时，风才是你的朋友。

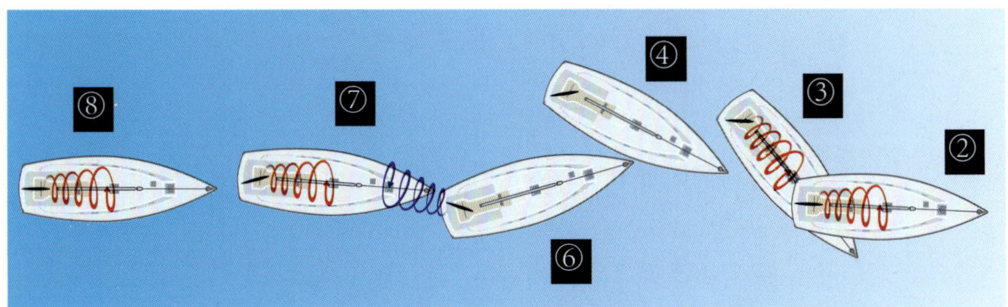

每艘船以不同的方式倒退。许多船在获得足够大的速度直行之前，需要来回换挡。

倒退时若要转向预定的方向，需要挡位和油门的互相配合，直到船有足够速度来产生舵效。获得舵效后，紧握舵轮，轻微左右转动舵轮，观察船的反应。有舵效后，船身反应很快，从舵轮上能直接感受到相当的压力。

小贴士 通常来讲，停船时最常使用倒挡。尽管有时必须要进行一些如进出泊位之类的短距离倒船，但也应尽量避免。若必须倒船，仅以保持舵效所需的速度行驶即可，也就意味着，大部分时间是在空挡怠速操作。

倒退时停船

船正在向后倒退而现在你想把它停下来，那就需要小心地使用前进挡了。
①紧握舵轮的同时让油门减到怠速。
②换前进挡。
③轻推油门。螺旋桨排出流和后退的水流会争抢舵叶，此时要牢牢握紧舵。
④当船停下时，收回油门，挂空挡。

熟能生巧

使用发动机操船需要多加练习。这几页的练习内容会让你或多或少了解到发动机操作是怎么回事，同时也会增强你靠泊的信心。

动力停靠码头

在动力驱动下将船停进码头，所使用的步骤与ASA101课程中用帆靠岸的步骤差不多。但是如你所见，发动机更便于操控：你可以直接驶入风中，调整船速并能让船完全停在你想停的地方。提前做好准备工作依然是安全稳妥靠岸的关键。

准备充分，协调配合，才能平稳靠泊。

选择靠泊方式

风依然是一个影响因素，尤其是在停船的时候，所以要避免风力带来的操舵阻碍。因此，在动力驱动下，迎风靠泊还是最佳的选择，同用帆靠岸一样。首次尝试时，我们假定教练会为你选择停靠点，而且风的方向与岸平行，而且你会顶风靠近（更多靠泊场景参考第六章）。

螺旋桨因素

如果是右旋螺旋桨船，就首选左舷靠泊（船的左舷侧对着码头）。教练会向你展示如何利用螺旋桨致偏效应——就像在三点转向中做的一样。

迎风靠泊

在靠泊之前，将防碰球早早地准备好，放在你认为合适的地方、合适的高度。将缆绳系在甲板羊角上，以便快速系在岸上。

在侧支索靠后位置放置一个防碰球。在船体最宽处两侧各放置一个防碰球。

和用帆靠码头一样，倒缆要最先系到岸上。倒缆的一端系在船身中部，另一端应当快速绑在岸边靠近船尾的羊角或缆桩上。这根倒缆的作用是不让船向前偏转或移动（详见118页的描述）。

①清理甲板以便行动，将防碰球置于合适的位置，缆绳准备就绪，安排一名船员在侧支索的位置准备带倒缆上岸。

②把船开到与码头呈30°（或更小一点儿）夹角的位置。

③用油门和挡位控制船速，驶向泊位。挂空挡，滑行至船前部防碰球将要碰到码头的位置。

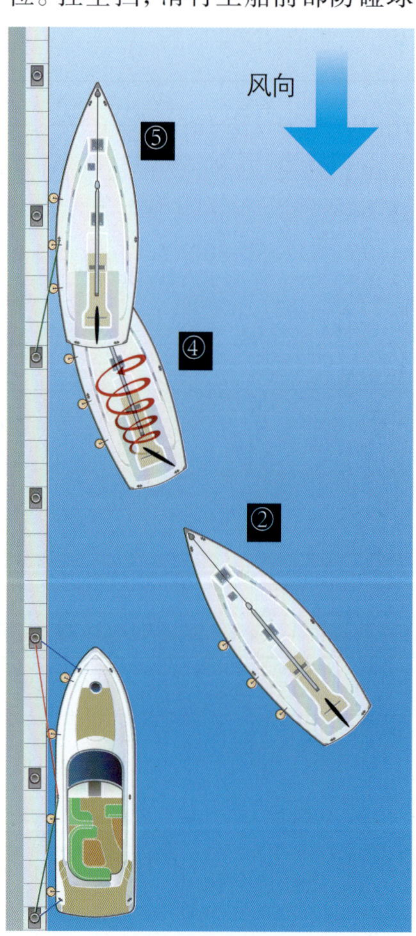

最理想的靠泊情况就是，风向与泊位平行并从船头直吹过来。顶风驱动船只所需的动力会在螺旋桨上产生排出流，以便在低速时控制方向。

小贴士 对于类似的操作，速度要快到产生舵效，但又不能快到无法停下，以防事态不按计划发展。即使在怠速状态下挂前进挡也可能会过快。可以挂空挡靠惯性滑行，多次短暂进车来维持船速。

④当防碰球距离码头有一两英尺远时，换倒挡，轻推油门。螺旋桨致偏效应会把船尾推向码头（船首会向外摆），防碰球会缓和船体的冲击。一旦船停止，则把挡位换成空挡。

⑤此时，位于侧支索的船员可以带着倒缆登上码头并系好缆绳。

⑥既然风来自前方，先把船首缆和前倒缆系好，然后系尾缆。

小贴士 倒缆系好后，舵手可使用一种渡轮上用的技术，利用发动机使船与码头平行（见106页）。

注意 上述是使用螺旋桨致偏效应来“停”船的简单案例。如果是与螺旋桨致偏效应的方向相反的右舷靠泊，情况就会更加复杂。进行靠泊作业时，最好利用螺旋桨致偏效应来帮助你停船。

机动船驾驶规范

在帆船上运行发动机就意味着要承担新的责任。首先，根据航行规则（在ASA101中首次提及，详见第五章），启动发动机后，帆船成为机动船（a power-driven vessel）。其次，船下有一个螺旋桨，旋转的叶片能够伤害到任何与之接触的物体。最后，船身后方形成尾波（wake），船长要对其可能产生的危害负责。

水下有潜水员

国际信号旗，字母旗“A”

小心游泳者

旋转的螺旋桨会对游泳人员造成严重的威胁。地方法规禁止船只进入指定游泳区域，游泳区域一般靠近海滩，用浮标或标志牌标明。

在锚地周围操作船舶时，尤其是在暖水水域航行时，为防止人们距离船只过近，需一直保持瞭望。如果发现你船离游泳人员很近，则挂空挡；挥手呼喊游泳人员，警告其不要靠近；靠惯性滑行远离他们。当确认安全后再挂挡。

礼让潜水人员

潜水员可能在任何地方作业——他们可能捕鱼、做科学研究或水下建设，或单纯地赏鱼。

通常来说，潜水者（所乘坐）的船会停在附近。根据航行规则，一艘“从事潜水作业”的船舶必须悬挂一个硬质的国际信号“A”旗，它的含义是“有潜水人员在水中工作，请慢驶及远离”。显示此信号，意味着船舶操纵能力受限，根据航行规则第18条（见74页），其他船舶需要让路。

休闲潜水员，尤其是在美国和加拿大，通常悬挂美国休闲潜水旗帜。旗帜为橙色，清晰可见，尽管它是非官方旗帜，但是受到广泛的认可。要礼让潜水人员，注意安全，并避开所有悬挂此类旗帜的船只。

观察尾波

帆船通常不会产生很大的尾波，但即使溅起很小的波浪也会给码头、小船和皮划艇上的人员带来麻烦。观察后方，如果你的船后拖着大量的水，请减速（也省油！）。许多港口会有5节（mile/h）的限速，且会张贴“禁止尾波（No Wake）”标志以保护海岸线免受其侵蚀。

该帆船正在许多不同类型的船（艇）中间行驶。如果其他船（艇）正处于锚泊状态，水里很可能有游泳人员，保持认真瞭望和小心操作很重要。

正舵点

在大多数船上，止舵器可能并不是完全对称的，这意味着第19页中描述的寻找舵轮上“正舵点”的技术是不精确的。现在你已经有一些驾驶经验了，就可以在平静水域航行，提高“正舵点”的精准度。

在稳定的航线中以合适的速度动力行驶，然后收油门，暂停，挂空挡——消除螺旋桨扭矩。选择一个正前方的参照点，一旦锁定航线，只需用舵轮做最轻微的校正。确定船正对着目标地点直线航行后，稳稳地握住舵轮。此时船舵正好位于中心位置。标出舵轮的正舵点（用电工胶带最佳）。

舵的控制缆或链条具有一定的延展性，所以每隔一段时间就要复查一下“正舵点”的精准度。

舷外机

可以肯定地说，从事水上工作的人，迟早会用到舷外机，因为它无处不在。它能给更小型的龙骨帆船提供动力，还能帮助小帆船或者小艇靠近或离开系泊或锚泊的帆船，数不胜数的水手们都会用到它。

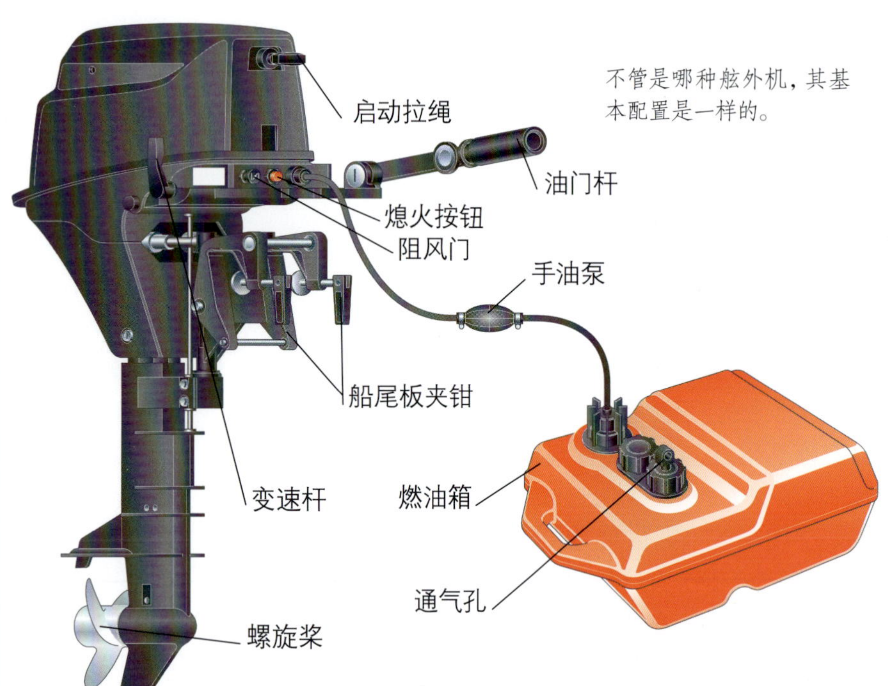

不管是哪种舷外机，其基本配置是一样的。

舷外机基础知识

帆船和舷外机是一个较尴尬的组合。除非船只经过特殊设计可高效简便地使用舷外机，否则操作可能会有一点儿棘手。舷外机的最大价值在于帮助水手们最充分地使用船只。

帆船上的舷外机功率一般不会超过15马力。这是巡航帆船上配备的小艇能使用的最大马力的舷外机了，我们有必要了解它们是如何工作和如何操作的。

舷外机的固定

舷外机几乎都有一个船尾板夹钳（夹紧托架），它通过螺丝夹固定到船上。对于小艇，舷外机可直接固定到其艉板上。在帆船上，舷外机有多种安装方法：有的安装在驾驶舱的内置舷外机阱里，有的固定在艉板上可调节支架上。夹紧托架可使发动机轻易地从船上取下来，便于存放和维修（还可防盗）。

夹钳处有一个机关可以使发动机抬起。使用时，发动机锁定在竖直位置，螺旋桨没入水中。当不用于推进时，发动机可倾斜放置并锁定，使螺旋桨离开水面。

发动机控制

任何一个熟悉汽油机的人都能辨认出舷外机的大部分标准配备。

老式舷外机是二冲程的，需要机油和汽油混用。新式舷外机是四冲程的，无须机油和汽油混用，但新式舷外机明显更重。

拉启动拉绳就能启动发动机。燃油管中间有一个手油泵，能在发动机启动之前为化油器供油，阻风门（手动或自动）控制发动机启动时空气与燃料的混合。熄火按钮通过切断点火火花来关闭发动机。

除了这些控制装置，舷外机有一个舵柄（通过旋转架子上的舷外机来把控方向），舵柄末端有一个油门（通常为拧转类型，同摩托车上的一样），发动机的一侧或舵柄根部有一个换挡杆。

汽油燃料

舷外机使用汽油，必须小心操作（见附录第155页）。许多小型发动机有内置燃料箱。功率更大（油耗更大）的发动机会与一个大型独立的便携式燃料箱连接。为防止汽油或汽油蒸气进入甲板下，油箱应固定在甲板上或放在驾驶舱的锁柜里，锁柜与船的内舱密闭隔离，油气排到船外。

舷外机以各种方式固定在帆船上。该舷外机位于艉板的提升支架上。

启动舷外机

大部分舷外机有一定的差异，主要与尺寸或年代有关，但它们在操作方式上大致相同，因此启动步骤是通用的。

该舷外机的前方有一个变速杆。

启动前步骤

①检查发动机夹钳是否紧贴艉板或支架——松动的发动机可能会掉落。

②如果发动机已被抬出水面，松开倾斜锁定，将发动机完全放下，然后锁定。

③检查燃油供应。如果发动机有一个集成油箱，拧开加油盖查看。独立式油箱在顶端有一个油量表。检查四冲程发动机的机油液位。

④逆时针方向拧开加油盖顶端的通气孔（发动机或油箱上）。

小贴士 如果忘记打开通气孔，油箱内会形成局部真空，阻止发动机吸油，导致发动机（很可能在关键时刻）停止运转。

⑤将燃油软管从外部油箱连接到发动机上，或连接到有集成油箱的发动机上，打开燃油阀。

⑥找到手油泵。如果是外部油箱则会在油管上找到。挤压四到五次（或挤到它变硬）从而使汽油进入化油器。不要挤太多，否则会漏油且发动机不能启动。

⑦确定挡位在空挡上。

⑧把油门杆推到“启动”位置。

⑨如果发动机有手动阻风门，将其设置到“启动”位置。

⑩如果发动机上有安全钥匙，应确保其连在熄火按钮上，否则发动机将无法启动。

启动发动机前，再次检查舷外机已放置在水中并锁定，并且确保没有绳子会缠螺旋桨。

小贴士 安全钥匙连在安全绳上。如果舷外机位于小艇上，将安全绳绑到衣服上或套在手腕上，万一你从船上掉入水中，安全钥匙会自动拔出熄火，发动机关闭，你可以返回到小艇上。

启动步骤

①确保你的位置能够径直拉动启动拉绳。

②轻轻地拉动启动拉绳直到感觉到机件中的齿轮啮合。硬拉会损坏齿轮。

不论是在小艇上还是在帆船上，启动舷外机时要坐稳，确保没有东西妨碍你的动作。注意发动机顶部的燃料箱盖……及长长的启动拉绳！

③稳稳地抽出启动拉绳，直到其延伸至2~3英尺长（不要一直拉到拉不动，那样可能会拉断）。不要放手，而是顺势送绳子回发动机，绳子会自动绕在线轴上。

④如果发动机第一次没有启动成功，则重复步骤②和③。可能需要调整阻风门和/或油门使发动机启动。

⑤发动机启动时，让其在启动速度下运转几秒钟，然后挂空挡。

⑥查看从发动机后部流出的冷却水流。如果没有，则按下熄火按钮。没有冷却水，会造成发动机过热。

⑦发动机预热后，通常在20秒内按下阻风门（如果有）。

⑧此时船依然停靠在码头（或者小艇依然停靠在母船旁），发动机怠速，你可以切换到前进挡和倒挡，检查其能否正常工作。

安全提示 拉启动拉绳之前，看一下身后，不要鲁莽地用力拉——你的手肘可能会打到船员同伴的眼睛或者你可能会失去平衡从船上跌入水中。

使用舷外机操控帆船

很多25英尺左右长的帆船使用舷外机。在某些帆船上，舷外机是固定的，通常使用船舵控制方向。在另一些帆船上，舷外机可以用来控制方向，因此非常适合在码头附近的操作。

船速与操舵

如果船与水之间没有相对速度，舵是没办法让船转向的。但可转动的舷外机在船没有前后移动时也能让船转向。

当转动舷外机时，螺旋桨排出流的方向就改变了。

舷外机使用前进挡，其结果类似于舷内机使用舵来改变螺旋桨排出流的方向。当将舷外机的舵柄推向左舷时，船头会向右偏转（反之，推向右舷时，船头会向左偏转）。

舷外机挂倒挡时，结果截然不同。转动发动机，可以直接改变螺旋桨排出流的方向，把船尾推到预定的方向。当舷外机的舵柄推向左舷时，螺旋桨排出流会推动船尾向右偏转。

当船有速度时（船速因船而异），舵是控制方向的最好方式。

在开阔水域航行，要多加练习使用船舵而不是舷外机操纵船舶。

在有些船上，掌舵时够不着舷外机。这就意味着在狭小的空间里，比如离开或进入码头，在操作油门或挡位时，只能用舷外机来控制方向。此时，应当让船舵居中。

当行驶到开阔水域并打算定速航行一段时，可将油门调至需要的速度，摆正舷外机到首尾中心线上，并使用船舵来操控。

如果想熟练、自信地使用舷外机，你可以把船开到不影响他船并且能够自由操控的水域，多加练习。

用舵控制方向

①以合适的速度直线航行，摆正舷外机到首尾中心线上。
②使用操舵装置（舵轮或舵柄），慢慢地向右转舵，然后向左转舵。
③使用更大舵角转向，首先向右转舵，然后向左转舵。
④熟悉船对舵的反应后，让船转一圆圈。
⑤重新回到最初的航向。

用舷外机控制方向

①在稳定航向上行驶。
②指派一人牢牢抓住船舵，使舵叶处于首尾中心线上。
③每次慢慢地转动舷外机，向右转舵，然后向左转舵。
④转动舷外机的角度越大，船转弯越急。
⑤熟悉完船对舵的反应后，让船转一圆圈。
⑥重新回到最初的航向。

更多尝试

你可以进一步尝试用不同的速度来练习，这样就能体会到各种情况下如何操纵船只。注意，若要操作油门与挡位，一定要确保自己够得着舷外机。当需要减速、停船或迅速采取某种行动时，可以用舷外机驱动船并控制方向。

使用舷外机停船

舷外机的螺旋桨，在倒挡时，力量要小于前进挡的力量，因此并不能很快将船停下。除非是固定式舷外机，否则不需要考虑螺旋桨致偏问题，因为你可以控制螺旋桨排出流的方向来控制方向。

在接近码头或泊位时，缓慢行驶。用几下短促的前进挡油门控制速度要比用倒挡停船容易得多。

倒挡操作

若要倒退，必须根据第二章中强调的内容，牢牢把住船舵。现在，你有两种方法（船舵、舷外机）来控制方向，使用舷外机操纵时，需指派一人把住船舵并使其位于首尾中心线上。

若使用舷外机，停止的船起步前进时，你可以直接转动舷外机，利用螺旋桨排出流推动船尾转动到希望的方向。

通常，帆船不喜欢船尾先动。如果不得不后退（如进入或离开泊位），在保持舵效的前提下，在尽可能短的距离内尽可能慢地移动。

当巡航帆船冒险做长距离离港时，小艇就起到作用了，运输、娱乐都需要。

小艇

很多巡航帆船会携带小艇作为离岸或靠岸的渡船，或短途航行到"大船"因吃水问题而无法到达的区域。除非是划艇或稳向板船，否则这里的小艇指的是由舷外机驱动的橡皮艇。

小艇与发动机

小艇舷外机和帆船舷外机的启动步骤是完全一样的，以下注意事项可免除你的许多麻烦（前提是正确保养舷外机）。

■ 无论何时使用小艇，确保船上的人，在码头或其他船上等待接驳的人都穿着救生衣。此外，还要额外携带一件Ⅳ型可抛掷个人漂浮设备。

■ 确保小艇配有船桨或划桨。船上最好也配备手电筒和备用绳索。

■ 请勿超载。超载时小船会不稳定（并进水）。宁愿往返两次，也不要进行一次不安全的旅行。

■ 确保舷外机可以正常运行后，才能解开挂靠在帆船或岸上的缆绳。不是所有的舷外机都能一次打火就工作。

■ 解开系艇索（小艇的船首缆）及其他固定小艇的绳索时，确保将这些绳子带上船，并将它们收好，避免它们掉到船外缠绕螺旋桨。

■ 发动机只能在怠速时换挡。在空挡的位置默数3秒，再换挡。

■ 操作舷外机应平稳。加速时要缓慢，转弯时要转大弯。

■ 以安全速度航行。遵守港口的限速规定并谨记《航行规则》规定的义务。

小提示 乘坐小艇时，要养成一直穿着救生衣的习惯。小艇灵活性强，很容易使船员身体失去平衡。

复习题（答案请参考第165页）

填空

1. ______驾驶舱允许水通过排水孔或穿过艉板流向船外。
2. ______用于调整固定索具钢索的松紧度。
3. 在甲板上前进时，沿着船艇的______侧行走比较安全。
4. 清洁用品、防碰球、船钩、备用缆绳及备用的船帆可以存放在______。
5. 如果舵轮操纵系统出现故障，则可以在舵轴上安装______，恢复掌舵 。
6. 船舱地板下方的空间被称为______，此处易积水。
7. 为了防止因软管损坏而导致意外漏水，最好在船无人值守时关闭所有的______。
8. B类灭火器用于扑灭______火灾。
9. 大多数帆船的电力设备，如灯和泵（电压和电流分别是______、______），是由______供电的。
10. 当与______（110 V交流电）相连时，使用蓄电池的______来维持蓄电池的电压。发动机工作时，发动机内的______为蓄电池充电。
11. 蓄电池______开关通常是一个刻度盘式的设备，允许在家用蓄电池与______蓄电池之间进行选择。
12. 出发前的甲板检查应包括寻找丢失的开口销的______。
13. 一旦启动发动机，检查是否有______从______流出。
14. 通过切断______供应来停止柴油发动机运行。
15. 前进挡与倒挡之间相互切换，一定要注意，应当在______停留2~3秒使发动机进入怠速状态。
16. 螺旋桨推出的水流被称为螺旋桨______。
17. 发动机倒挡运行时，船尾被推向侧面的趋势被称为______。
18. 发动机倒挡运行时，船上配备的是右旋螺旋桨，可能会导致船尾向______偏。
19. 有潜水员在水下作业的船舶，应悬挂______旗（红底斜白线）或国际信号旗______旗（垂直白蓝燕尾旗）。

将下列名称与图中部位一一对应搭配。

20. 外部

☐ 花篮螺丝
☐ 侧支索底座
☐ 脚挡
☐ 舱口
☐ 驾驶舱栏板
☐ 驾驶舱地板
☐ 舱梯
☐ 主绞盘
☐ 罗经基座
☐ 船首组件

21. 内部

☐ 厨房
☐ 沙龙区
☐ 海图桌
☐ V形床铺
☐ 洗手间
☐ 艉舷床铺
☐ 可开启舷窗
☐ 储物锁柜
☐ 船舱地板

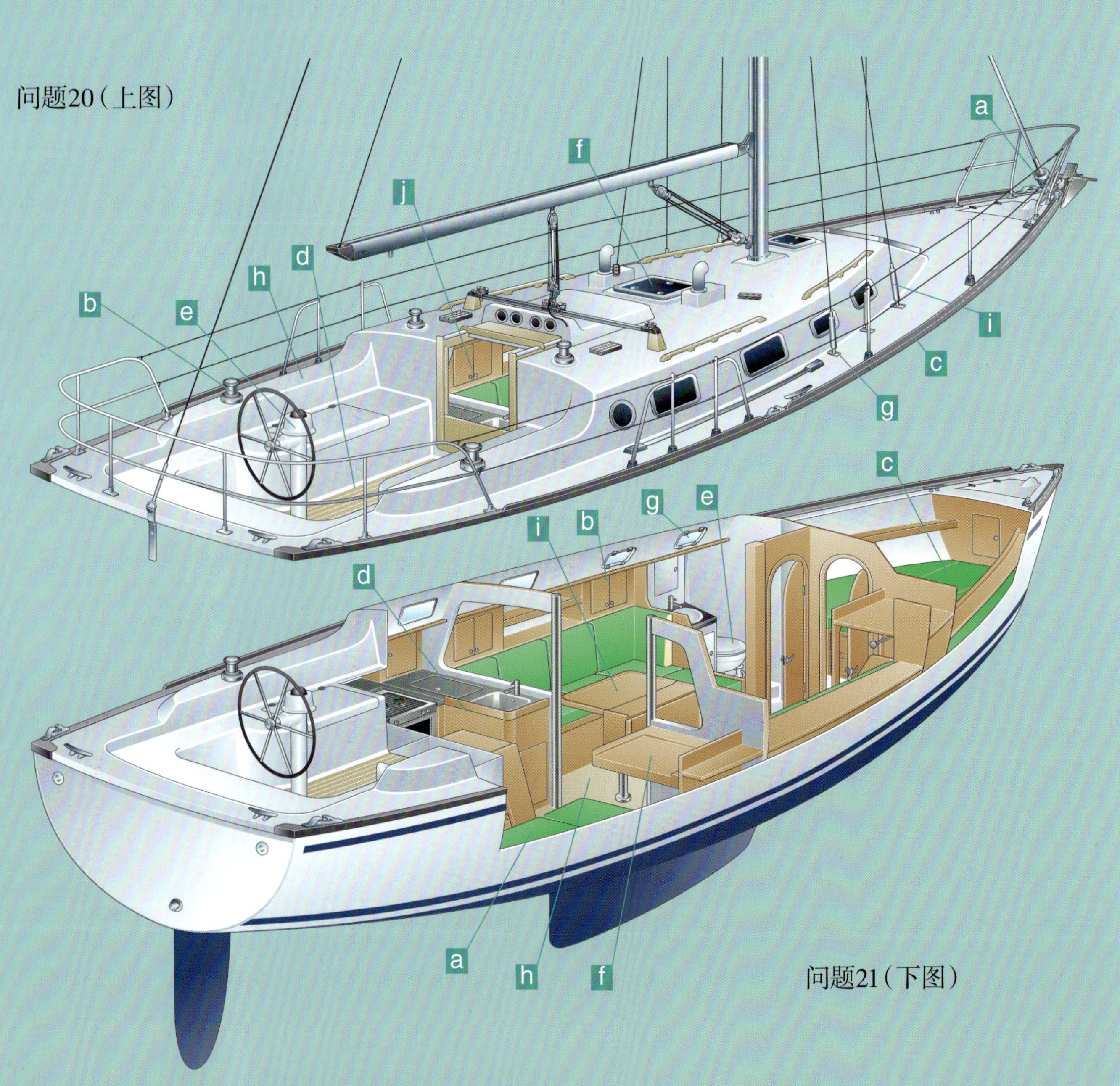

True Wind Angle
WIND
NAV
MENU
PWR
B&G
TWA

第三章

巡航生活

帆船巡航与20世纪早期的情形已经大为不同，当时只是少数人的爱好，现在已经成为一种生活方式。但理念——装备好一艘船，带上维持生活所需的一切物品，然后驶向遥远的地平线——从未改变。设计和技术的进步使更多人能够以更舒适的方式来追寻这个梦想，并且更加安全。

现在轮到你来探索巡航生活了，无论是选择在船上待一下午还是一辈子，所需的基本技能都是一样的。（而且谁能保证最初的小目标有一天不会变成雄心壮志呢？）

正如水手需要凭借帆船驶向目的地，帆船则需要水手的照顾和安全驾驶。这一切需要通过一点点纪律、几个常规程序和一些常识的配合来实现。

安全是最重要的

水手们享受航行的方式有很多种。一些人喜欢通过不断地调整帆使船发挥到她的极致，另一些人则喜欢把帆调好后就忘掉它，然后尽情享受这个世界的美好。然而所有的水手都承认：水上有风险。他们知道只要遵循基本的安全指导，是可以有效避免风险的，我们仍然能够尽情享受水上的美好时光。

船长和船员的责任

帆船需要团队合作。很多海洋国家依然使用帆船进行领导力训练，许多公司把帆船作为员工的团队拓展练习。巡航帆船虽然不能保证让你成为海军上将或CEO，但是船上每个动作都要求船员们的团队合作，而把所有人的活动协调成一个有效的整体，这需要一个领导者。

舵手和船长

舵后面的人不一定是船长。如果教练说“莱斯利，你来当船长”，莱斯利只是扮演者而已。真正的船长仍然是教练，他负责在一旁观察莱斯利的一举一动。就算在船舱里面，他仍肩负着船长的责任。

船长

根据海事法律，船长要为船上一切及船自身的所有事务负责，这一点不会因集装箱船或是小帆船而有所不同。在海军舰艇或商船上，晋升船长之路的每一步都需要漫长的培训和足够的海上资历。在美国的有些州，休闲船舶的船长不需要任何资质，但是船长——无论是什么头衔，都要承担起所有关于船舶、乘客和船员的安全责任。

休闲船舶所需的技能较商业船舶稍有差异。船上每个人都是来玩的，都参与帆船操作，对帆船冒险都有自己的看法。对当天的目标达成一致后，船长的作用就是要确保所有人各司其职，小组成员相处融洽。

如果出现紧急情况，船长就要担负起责任，船员必须尊重船长的决定。当然，他们可以提出问题，以便更好地了解情况，而船长需要船员提供支持和信息，以做出更好的决策。

启航之前，船长与船员讨论当天的计划及如何实现。

乘客

乘客是搭乘帆船的人，并不谋求或期盼参与操纵帆船。在像我们这样的帆船上，每个乘客都会妨碍到某个操作，船长在进行安全知识讲解（比如救生衣在哪里）时，有义务告诉他们坐在哪里安全且不会碍事。

在帆船拥挤的驾驶舱中，乘客很难置身其外。他们可能会被鼓励做一些事情：从内舱递一些饮料或点心，整理松散的绳子。很多乘客在第一次体验航行，抑或是在体验掌舵之后，就变成了热情的水手。航海是极具感染力的！

在ASA培训课程中，教练除了要教会你如何驾驶帆船和操作器材之外，还会亲身示范如何进行一次有序、快乐、安全的航行。

最后，船长的工作之一就是培

体验帆船的乐趣并学会承担责任从儿童抓起。

训船员如何有效地操船和使用各种器材。好的船长可以激发船员的兴趣，讲解某件事该怎样做，同时也会虚心采纳别人好的建议。

认识船上的岗位

帆船运动的一大乐趣就是学习船上各种系统的原理和器材的操作。学习方式可以是轮岗，让船员在一段时间内专注于某个岗位，直到对该岗位有所了解且能熟练操控。很快，船上每个人都会明白如何换舷，无论他是操作主缭还是前缭。

轮换岗位有助于建立默契航行所需的团队合作。例如，在厨房工作过的舵手会在迎风换舷时提前提醒厨师，给他留下足够的准备时间，因为换舷会让厨师的工作场地从一侧换到另一侧。捡起系泊浮球也是如此，前甲板的船员如果知道舵手在做什么，系泊可以更顺利地进行，舵手亦然。

无论何时，船长都要注意船上的情况，时刻对每个步骤的每个动作给出清晰的指令，无论是准备离开码头、升起主帆，还是换舷。

安全规章

在美国，船舶安全基本上由美国海岸警卫队（USCG）负责。美国海岸警卫队依照联邦法规（CFR）第33条和第46条的规定，管辖在美国可航水域中的所有船只，包括船舶系统、安全设备、安全操作和环境保护。联邦法规在很多地方有相应的州法和当地的规章进行补充。

安全责任

美国海岸警卫队（在很多地方，相对应的是海警）有权拦截、登上和检查任何船舶。如果检查发现问题，比如缺乏必要的安全设备，登船官员可以开出罚单。

船长负责签收罚单，因此他必须确保船舶设备齐全、器材（比如信号弹）在有效期内。我们在第一章和第二章中提到过安全设备（救生衣、灭火器、救生信号等）及其储存位置。关于不同尺寸的船舶配备需求，可以参考第154页附录中的自检表。

美国海岸警卫队训练有素，装备齐全，擅长处理紧急情况，关键时刻能够为船舶提供帮助。

甲板上的安全

尽管30~35英尺长的巡航帆船大部分操作可以在驾驶舱中完成，但有时水手也需要去前甲板或者桅杆附近。在活动的甲板上行走就像在蹦床上行走，变湿后还会打滑。无规则的浪，与帆上的风一起作用，使船以不可预料的方式起伏、晃荡。但随着航海经验的积累，你会学会注意、预判船的运动。

防止落水

当离开驾驶舱安全区尝试走到前面去时，你的首要目标就是不要落水，完成任务是第二位的。无论是不小心还是过于逞强，万一你落水了，会把大家美好的一天搞糟。

安全起见，永远在船的高侧（上风侧）行走，弯曲膝盖，降低重心，抓住扶手或结实固定的东西。

为了确保安全，大风天尤其是独自航行时，一定要穿安全背带并把另一端系在船上。

安全背带

安全背带在衣服的外边，看上去有点像边带做成的重型吊裤带。两根带子跨过双肩，一根带子环绕肋骨，所有带子最终系在胸前的重型扣钩上。一些安全背带还有从双腿中间穿过的带子。

安全绳

安全背带和安全绳（safety tether）配合使用。安全绳可以是绳子或带子，两端各有一个弹簧锁紧的金属扣。一个扣钩连接到安全背带（通常是胸前的D形环）上，另一端系在甲板上的某个点，比如专用的眼板（pad-eye）或甲板安全带（jackline）。

在接近罗得岛州的纽波特的终点线时，横跨大西洋单人赛的水手穿着安全背带，系着已经连接扣好的安全绳，这样就可以安全地在桅杆处操作。

小贴士 第V（五）型可充气救生衣可内置一个安全背带，以便将两件非常有用的安全辅助用品整合为一件易于穿着的服装。

甲板安全带

甲板安全带沿甲板铺设，专用于安全绳的系挂。它们一般是带状，这样可以平铺在甲板上。

通常，甲板安全带沿着船两侧拉紧并固定在船首和船尾的专用眼板上。它们的优点是为船员的安全背带提供一个甲板连接点，让船员在离开驾驶舱之前就可以系上，行走到船头再返回都不需要解开。

在学习ASA103日间近岸航行的课程时，一般不会使用甲板安全带——很多船上也没有安装专用的五金件——但出于安全考虑，至少准备两套安全背带和安全绳。遇到紧急情况时，可以用一根备用绳子从船首羊角连接到船尾羊角上，临时替代甲板安全带。

安全小贴士 绝对不要把安全绳扣在救生索上。如果没有甲板安全带，就系在舱内结实的五金件上。万一失足，要保证自己落在救生索的内侧，而不是挂在救生索上在水中被拖行！

穿着救生衣

救生衣是为拯救你的生命，但不穿是发挥不了作用的。安全法规要求船上必须配备救生衣，但是否穿着救生衣则取决于个人。在关于救生衣和其他个人漂浮装备（比如充气救生带）的使用上，务必要遵从船长（或教练）的指导。

规定所要求的救生衣，类似于商业客船上的橙色救生衣，穿起来非常不舒服，笨重且看起来不酷，因此人们并不喜欢穿。现代休闲用的个人漂浮设备设计款式多种多样，穿起来很舒适——舒适到小孩子愿意穿着它们骑自行车往返于青少年帆船课的路上。充气救生衣是另一个选项，很多离岸水手喜欢那种带安全背带的款式。

在宜人的轻风到中等风航行条件下，如果你在甲板上很小心地活动，且船上有救生索，真正落水的风险是非常小的。你也可以选择把救生衣放到便于拿取的位置，以便当情况发生改变时随时可以穿上。不幸的是，有时情况变化太快了，以至于来不及抓到救生衣。你需要明智地做出是否穿救生衣的决定，宁可过于保守一点。

在下列情况下，强烈推荐穿着救生衣：

- 如果你不会游泳；
- 在恶劣天气或在大海中航行时（保守一点不会出错）；

小贴士 没有任何定义可以讲清什么是恶劣天气，这因人因船而异。如果船上任何人因为风浪而感觉不适，这就可以称为恶劣天气，需因此做出反应。

- 水温很低时；
- 当你穿的衣服不适合游泳时；
- 身体疲劳或不舒服时；
- 带着无经验的船员或小朋友一起航海时；
- 单人航海或船上人很少时；
- 夜间或能见度低时；
- 离开驾驶舱时；
- 任何你认为穿上救生衣更安心时；
- 在无救生索的船上航行时。

推荐的所有安全器材在这条船上都可以看到。红色带形的甲板安全带贯通全甲板，人员落水示位标和其他人员落水设备都在船尾，船员穿着救生衣和安全背带。

安全小贴士 在甲板上活动或工作时，尽量保持有三个支撑点在船上。用手、脚、膝盖、肘部或臀部组成一个支撑自己身体的三脚架，同时重心尽量放低。

何时穿上背带

船员使用安全背带和安全绳连接安装良好的甲板安全带，可以保护自己不落水，还能在船上自由活动。“一手为己，一手为船”的规则在此依然有效，但是安全绳可以赋予你“第三只手”。

在现阶段的帆船学习中，你应该选择在不需要使用这类安全器材的天气下航行，但是情况有可能变糟。为了预防危险的发生，应该提前准备安全背带。在这种情况下，你很可能早就穿上救生衣了（参考上面列表）。

小贴士 晕船、疲劳或仅仅是天气都可能影响身体的协调和你的决策能力，所以请提前扣上安全带。

额外安全装备

无论是在陆地还是水上，政府强制要求的安全设备只有在发生灾难之后才会用到，比如安全带和安全气囊在车祸发生之后才会发挥作用，救生衣在落水之后才有用；灭火器不能预防火灾，只能扑灭已经发生的火情。美国联邦法规并没有提到海图（没有海图根本就无法安全航行）或锚（紧急情况下可以固定船舶）。

锚和锚缆

ASA推荐装备

尽管法规所要求的安全器材在船上发生险情时非常重要，但同样重要的是减少船上的小问题发展成紧急状况的可能性。带一些可以使航行更安全的其他器材是非常合理的。ASA强烈推荐在30~35英尺长的帆船上进行日间航行时，携带下列器材。

甚高频（VHF）无线电

通过VHF无线电可以联系到其他船，获取气象信息和其他资料。这同时也是在遇险或遇到紧急情况时第一可用的通信渠道。在VHF 16频道上的广播可以被你附近的船听到，它们可能比海岸警卫队提供更快的救援（参考第七章VHF无线电的使用和礼仪）。

手机

手机是每个人与岸上朋友或其他船友保持联系，或者预订码头或餐馆时最先想到的工具。但是，尽管手机信号可以覆盖一些近岸水域，美国海岸警卫队不推荐使用手机来求助，因为其信号是非广播的。但是，如果已经与救援取得联系，无论是政府救援或是商业救援，手机用起来会更容易。因此，船上应至少带一部手机，充好电，做好防水，以防紧急情况。

绳子和细线

在帆船上绳子永远都不会嫌多，从备用缭绳和缆绳，到用来捆东西的短绳——细绳绕几圈就可以临时代替某个卸扣上神秘消失的销子。

海图和标绘工具

海图对于防波堤以外水域的任何帆船航行都非常重要。确保携带铅笔、平行尺、圆规等用来导航的工具，这样你就能绘制航线，丈量距离。

海图、平行尺和圆规

锚和锚缆

当你在处理船上的紧急情况时，下锚有时是确保船只可控而不会陷入危险的最佳方式，因此所有船都应该带锚。大部分巡航帆船至少带两只锚（参考第六章的锚泊技术）。

双筒望远镜

好的双筒望远镜对于识别助航标志和水上潜在的危险非常有用。

急救包

对于处于救援可呼叫范围之内的近岸航行，一个基本的急救包和一本好的急救手册足以应对大多数需求。巡航帆船可能会带毯子、毛巾等用于压迫、止血的东西。离岸越远，急救包的东西越要全面。

小贴士 需要按时服药的人需带足药品，并告诉船长该药的特性，必要时需告知服用方法。

工具包

船上需携带用于保养或维修的索具配件、甲板五金件、舱底泵等安全器材的工具。最小的工具包应包括螺丝刀、扳手、钳子、锤子和钢锯。不要忘记带上大力钳和电工胶带。

索具刀

在有很多绳子的环境中，一把锋利的刀是重要的安全器材。在驾驶舱中容易拿到的地方放一把。很多船同样在船尾护栏、横杆斜拉索或桅杆等方便位置放一把有鞘套的刀。

小贴士 为防止意外受伤，好的航海刀锋利且带一个钝头，而非尖头。

手电筒

即使没打算在夜间航行，手电筒也是一个非常重要的安全器材——生活并不总是按计划进行。船上一些偏僻的角落经常会很暗。至少带两只手电筒（还有足够的电池），放在容易取到的地方。

夜间保持敏锐的视力非常重要。人眼从光亮到黑暗至少需要15分钟去适应。直视白光会破坏你的夜间视力，所以永远不要用手电筒直射任何船员的眼睛。红色镜片的手电筒（和船内的灯）有助于保护夜间视力。

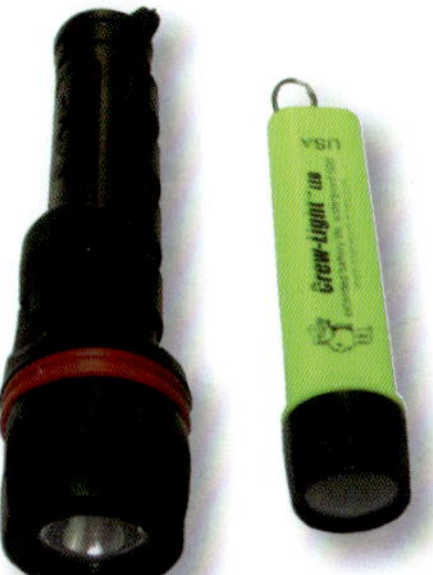

小贴士 LED 发光的手电筒不只省电，而且亮度可调，这有助于保护夜间视力。

高功率手电筒

在ASA103沿岸巡航中，虽然不需要夜间航行，但仍然需要做好准备以防万一，带上高功率手电筒，就可以在夜间的海上看到其他船、辅助航标，或其他光束可及范围内的东西。用手电筒照射帆可以帮助其他人看到你的船。但使用高功率手电筒时需要小心，甲板和索具的反光会降低你的夜间视力。

电池提灯

便携电池提灯是船上电池采光系统很实用的辅助工具。即使是船连接到岸电时，提灯也可以在驾驶舱中营造一种温馨的氛围。野营用的LED 提灯就足够了。

时钟或手表

准确的计时工具在船上有很多用途，无论是更新导航信息、跟踪潮汐动态，还是保持定时通信。带计时器的防水腕表是不错的选择。

雷达反射器

船钩

船钩

船钩用于从水中捡起物品，比如被风吹到水里的帽子或系泊浮筒的绳子，或从码头或码头桩上捡起泊缆。

便携式舱底泵

便携式舱底泵可以替代船上出故障的泵，也可以增强泵水的能力。

软木塞

每个船体贯通件都应系一个匹配的软木塞，万一漏水损坏，可以用锤子敲进去防止船进水。因此，锤子也是一个有用的辅助工具。

桶

桶在船上有数不清的用途，无论是把工具搬到前甲板，还是在你找软木塞时帮助舀水。桶柄上连一根绳子，这样可以用来打水冲洗起锚之后脏污的前甲板。

雷达反射器

帆船一般属于雷达信号反射不良的物体。挂在高处的雷达反射器可以帮助配备雷达的船发现你，这在低能见度下非常有用。

辅助引擎的保养和加油

我们在第二章已经了解了使用发动机靠离泊有多方便，而且它在天气不适合风帆航行时也很有帮助。但是，这种便捷是有前提的：因为船的发动机在一个相对恶劣的环境下工作（尤其是船在海水中航行时），所以一套完善的日常维护措施对于保障其可靠性非常重要。

维保要点

大多数帆船舷内机是柴油机，所以下面将重点放在柴油机发动机上，也会提及汽油机的一些特殊要求。

机油

柴油机对润滑油的要求较高。在经常使用柴油机的情况下，每天要用机油尺（dipstick）检查机油液位。（适用所有船用发动机。）

舷外机

许多小型帆船有舷外机，大型巡航帆船一般有橡皮艇，或由舷外机驱动的小艇。有关舷外机的操作指引请详见第二章。

冷却系统

船用发动机就像大多数汽车发动机一样，是水冷发动机。通常情况下，发动机通过封闭系统中的淡水（实际上是淡水和防冻液的混合液）冷却，发动机上方安装有一个膨胀水箱，标有冷、热条件下两种液位高度（就像汽车一样）。

在船上，淡水被原水（raw water）代替，原水可能是海水或者淡水，这取决于航行在哪种水中，通过热交换器（类似汽车的散热器）来散热。原水（由安装在发动机上的泵）通过一个安装在船体水线下方的通海阀吸取。

在发动机启动时，通海阀阀门必须打开。

在通海阀和发动机之间，有一个过滤器滤掉海草或杂质，防止其进入冷却系统。过滤器的外壳是透明的，可以用眼观察。

排气系统

原水冷却发动机后，被注入排气系统中来冷却尾气，这样尾气可以通过船内的橡胶管排走（金属排气管可能会过热，带来火灾隐患）。尾气一般通过船尾板排出。

热气和盐水是有腐蚀性的，因此谨慎的船长会经常目视检查整个排气系统。（当你从基础巡航知识向高级航行知识进阶的时候会学到更多。）

小贴士 规律性的排气声音和可观察到的喷射水流表示冷却系统正在工作，这就是为什么在启动发动机时一定要检查排气口。

引擎舱

引擎舱一般很挤，塞满了发动机配件和其他器材。尽管有时很难进入，但是定时查看和动手检查一下线缆、电线、管子、传动带是否有磨损、腐蚀和其他可能的故障是非常重要的。

机油排放

美国联邦法规明令禁止在任何地方排放机油，要求船上带一个“机油排放”的排油指引标牌。

万一有燃油或机油漏泄在船上，不能直接用舱底泵排到船外，必须清洁干净，靠岸后丢弃（大多数码头提供专用的容器）。

吸油毡在很多码头商店都有售，非常值得购买。

原水过滤器保护着冷却系统。

在大船上，引擎舱空间也可能会非常拥挤。

燃油系统

有时发动机无法启动，往往不是发动机自身出了问题——可能仅仅是没油了。因此，发动机检查清单的第一项就是查看油表（一般在配电板的附近）。

加油口可用绞盘手柄打开。

注意 尽管所有柴油机及其附属系统采用的工作原理相同，但不同船的部件差异很大。下列要点是普遍性的。

- 如果有燃油关闭阀，在启动发动机之前要确保其打开。
- 在很多燃油系统中，可以找到一个透明碗状的前置滤油器。如果这个独立滤油器有水，则表示油箱里进水了。提醒你的教练或船长。
- 目视检查一下你能看到的所有燃油系统部件。

柴油箱加油

在加油时，首先找到加油口。它一般在甲板上并且距离甲板下的油箱位置不远，而且会标有“柴油（diesel）”字样。用绞盘手柄或专用钥匙（可能在船上杂物抽屉中）把它打开。

在加油之前，先阅读加油码头上的指示牌，确保加入的是对应的燃油，这里是柴油。服务员可能会帮助你加油，这取决于当地的习惯。

①参考油表来估计加油量。

②再检查一遍是否拿对了油管：柴油。

③让码头上的人在油嘴下边垫一块碎布再递到船上，防止滴油。

④油嘴插入注油口。

⑤按压油嘴上的开关加油。加油时，指派一个人定时喊出已加注燃油的加仑数。

小贴士 开始加油时速度要慢。如果油箱通风孔部分堵塞，则挤出的空气可能会把油吹溅到甲板上。

⑥估计油箱快满时，仔细听燃油流过油管的声音。油箱加满后，油管内液面上升，声调会发生明显变化。立刻松开开关。

小贴士 不要试图把油箱加满，否则油肯定会溢出来。

⑦把油嘴取出，碎布垫在油嘴下方收集溅油。

⑧把油嘴还给服务员。擦掉洒出来的油，问服务员哪里可以丢弃抹布。

⑨重新盖上加油盖。

小贴士 加注船上任何水箱或油箱时，一定要再三检查箱口的标志。水或错误的油加到油箱中会使发动机瘫痪；同理，燃油加到水箱里会造成整个淡水系统都不能用。

在繁忙的港口，可能需要提前预约加油。

生活空间

过去帆船是非常高效的航行机器，但是为船员提供的舒适配套非常少。然而现代帆船，哪怕是相对小的帆船，都带有非常豪华的居住空间。如今水手在享受水上时光的同时几乎不需要忍受糟糕的环境，无论是在船上待一小时、一天或者数月。

船上设施

尽管ASA103课程不要求在船上住宿或过夜，但仍可能会用到一些相关设施，下面是对它们的简单介绍，以及有助于顺利操控帆船和增加自身航行经验的要点。

帆船沙龙区是用来放松、用餐和谈论当天活动的社交场所。

沙龙区

在巡航帆船上，沙龙区事实上是所有活动的中心。沙龙区一般用作社交中心和餐厅，一般位于船中间最宽的位置，给船员提供最大活动空间。它同时靠近船的重心，航行时颠簸相对最小。

在常见的内舱布局中，如第一章中的图片所示，长沙发（settee）位于桌子的两侧。这种前后放置的沙发可以让人躺下来小睡一会。（长距离航行时，比如夜航，下风侧的沙发是替换下来的值守船员最舒适的床位。）

在沙发的外侧可以看到一系列的储物箱和搁板架，塞满各种物品——食物、书和餐具等。

由于沙龙区由所有船员共享，所以尽量不要放过多个人物品。如果你带了一包装备上船，请询问你的教练或船长，应该放在哪里。（最好的位置是比较靠下的位置，比如V形床铺中间的地板上，或者艉舷床铺上——只要干燥就行！）

一天的航行结束，没有什么能比由暖光照亮的内舱更能营造温馨气氛。

厨房

吃得好的水手是快乐的水手，因此厨房是船上活动的一个焦点。你会想知道哪里放三明治、哪里放饮料，如果外面天气很冷，你或许会想要一些热汤。

在这样大小的船上，厨房有一个小型的炉子，一般带两个灶头，或许会带一个烤炉、一个水槽和一定数量的操作台。厨房操作台的下方有一个冰盒或冰箱。厨房其他的储物箱里和搁板架上会放着即将要用的食物以及厨师的饮具和餐具。

炉子采用酒精或液化石油气（LPG，有时简称为丙烷）作燃料。

小贴士 由于炉子所用的燃料是易燃的，因此处理起来要非常小心。需要时，你的教练或船长会操作炉子，或者详细讲明如何操作和控制燃气供应。

如果需要使用水槽，记住它没有排污功能。它直接通过一根小直径的管子排到船外，而且管子非常易堵。任何可能堵塞管子的东西都不要扔进水槽，同时一定要安好滤网。不要把可能污染航行水域的水倒进去。

注意 如果水槽装在船靠舷外一侧，当船只倾斜时可能位于水线以下。这就需要在航行时关闭连接水槽的通海阀。

小贴士 深口的水槽特别适合临时存放那些你不希望航行时在船舱到处乱滚的小物品。

如果冷藏存储空间是冰柜的话，你需要带冰到船上来保持饮料凉爽。尽管大冰块可以存放更久，但小的方块冰更适合日间航行而且可以加入饮料中。为确保冰能放得久一些，不要每五分钟就开一次冰盒，或者在里边翻来翻去找要喝的饮料。

巡航帆船的厨房一般很小，但对于富有创造力的厨师来说不是问题。

即使是电冰箱，也要假设它不是，因为在船上电力非常有限（还记得蓄电池吗？），除非是开着发动机发电或者连接到岸电。

船上冰柜或冰箱一般是向上开盖的，这样宝贵的冷空气在你开箱时不会溢出来 。

厨房使用规范

如何利用船上厨房是一门艺术，尤其在航行时。它不仅小，而且用来准备食物的操作平面并不总是水平的。如果这个挑战还不大，所有的冰盒和储物箱都需要翻开操作台面盖子才能打开，你需要移动很多东西，就像小时候玩的智力拼图。你要计划好每一步。

保持厨房整洁同样重要，因为任何遗忘的东西都会在航行时跑到地板上。

如果航行时你需要一个保持水平的平面才好做午饭，可以让船长解除炉子的止动锁，使其可以在常平架上旋转，这样就能保持水平。常平架在炉子两侧的上部，炉子绕其转动以保持水平——这样你把盘子平放在上面，三明治就不会滑走了。没有常平架时，在海上做饭会很困难。

日间航行的补给

驾驶帆船是一项容易令人饥饿的工作，天气炎热时还会很渴。除了带上三明治和配菜之外，还要带上蛋糕和其他能量点心。船东或教练不希望点心太粘手或洒一地碎屑，不然潮湿的驾驶舱很快就会变得很脏。

用可回收的塑料瓶或罐来装水或软饮——在移动的船上，被忽略的容器最终都会掉在最低点，处理碎玻璃可不是一件开心事。

淡水

正如第一章所述，船上淡水储存在水箱中。水用来做饭、洗盘子、洗澡或洗衣服。如果是离开码头进行日间航行，可以随时加满水，但如果是在巡航，就得注意水别用太快。监视水箱量表（或者用量油尺测水深）的变化避免意外发生。

如果船有加压供水系统，打开水龙头时会听到泵工作的声音，这便于监视其使用。

加压水很方便，但是如果水龙头忘关或管道漏水，压力泵会把所有宝贵的水通过水槽排出舱外或排到舱底。在海上，这是一个很严重的问题。有经验的船长会始终留意听水泵的声音，有些船长则会在无人用水时切断开关面板上的水泵电源。

淡水泵和蓄水器（红色）一般塞在家具地板或物品柜下方。

如果厨房安装手动或脚踏泵，压力泵不开时也能正常用水。在长途航行中，这是一项很有用的节水措施。

如果合理用水，大部分现代建造的船可携带至少一周航行所需的水量。

水箱加水

当需要加水时，一般会通过一根码头上的管子来进行。确保管子接到码头上标有“饮用水（potable water）”的龙头，因为有一些码头单独提供用于冲洗的水。

像加油一样小心——确认打开了正确的盖子，然后先冲洗一下甲板，防止灰尘和杂物进入水箱。

水流进水箱的同时，空气会通过通风孔排出。一般情况下，通风孔通到厨房水槽（或洗手间的洗手盆）。水箱注满时，水会通过通风孔流出，也可能有气泡从加水口冒出来。移走管子并关闭盖子。

加水口盖可由盖子上内置的可旋起的提手打开。

小贴士 淡水非常珍贵，尤其是作为饮用水时。冲掉管子中的积水，不要让管子掉进海水中，或者拖到码头上，防止沾染污物。

热水

正如你所见，在巡航帆船上生活并不是只吃定量配给的船上饼干和牛肉干，也不需要洗冷水澡。很多带舷内机的船有一个热水器可以从机器的冷却系统吸取热量，由舷内机提供洗澡或洗餐具的热水，比给电池充电还快。连接岸电的船很可能有一个电热水器，就像家里一样。

垃圾排放

将垃圾扔出船外不但是反社会、反自然的，如果垃圾的种类或丢弃的位置不对，还是非法的。根据MARPOL国际公约的要求，塑料绝对不能扔出船外，而在美国的可航行水域内倾倒垃圾更是非法的。MARPOL要求长度超过26英尺的船只必须显示一块排污铭牌，并列明什么类型的垃圾可以扔以及在哪里可以扔。

最好的策略是“将所有带来的东西带回去”，就像你在国家公园内的做法一样。你的教练会告诉你在哪里存放垃圾和可回收物品。

一个更易操作的办法是不要将过度包装的食物带上船。将储备物资打包在能带回家继续使用的容器内。

航行最大的乐趣之一就是借自然之力，置身于自然之景。对于我们这些享受大海和航路的人来说，我们理应像对待传家宝一样珍惜这片海洋。

RULES FOR DISCHARGE OF GARBAGE AT SEA

The Act to Prevent Pollution from Ships (MARPOL ANNEX V) places limitations on the discharge of garbage from vessels. It is illegal to dump plastic trash anywhere in the ocean or navigable waters of the United States. It is also illegal to discharge garbage in the navigable waters of the United States, including inland waters as well as anywhere in the Great Lakes. The discharge of other types of garbage is permitted outside specific distances offshore as determined by the nature of that garbage.

Garbage Type	Discharge
Plastics - includes synthetic ropes, fishing nets and plastic bags	Prohibited in all Areas
Floating dunnage, lining and packing materials	Prohibited less than 25 miles from nearest land
Food waste, paper, rags, glass, metal, bottles, crockery and similar refuse	Prohibited less than 12 miles from nearest land
Comminuted or ground food waste, paper, rags, glass, etc.	Prohibited less than 3 miles from nearest land

West Marine

所有26英尺长或更大尺寸的船只，必须显示排污铭牌。

卫生设备

小帆船航行和船上生活能教给你的一个经验就是分享。哪怕航程很短，船上每个人都需要不时为同伴腾出点空间。记住妈妈从小教你的礼仪——自己打理好自己的卫生。大多数人很快就能适应，而且一些人能乐在其中。但是在任何一艘船上，如果是卫生问题管理不当，那么即使是最随和的船员，也会因此感到不适。

洗手间

第一眼看到小帆船上的洗手间时，大部分人惊叹于其对空间聪明、高效的利用。但用过几次之后，就不会羡慕了，尤其是当上一个使用者忘了船上没有保洁员时。

当向新船员介绍洗手间时，船长或教练会详细地讲解如何保持其清洁、干燥、无异味且能正常使用（这点最重要）。优先事项就是讲解如何使用船上马桶。

向离岸3海里之内的美国可航水域内排放污水是违法的。大多船上的解决方案是使用污水箱（holding tank），把污水储存在其中，等到有机会排到岸上或在3海里之外时合法排到船外。

马桶用完一次之后，使用者操作一个泵来冲洗马桶，把污物从马桶排到污水箱中。船长会教给船员正确的使用步骤，以及如何在节省存储空间的前提下保持卫生。为避免堵塞，女性卫生用品不能丢在马桶里，可以在舱内贴一张提醒告示。

污水箱满后必须清空。很多码头提供有抽空站，一些地方有抽空船为锚泊或系泊的船提供服务。

虽然巡航帆船的洗手间很紧凑，但也可以很实用且美观。

船上厕所（HEAD）

在传统的帆船上，船员将船头下方一块靠近船头雕像的区域作为厕所，因为这个地方可以经常被浪花拍打冲洗。后来，“head”这个简称就成为船上马桶和洗手间的代名词。

船上污水处理相关法律

自1974年开始，向可航水域内直接排放污水就被规定为非法行为。现行法律引入了船用卫生设施（Marine Sanitation Device，MSD）的概念。除非是在禁止排放区域（No-discharge Zone，NDZ），第Ⅰ类和第Ⅱ类的船用卫生设施可以直接排到船外。第Ⅲ类的船用卫生设施是一个专用污水箱，用于储存污物直到将其泵出（或者在3海里限制之外排放）。船用卫生设施需要接受合规检查。在3海里范围以内，对于第Ⅲ类船用卫生设施和禁止排放区域内的所有船用卫生设施，连通船外的阀门必须关闭，移除手柄或将手柄上锁。

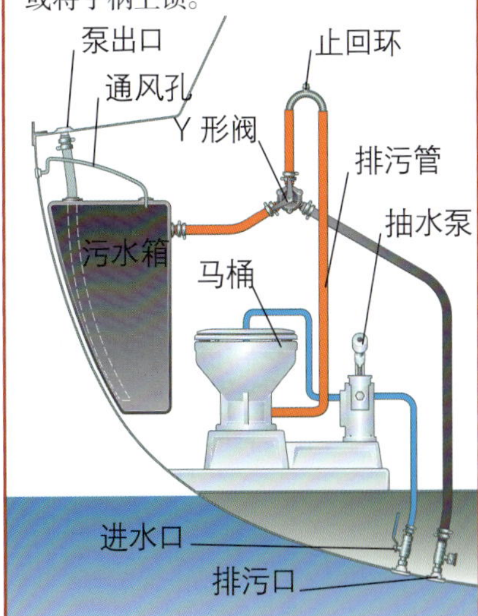

航行动力学

在第一次帆船航行时，你会注意到“船感”会随着帆向角和风力的变化而变化。在掌舵时这种感觉尤其明显。有的时候，船不能立刻对转动舵轮做出响应——舵感很轻。但有时你需要施加很大的力才能使舵保持稳定。然而有时候又会感觉自己仿佛与船融为一体，船就像是你意识的延伸。

平衡是目标

船的驱动力来自风对帆的压力，但这只是风、水、船之间几种相互作用力的一种。这些力的合力才使得船平稳前进，只要克服一点舵上的“反推力”就能轻松操控，这样的船感就达到了平衡。

上风舵

理想情况下，你会希望舵略微有一点反推的力，这样需要顶着舵轮或舵柄才能让船保持航向稳定，即需要上风舵（weather helm）——如果放开舵，船会有转向上风的趋势。

少量的上风舵是有益的，舵可提供一个阻力来让你倚靠（就像汽车油门踏板上的弹簧提供阻力来保持稳定一样）。同样，当有少量的上风舵时，舵处于可抵消上风舵影响的角度，舵与水流会形成一个小迎角，这会产生有利的流体力学升力，可以补充龙骨产生的升力（见下一页）。这对迎风航向格外有利。

万一舵手因为某种原因要离开舵，带上风舵的船会转向上风，飘帆并减速。在大多数情况下，这种结果要比船转向下风更安全（下风舵见下文）。

太多的上风舵也不是一件好事。舵手太累而且过大的舵角会产生阻力，导致船速变慢。过多的上风舵，比如需要偏转超过5°，这表明船已经不平衡了。

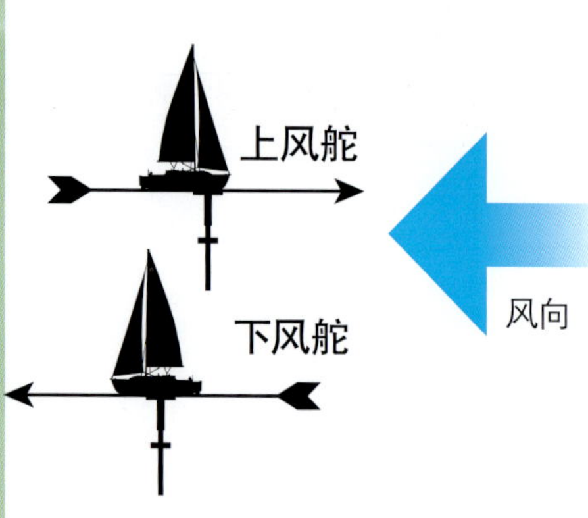

带上风舵的船会转而迎向正顶风；带下风舵的船会转而偏离正顶风。

下风舵

如果放开舵，船会转向下风，这称为下风舵（lee helm）。

下风舵是需要避免的。下风舵的船难以迎风航行，并且如果舵手有事离开，船会向下风“掉”，如果在强风中，船可能会动力过大且侧倾过度。

很少有船与生俱来就有下风舵，因为船舶设计师在设计时会把帆船设计成正常航行条件下有少量的上风舵。一些船在轻风航行时或者只用前帆而不用主帆迎风航行时可能会感受到下风舵。

影响平衡的力

驱动帆船的力来自风。尽管风也会作用在船体、索具等所有暴露的部件上，但在这里我们主要考虑其对帆的作用力。

CE 和 CLR 分别代表帆力和龙骨、船体受力的作用位置。

帆从风中获得的力取决于风的强度：风越强，潜在受力越大。

帆的受力与帆暴露在风中的面积成正比——帆面积增加一倍，则受力增加一倍。认识帆对船的影响最好的方式是假设风力的等效作用点落在风压中心（Center of Effort，CE）上，即帆的几何中心。对于现代帆船，风压中心大概在靠近桅杆且在主帆前缘1/3高度的位置。

在水下抵抗帆力的是龙骨的反作用力，也可以想象成作用在龙骨中心点上的等效力，这个点称为横阻中心（Center of Lateral Resistance,

CLR）。

观察示意图中的CE和CLR，你可以看到如果向一个方向推CE（帆的受力），而向相反的方向推CLR（龙骨反向受力），船就会转向，这并不是设计错误——还有其他影响因素，所有因素的最终效果是推着船向前移动。

实际上，有效CE并不是一个固定点。在特定的风力下，你可以通过放松或收紧缭绳，增加或减少帆面积（参考第51页的缩帆）来改变CE的相对位置（顺便改变帆的受力）。此外，帆的受力作用点远远高于水面，导致船侧倾，使CE向下风侧移动。船身的浮力和龙骨的重量平衡了帆的侧倾作用。

在水中时，龙骨的受力与船速和横移角度有关，横移是由帆推着船横向移动引起的。由于龙骨是固定的，所以无法直接改变龙骨的受力。

舵

如果只能靠调帆来平衡龙骨受力和帆的受力，那帆船航行可真是一件累人的差事，但幸好你有舵。当舵与水流呈一定角度时，水压会使其受力。你可以利用该压力使船转弯。然而，大多数时间你只需要平衡帆和龙骨受力相互抵消之后的剩余力就可以了。

相对于龙骨来说舵非常小，但是由于舵靠近船尾，较帆和龙骨受力来说，它的作用力臂更长。相对较小的舵力就可以纠正帆和龙骨之间不平衡的受力。

帆船如何迎风航行

现代帆船近迎风航行的能力——有时甚至小于来风方向40°——得益于船和帆形的设计及其产生的力。

升力、阻力和横移

所有力的净效果（包括帆、龙骨和舵的力）就是我们希望的向前移动。风吹过翼型的帆会形成向前的空气动力学升力，这是由帆的上风侧和下风侧的风速差异造成的。同时还会产生导致侧倾的横向受力，即使是在受力平衡且舵打直时，也会有少量的横移。

船体和龙骨固有的阻力会抵抗船的移动，包括向前的移动和横向移动。但是帆船一旦运动起来，由于横移，龙骨就会相对于水流方向形成一个角度。这就像转动舵时产生的升力一样，龙骨的升力也有向前的分力。

当力量平衡时，船会沿直线航行并有一定程度的横移。但是由于风力的不断变化和浪对船体、龙骨的影响，很难仅通过调帆来实现平衡。舵提供了纠正这种不平衡效果的转向力。

调帆与舵性

当近迎风或远迎风航行时，你会希望稍微有几度的上风舵来协调你和船的默契。帆的受力和侧倾角度都会影响舵性，你可以通过调帆来改变舵性。

要想减少上风舵，可以减少帆的动力（以减少侧倾）和/或向前移动CE；要想增加上风舵，可以增强帆的受力和/或向后移动CE。

把帆展平（比如增加升帆索的张力）可以使帆减少受力，并减少侧倾的影响。

放松主缭或者把滑车放到下风侧以减少主帆的迎角，这样会使帆减少受力并稍向前移动CE。这两种方法都可以减少上风舵。

如果对帆的简单调整不足以恢复平衡，就需要采取更果断的措施了……

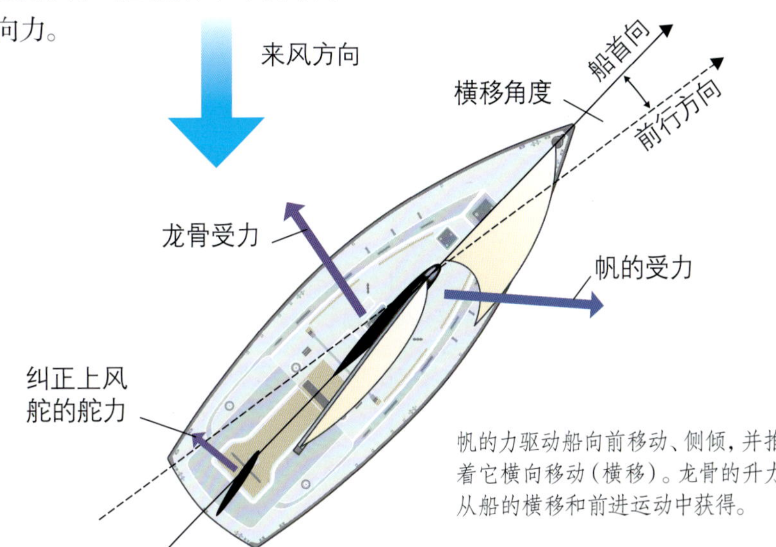

帆的力驱动船向前移动、侧倾，并推着它横向移动（横移）。龙骨的升力从船的横移和前进运动中获得。

巧妙用帆

你能感受到风的强度对船的性能和船感的影响，既可以通过舵轮或舵柄感受，也可以通过自己借助支撑才能勉强站立或在驾驶舱座位上坐稳来感受，在轻风中灵巧调帆比在强风中更难。哪怕在相同风力下，顺风航行和迎风航行的感觉也大为不同。

按需配帆

轻风下，你需要很大的帆面积才能从风中获取足够的能量来驱动船。但随着风力增强有了更多力量，你需要减少帆面积来获得相同的驱动力。事实上，风对帆的力与风速的平方成正比，即风速增加一倍，帆的受力变为原来的4倍。

轻风下，帆船需要升起所有帆来获得风的能量。

更强的风

风力增强时，你可以通过多种方式感受到，尤其是在迎风航行时，船会侧倾更多，缭绳受力更大，风声也会更大。大多数情况下，船会更难驾驭——它的受力不再平衡。

要想重新控制好船、减少索具和船的受力、减少侧倾角度和更舒服一点，需要减少帆的受力。

可以通过三种方法实现：

①通过调帆来减少帆的受力；

②减少帆面积，这一过程称为缩帆（reefing）；

③卷帆或降帆。（如果船的配置允许，可在需要时换上一面更小的帆。）

风力增强时，满帆的帆船会受力过大。

调帆减力

减少两面帆受力的最简单、最快的方法是稍微转向上风。这会让帆稍稍飘帆（luff，沿帆前缘有一条凹陷），因为帆此时相对于风的迎角更小（参考第60页）。这会使船减速并降低舵效。

如果你的问题是上风舵太大，可以通过松主缭和/或把滑车放到下风舷来减少主帆的受力，直到稍有飘帆。

你也可以通过展平帆来减少帆的受力——用升帆索和帆前角下拉索增加帆前缘的受力。如果帆船配备后支索，则可以通过增加后支索张力来使桅杆弯曲，展平主帆；这样做同时也收紧了前支索，展平了前帆。

这些减少帆受力的技术可以让你应付间歇性的强阵风，只要风的强度还在船满帆航行的范围内就可以。但当风力强到满帆航行无法控船时，就需要缩帆了。

何时缩帆

“缩帆的时机就是当你第一次想缩帆的时候”，这是水手中很流行的一句谚语。

迎风或横风航行时，你可能正在驾驶舱开心地聊天，这时一个跃起的浪头把你打成落汤鸡。突然之间，你就意识到船况发生了变化。之前舵还很轻，移动和缓。但现在侧倾增加了，打到甲板上的浪越来越多，最明显的是上风舵突然变得很重，更难以控制船的方向。这就到了缩帆的时刻。

也有可能风已经不断增强好一会儿了，但你假装没看到。这种情况下很有可能风会继续增强。如果继续拖延下去，你最后可能不得不在更困难的条件下缩帆，所以缩帆要趁早。在小风时放出缩好的帆要比在大风中缩帆容易很多。

小贴士 较之于太晚缩帆所带给你的遗憾，你永远不会后悔自己早早缩帆的决定。

迎风 VS 顺风

帆船在不同的帆向角和不同的风力强度下需要不同的帆形。

在15节真风中，船上每个人都感觉很舒服，因为船全帆以5节速度顺风航行，甲板上只能感受到10 节的相对风。

但是到了回程，变成迎风航行，相对风速可能达到了18节甚至更大，船可能会动力过大。

这时候就要缩帆了。

缩前帆

大多数巡航帆船的前帆配有卷帆系统，强度足以承受卷帆缩帆（roller reefing）——卷起来一部分帆以减少受风面积。

因为容易操作，所以卷前帆成了很多船缩帆的第一步。当风力增大到需要进一步减少帆面积的时候，可以把大部分或全部前帆卷起来。

然而，部分卷起的前帆损失了翼型，效果会因此变差。但对于很多巡航帆船手来说，比起爬到前甲板降下前帆再换上更小的帆，这点代价就微不足道了。

缩主帆

如果主帆能用卷帆器缩帆（参考第59页），对水手来说则需要更多的工作和交流。

现在大多数主帆的缩帆方法是用升帆索降下一部分，用新的帆前角和帆后角来固定新下帆边。这个过程折去了一“条（slab）”帆，因此称为折叠缩帆（slab reefing）。尽管基本原理是相通的，但是缩帆的细节因船而异。

在第四章，我们将学习典型的缩帆步骤。

分步缩帆

在 ASA103 级别，你不会故意在需要缩帆的条件下航行。然而，天气是不可预知的，了解如何缩帆非常重要，哪怕你只是“**觉得**”风大。

如果风稍微增大一点，你可能只需要缩一级帆，可以是卷起几英尺的前帆或者缩一级的主帆。这取决于当时的情况和船在不同的帆组合下的航行情况。

如果风有可能变得更强，你可能需要直接进行第三级或第四级缩帆。

主帆已经缩进两级，前帆部分卷起，这艘帆船在强风下也可以控制。

安全小贴士 当需要缩帆时，也到了提高船上安全级别的时候。如果你在开阔水域航行，浪会变得更大，船的颠簸更剧烈，在船上走动会更困难。这时就需要穿上救生衣了。

图中展示了随风力增强对应的不同的缩帆组合。对于有些船来说需要比别的船更早缩帆。何时缩哪面帆和按哪种顺序取决于船自身的帆装。图上所示，从左至右依次是全帆，卷前帆，主帆一级缩帆，主帆二级缩帆。

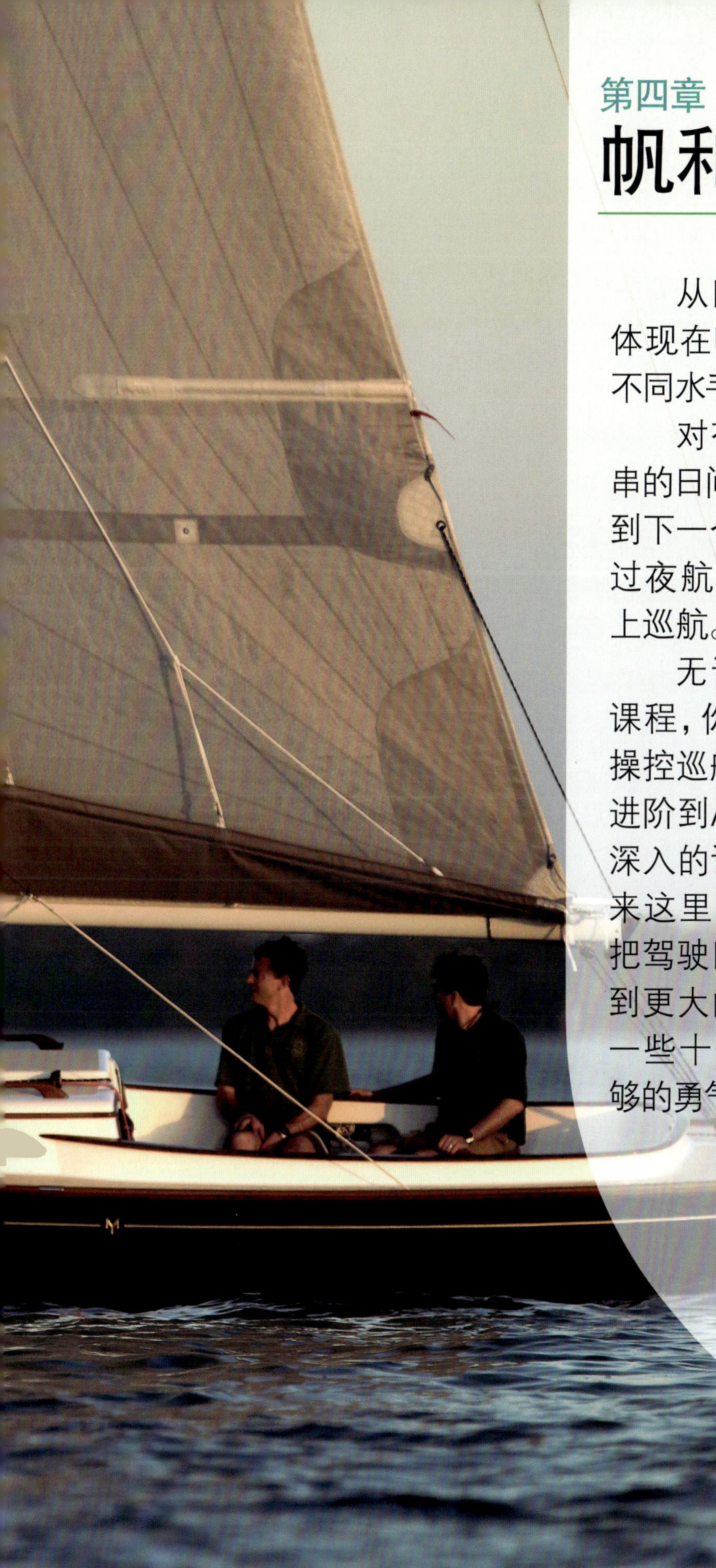

第四章

帆和调帆

从日间航行到巡航的转变到底体现在哪里？这很大程度上取决于不同水手的认知。

对有些人来说，巡航就是一连串的日间航行，从一个港口或锚地换到下一个。有些人则认为，如果没有过夜航行或离岸航行，就根本称不上巡航。

无论选择在哪里学习ASA103课程，你都将通过日间航行来学习操控巡航帆船所需要的基本技能(当进阶到ASA104课程时，你将学习更深入的课题)。当然，学习帆船是你来这里的原因，本章你将看到如何把驾驶日间航行龙骨船的知识运用到更大的巡航帆船上。你还会学到一些十分宝贵的技术，让你拥有足够的勇气航向地平线之外。

绳索操控设备

一艘30英尺长，载有燃油、淡水补给和船员的帆船，重量可以轻松超过10000磅（4535千克）。令人惊讶的是，仅用手推就能让它以缓慢的步行速度移动。但是水的阻力与船速的平方成正比，船以6节速度前进所需的风帆力比你所能施加的力要大许多倍。这意味着这艘船承受的力，必须比ASA101基础龙骨驾驶课程里的日间航行的龙骨船所承受的更大。

绞盘

为了能够处理控帆绳索上的更高负荷，我们的巡航帆船上配备有比日间航行帆船（如果它们配绞盘的话）更强大的绞盘，而且操纵这些绞盘更费力。驾驶帆船是很好的锻炼！

当收紧绞盘的时候，将你的身体移至绞盘上方，这样你就能用你躯干的肌肉发力。看好你收紧的绳子并留神可能出现的缠结和其他问题。

安全使用绞盘

使用大型绞盘与小型绞盘的基本技术并无区别，但由于绞盘和绳子受力更大，你要更加小心。在受力增加或预计受力将增加时，你需要提前多绕几圈再去拽住绳子的末端，以应对更大的力。鼓轮上绕的圈数越多意味着鼓轮和绳子之间的摩擦力越大，绳子末端的拉力就越小。

绞盘绕绳

大部分绞盘以顺时针方向旋转（但在使用前请转动空绞盘验证一下）。按照绞盘转动的方向把绳子绕在鼓轮上，从绞盘底部向上绕。

当快速拉紧很长的松弛绳子时，可以只绕1~2圈以避免绞盘缠绕。对于要快速受力的绳子，比如前帆缭绳，一般绕3圈。

绞盘受力时再增加圈数。当你这样做时，绳子末端一定要吃住力，并且手指要远离鼓轮。正常情况下，对于受力很大的绳子，最多绕4~5圈。

摇绞盘

当徒手拉不动绳子时，将绕圈数增加到4~5圈，然后把绞盘手柄插入绞盘顶部。一只手紧紧拉住绳子末尾的同时，另一只手转动绞盘手柄。

如果绞盘只有单速，比如很多小绞盘，顺时针方向转动绞盘手柄把，会使绞盘转动。当你向另一个方向转动手柄时，绞盘中的防倒转棘齿会使绞盘手柄空转。

如果绞盘是双速的，逆时针方向转动手柄会换到一个低速齿轮上，让你可以在绳子上施加更大的力，但同时减慢卷绳的速度。当你用绞盘收紧后，将绳子末端卡紧在夹绳器里或任何可用来固定的东西上。卸下绞盘手柄并将其放回储存位置。

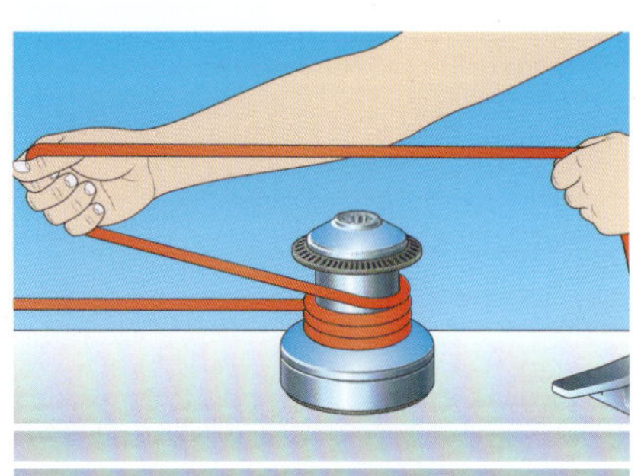

想多绕一圈的话，拉紧绳子并绕过绞盘，任何时候你的手都要低于鼓轮顶部的高度并远离鼓轮。

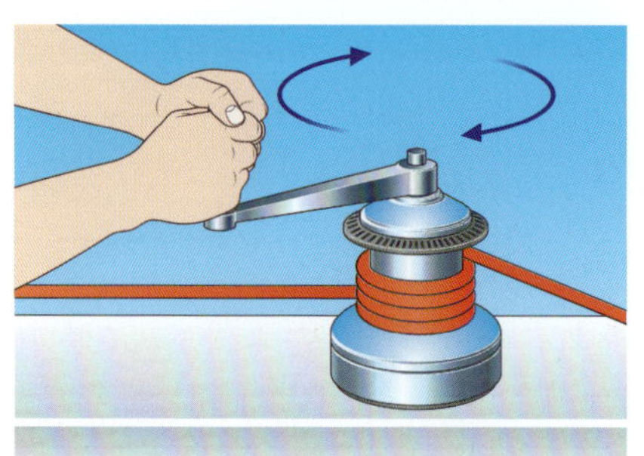

一个水手拉着绳尾而另一个水手收紧绞盘时会更安全、更快。请在鼓轮上绕足一定的圈数以便拉绳尾的人能安全地拉住绳尾。

安全小贴士 绞盘手柄应只在需要收紧绞盘的时候才插在绞盘上。永远不要在绞盘手柄插在绞盘上的时候增加或减少绳圈。

绞盘和夹绳器

我们的船上每一侧的驾驶舱栏板(cockpit coaming)上各有一个主(primary)绞盘，主要用于前帆缭绳。在舱梯舱口两侧的舱顶上还各有一个副(secondary)绞盘，在副绞盘前面你会看到一排夹绳器(rope clutch)。每个夹绳器[或称止绳器(stopper)或卡绳器(jammer)]都固定着一条可由绞盘收紧或放松的升帆索或其他控制绳索。

夹绳器

夹绳器有一个内部机械部件，可以利用绳子的拉力来夹紧绳子。操作原理类似于凸轮夹绳器，区别是绳子被约束在夹绳器中出不来。当夹绳器解锁时，绳子可以双向进出自由滑动。锁定后，夹绳器在承受巨大负荷的同时，你还可以(用绞盘)单向拉紧绳子。

夹绳器的使用

夹绳器的功能与羊角类似，都可以快速地固定一根绳子，但是夹绳器安装在绞盘前面并承受绳子上的全部负荷——原本可穿过夹绳器并传导到绞盘上的拉力。一旦用绞盘收紧绳子并用夹绳器锁定后，绳尾就可以从绞盘上拿下来了，空出的绞盘可用于另一根绳子。

在松开绳子之前，你必须先把拉力从夹绳器上卸掉。这需要把绳尾在绞盘上绕4~5圈，并将绞盘收紧一点。然后你才可以松开夹绳器——在此之前一定要再三检查，确保你松开的绳子是你打算松开的那根。

现在绞盘承受着拉力，然后你可以按通常的做法从绞盘上放松绳子——最好在绞盘上绕足够的圈数以保证你能拉住绳子!

小贴士 夹绳器可以承受绳子巨大的拉力，当拉动穿过锁紧的夹绳器的绳子时，如果绳子突然受力，这些力不会传导到你手上。因此，在收紧绳子时，不要松开夹绳器，哪怕夹绳器增加了很大的阻力。在大多数情况下，夹绳器只需在你放松绳子时才打开。

小贴士 一般情况下，你不能直接松开一个受力的夹绳器来放出绳子，这样绳子可能会缠结卡住，或者会在你无意之间降下一面帆。永远要用绞盘来控制绳子。

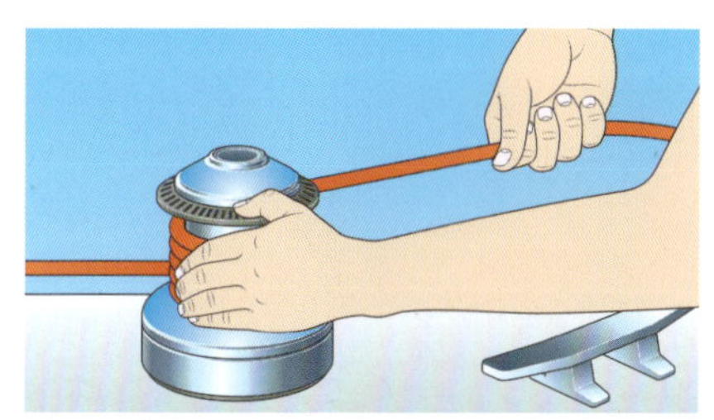

松绳子的时候，用你的手掌去控制绳子与鼓轮之间的摩擦力——小心点。

从绞盘上松绳

在放松或完全松开绞盘上的绳子之前，首先取走绞盘手柄。小心地松开夹绳器上夹紧的绳尾并试试绳子上的受力。**保持你的手和绳尾低于绞盘顶部**，慢慢减少手上的拉力。绳子会摩擦着鼓轮向后滑出。如果没有滑出，小心减去绞盘上的一个绳圈以减少摩擦，并时刻控制住绳尾。

如果想要完全松掉绳索，比如迎风换舷时原本受力的那根前缭绳，应当在绳索快要松掉的时候迅速绕下剩下的所有绳圈。

自紧绞盘

自紧绞盘会在你收紧绞盘时抓牢绳尾，以便你可以腾出双手摇绞盘手柄。在你绕好最后一圈绳子后，将绳尾绕过自紧臂的喂绳口，卡进鼓轮上方的环形钳口中并收紧。

对于自紧绞盘，你不需要羊角。

自紧绞盘使大部分调帆操作变成单人工作——因为它自带羊角!

凸轮夹绳器对于夹住那些受力不大、不需要用绞盘收紧的绳子很有用。

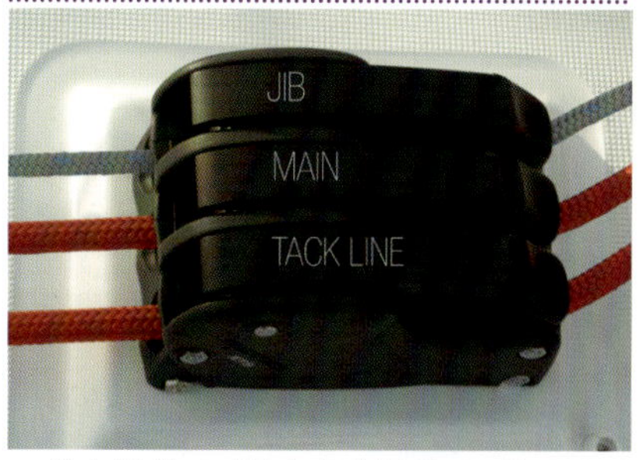

一排夹绳器可以固定很多根绳子，然后用同一个绞盘收紧。

起航前

航海的时间到啦，你现在要把ASA101中学到的技能应用到更大的船上，并尝试几个新技术，把帆的效能发挥到最大。我们会在实践中学习如何缩帆。

大部分现代巡航帆船上的操控索具被导引到驾驶舱内，首先要做的就是搞清楚哪根绳子用来做什么。

起航前准备

在把船带出码头之前，应先熟悉一下活动索具，确保其就位且能正常工作。一种方法是有条理地绕船一圈，检查各种帆的控制绳索，确保其可用。同时，你可以仔细检查一下第二章中航行前检查清单中的物品。

帆罩

移走保护帆不受阳光伤害和灰尘污染的帆罩，然后折叠起来，并收纳在指定地方。

主帆升帆索

在我们的船上，升帆索的尾端沿着桅杆内部从桅顶引下来。它从横杆上方几英尺的位置伸出桅杆，然后绕过桅杆底部的滑轮，向后穿过舱梯舱口旁边舱顶上的夹绳器。这是一种常见配置，可以让你不用离开安全的驾驶舱就能完成升帆、降帆或缩帆的工作。

找到升帆索（它的夹绳器上应该有标记），然后找到升帆索的上端（可以晃动一下升帆索找到其上端）并将其用卸扣连接到帆顶。确保升帆索没缠在其他索具上，然后收紧已穿过夹绳器的升帆索。

小贴士 不同的船有不同的规则和装备，有疑惑一定要询问。你的教练会向你示范如何移除和折叠帆罩，以及起航时将各种物品放在哪里。

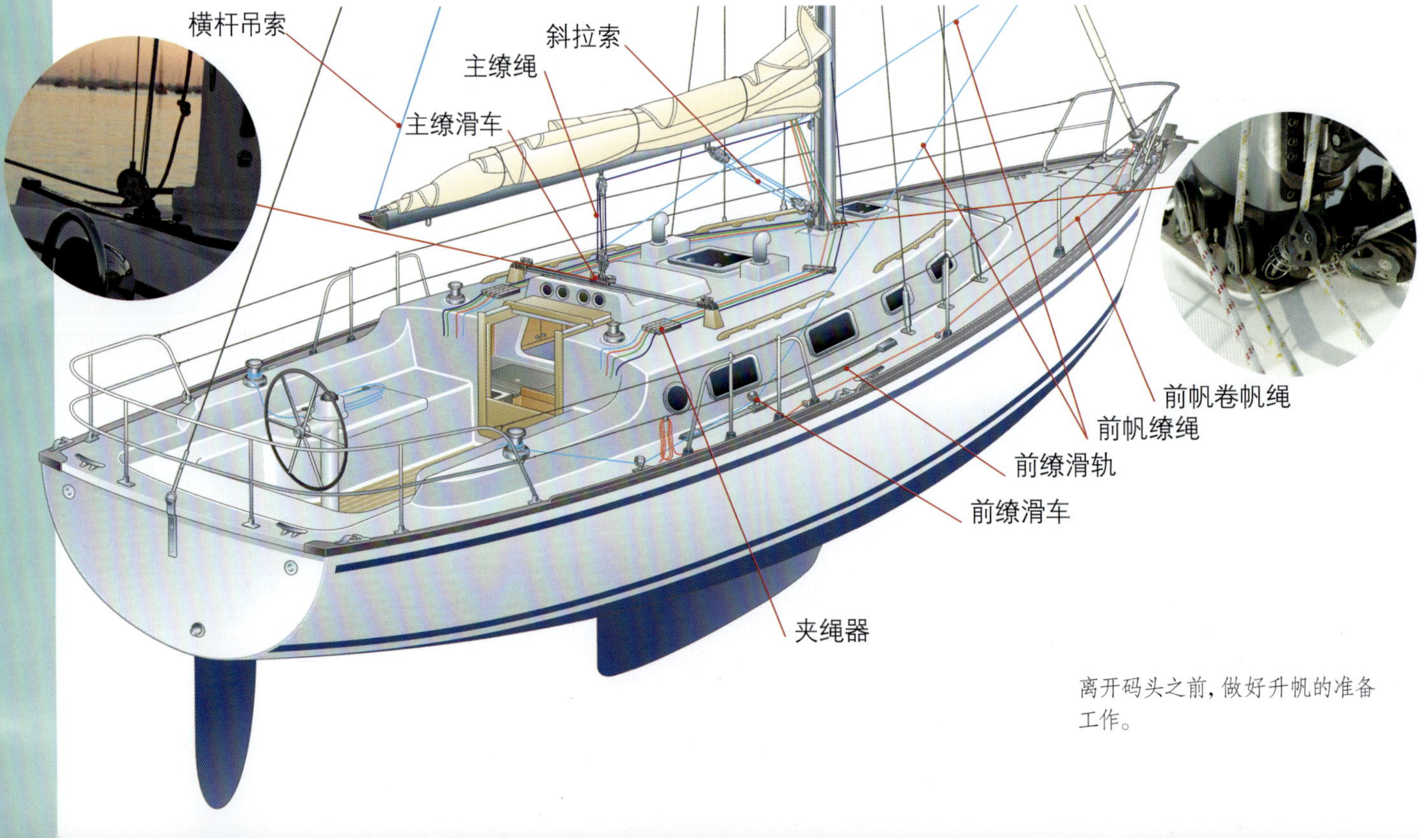

横杆吊索
斜拉索
主缭绳
主缭滑车
前帆卷帆绳
前帆缭绳
前缭滑轨
前缭滑车
夹绳器

离开码头之前，做好升帆的准备工作。

小贴士 为防止绳子缠结，理顺每根你要用的绳尾，确保没有扭曲和打结，重新打好捆，并小心放在不碍事但随时可取的地方。在一些船上，这意味着需要把绳尾放到舱梯舱口以下。任何不立即要用的绳子都要打好捆并放在不碍事的地方。

主缭绳和滑车

主缭穿过一连串的滑轮，放大施加在绳子上的力量。滑轮组固定在滑轨上活动的滑车上，在我们的船上，滑车被安置在舱梯口稍靠前的位置，主缭绳则被引导穿过舱顶上的一个夹绳器。主缭夹绳器可以贴上标签，另外绳子的颜色也是一种识别线索。滑车绳用来调整滑车位置，从滑车两端引出来，穿过滑轮组并最终固定在舱顶的凸轮夹绳器上。

斜拉索

斜拉索的绳尾也被引到驾驶舱内。升帆前可以放开其末端绳捆，并从羊角上解开或打开夹绳器。斜拉索在升主帆时必须松开，这一点很容易忘记。

很多船安装有硬质管状斜拉器来支撑横杆的重量，代替了横杆吊索的功能。收紧斜拉索的滑轮组可以压缩一个内置弹簧，把横杆向下拉。

小贴士 我们已经有5根绳子需要打理，后边还会有更多的绳子。最开始你就该学会辨认哪根绳子是哪根了。在很多船上，你可以通过它们不同的颜色和不同的位置来区分。

缩帆绳

在我们船上主帆有2组缩帆孔和4根向后导引到驾驶舱的缩帆绳。横杆桅杆连接器上自带帆前角钩的船仅有2根缩帆绳。

注意 确保你能认出所有这些绳子，因为升帆时它们**必须**松开，否则会损坏帆。

小贴士 当降下主帆时，缩帆绳会荡在甲板上，如果你把它们包在帆里可以与帆一起折在或卷在桅杆上，下次升帆就少些刮擦，能少很多麻烦。

横杆吊索

如果船上有的话，找到横杆吊索。在我们的船上，它从桅杆向后引到驾驶舱的夹绳器上。

前帆缭绳

沿着卷在前支索上的前帆的帆后角找到前帆缭绳，穿过甲板上的前缭滑车并向后引到驾驶舱栏板上的绞盘。确保前帆缭绳不会被任何上次航行结束之后新捆的绳子绊住。缭绳需保持收紧状态，这样前帆可以保持卷紧，但如果其绳尾打好捆了，则解开绳捆待用。

前帆卷帆绳

在前支索底部的卷帆器鼓轮找到一根系在羊角上的卷帆绳。将其从羊角上解下。

备用升帆索

沿着桅杆向上看，找到从桅顶下垂到甲板的每根备用升帆索。确保它们在设置好之后不会妨碍升帆。

做好万全准备

控帆绳已经做好了随时升帆的准备。那么为什么要现在做这些事情，而不是等到用发动机把船开到开阔水域之后呢？因为这是一艘帆船。帆除了作为你的主要推动力，还可以在引擎突然熄火时作为备用动力。如果帆可以随时升起来，你几乎可以利用帆摆脱所有棘手的处境。

这艘船是典型的巡航帆船配置，所有主要控帆绳索都被引到驾驶舱。船员无须到前甲板即可完成绝大部分航行操作。

升帆

尽管很多水手以扬帆进出码头为荣（当然只要有机会就练练，不失为好主意），但大多数时候利用辅助引擎的机动性离靠码头更合理。因此，我们假设用发动机把船开到合适的地点后再升帆。

升主帆

对于升主帆这项操作，发动机非常有用，因为你可以利用发动机来保持船头迎风再升主帆。然后，当一切就绪时，你可以利用发动机的动力偏转到你想要的航线上。

①选择一个你可以保持几分钟几乎静止状态且不会妨碍交通的位置。

②确保升帆索连接到帆上且可以无阻碍地拉动。

③确保主帆缭绳可以无阻碍地放松并且所有把帆或横杆向下拉的东西——斜拉索、缩帆绳——已经全部松开且能自由收放。

④减小发动机油门，使船减速。但要保证有一定的航速来保持舵效。

⑤把船转向顶风，或风向与船头成10°～15°夹角，这样横杆就不会在驾驶舱的正上方。（选择哪一侧有讲究，别让帆正好在升帆手头顶的正上方！）

⑥解开横杆前部的绑帆带，同时开始拉主帆升帆索。这样帆就不会全部落在甲板上，随着帆升起顺势解开横杆后部的其他绑帆带。

小贴士 当船接近正顶风，用升帆索升帆时，帆会左右拍打。让船加速只会使帆的拍打更剧烈。如果需要保持顶风，你可以利用间歇性给油门的方式来产生螺旋桨排出流，使其作用于舵来保持船头的朝向。

⑦当帆几乎升到顶端时，确保升帆索夹绳器已关闭，在绞盘上绕几个绳圈（至少需要4圈），使用绞盘手柄收紧升帆索，直到帆前缘没有水平的褶皱为止——稍微有点竖直褶皱最好。

⑧松开横杆吊索（横杆吊索太紧会影响调帆），让帆撑起横杆的重量，收紧斜拉索直到用手拉不动为止。

⑨使用发动机，把船转离顶风。一旦船头指向你想要的方向，收油门，挂空挡，调主缭绳。

现在你可以关闭发动机，集中精力扬帆航行。

条件安全时，一名船员向外横拉升帆索可以极大提高升帆速度。

用发动机保持船头迎风，然后小心升起主帆，同时观察帆前缘和帆后缘没有挂到其他东西。

升前帆

由于我们船上的前帆是卷在卷帆器上的，因此升前帆非常简单，只要准备好了随时可以升前帆。

如果是小风天，放出前帆的最佳帆向角是侧顺风。由于被主帆部分遮挡，前帆不太可能突然吃风，也就不会让船员措手不及。

重新检查一遍前帆缭绳是否平顺无扭曲地引到绞盘。对于下风侧的前帆缭绳，即受力缭绳，至少要在绞盘上绕3圈。解开上风侧的前缭绳捆，让其自由滑动。

同样解开卷帆绳的绳捆，这样它可以快速放出而不缠结。

船长下令后，一名船员从羊角上解下卷帆绳，但要在羊角或绞盘上留一圈，以防帆突然吃风让绳子从手里挣脱。同时，利用摩擦力在绳子上保持一点张力，有利于将绳子整齐地卷在卷帆器鼓轮上。

另一名船员拉动下风侧的前帆缭绳来拉开帆。当帆完全放出后，用前帆缭绳收紧前帆并转舵回到原来的航线。系紧卷帆绳，末端打捆并放在指定位置。

主帆入桅卷帆器（In-mast Mainsail Furling）

大部分长度在30英尺以下的帆船使用升帆索来升降主帆并将其收纳在横杆上。很多更大的巡航帆船配有入桅卷帆器——将主帆卷起来并收纳在桅杆内部。

主帆入桅卷帆器很方便。它省去了把帆整齐地叠在横杆上并盖上帆罩的工作——当卷入桅杆内部时，帆不受紫外线和灰尘的侵袭。但为了确保它能平顺地卷进卷出，帆的形状相较于传统主帆而言有所改变，相应的效率也会降低。

原理上，入桅卷帆器与前帆卷帆一样。主帆的帆前缘固定在一根长条的槽中（类似于前帆上的帆前缘升帆槽）。这根长条（有时称为芯轴），顶部连接到桅杆空腔顶部的旋转接头上，底部连接到旋转它的机械结构上。该机械结构位于横杆桅杆连接器稍稍靠上的位置，帆前角连接到该机械结构的顶部。

主帆通过拉一根外拉索解卷，外拉索穿过横杆末端的一个滑轮，从横杆内部走到横杆桅杆连接器，然后向后引到舱顶，连到绞盘。

对于长度在45英尺及以下的帆船，旋转芯轴进行卷帆的机械装置一般由引到舱顶绞盘的绳子驱动。对于更大尺寸的船，卷帆机械装置一般由电动或液压马达驱动。

装有入桅卷帆器的帆船航前准备时，不需要连接升帆索，但是卷帆绳、后拉索和主缭必须理顺备用，且斜拉索必须松掉。横杆吊索还是必须像传统主帆一样操作。

精准调帆

在ASA101课程中，你已经学习了基本的调帆技巧——如何根据所处的帆向角来调整缭绳，如何根据风力大小匹配升帆索的张力（轻风张力小，强风张力大）。但是调帆不只这些，下面将介绍一些用于精准调帆的技巧。

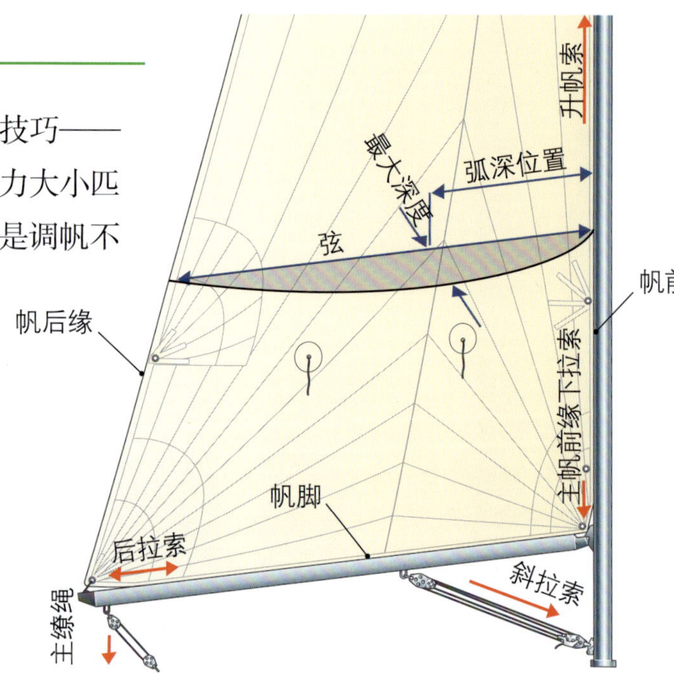

主帆的形状由后拉索、升帆索、主帆前缘下拉索和斜拉索来调整。

调帆术语

处于迎风帆向角时，帆作为翼型产生空气动力学升力。因此，很多用于空气动力学的术语同样适用于帆，如升力、阻力、弧深、弦等。飞机飞行员通过副翼来改变机翼的形状，水手则是使用升帆索、缭绳和其他绳子以及机械装置。

翼弦

翼弦（Chord）指的是一条从帆前缘到帆后缘且平行于气流的直线。

深度

帆的深度（又称弧深，draft），帆上任何一点的弧深等于该点到翼弦的垂直距离。全尺寸帆骨的曲度可以直观地显示弧深。

弦深比

弦上弧深的最大值与该弦长度的百分比称为弦深比。相较于更“平坦”的帆而言，更“饱满”的帆有更大的弦深比，其产生的帆力也更大。

最大弧深位置

最大弧深位置是指弦上所对应的最大弧深的位置。帆骨的弧线可以显示出最大弧深位置。

迎角

迎角（angle of attack）是相对风与帆的翼弦所成的角度。

这在调帆中是最重要的要素。你可以通过操舵转向上风或下风来改变迎角，也可以通过调节控帆缭绳，如果是主帆还能通过调节主缭滑轨来改变迎角。调整到正确的迎角之后，可以用升帆索和其他控帆索调节帆形。

视风和扭曲

只要你在运动，无论是走动、跑动或骑自行车，都会感受到吹到皮肤上的风，仿佛是空气在运动。若在你运动的同时有风吹来，你会感受到风和你自身移动的混合效果。这种混合风是相对于你而言的，称为视风（apparent wind，俗称相对风）。和你一样，一艘移动中的帆船同样也能感受到视风，这是你真正在利用的风。

受风和水面之间摩擦力的影响，风在甲板高度的速度小于其在桅顶的速度，这就是风速梯度现象（wind gradient），意味着帆顶和帆脚相对风的速度和方向均不同。

由于帆顶的风更强，因此帆顶相对风的风向与船形成的角度，相较帆脚而言，更向船的后方偏几度——这样帆顶的迎角要比帆脚的迎角更大。这个差别在轻风下和高桅杆船上更显著。

为了使整面帆都调整到最佳，必须考虑迎角随高度的变化：帆必定会有扭曲（twist）。

你可以根据航行条件来调节缭绳从而改变帆的扭曲量。

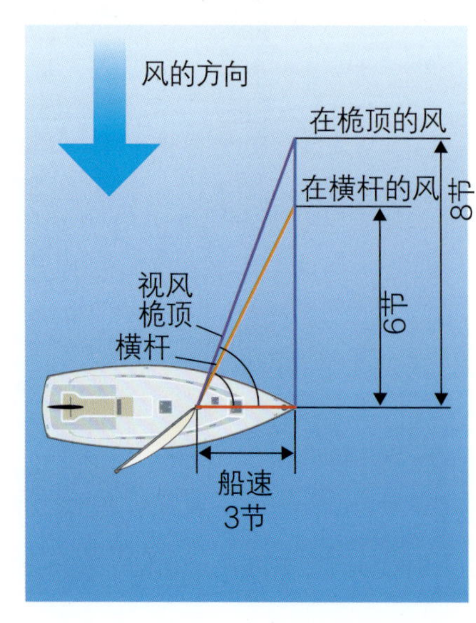

考虑弧深与扭曲的调帆

要想观察帆形对弧深、最大弧深位置和扭曲变化的响应，下面有一些练习。练习应当在稳定的轻风下，风力强度足以使船全帆航行的适宜天气下航行，一般8~10节风就足够了。

主帆弧深

把船开到近迎风的航向上，使用缭绳调节主帆和前帆。根据前帆的气流线掌舵——转向上风，直到帆刚要飘帆，然后稍微转向下风——测试一些对主帆的调整。

进行练习时，将主缭滑车居中，松开斜拉索（这很重要）并收紧主缭，直到主帆停止飘动。

仔细观察主帆的形状。

它的饱满度如何？（弧深有多大？）

最大弧深位置在哪里？

收紧帆后角的后拉索使帆脚伸展（你需要先让帆卸力，可以飘帆或松开缭绳）。

使用主缭重新调整主帆并观察帆的下半部分：它变得更平；弧深更小。

现在收紧主帆升帆索（同样需先飘帆或松缭绳让帆卸力）。

调整主帆并仔细观察。最大弧深位置更靠前了，而且帆变得更平坦。

通过这两根控帆绳，你可以改变帆的受力及其在船上的作用点（移动有效CE位置），两者都会影响船速和船的平衡。

怎样调帆可以写成整整一本书，但是简单来说，弧深越大，帆的力量越大。把帆展平和把弧深位置向前移动都会减小帆的力量。

在5节风速下做这些调整时，你可能感受不到舵感的变化，但是在更强的风中你肯定能感觉出来。使用这些方法，你可以改变帆的形状，提高船的速度和平衡。

帆上的光影反映了帆形（弧深和扭曲）随高度而变化。

主帆扭曲

保持近迎风航行，主缭滑车居中并松开斜拉索，沿主帆的帆后缘向上看，从横杆看到帆顶。是否帆顶附近的弦与桅杆所成的角度比帆脚（或横杆）与桅杆所成的角度更大？

将主缭松开1英寸左右，再观察帆。由于斜拉索是松开的，横杆除了向下风侧偏转之外，还抬高了一点，使帆后缘在空中张开。这样就增加了帆的扭曲。

把主缭收紧到原来的位置，减少帆的扭曲。

现在，把滑车放到下风侧，同时观察帆后缘。

这一次，帆后缘没有张开——主缭仍然保持了帆后缘的张力。这样你就在不增加扭曲的情况下增加了从帆脚到帆顶整面帆的迎角。

通过调节主缭，你能够控制帆的扭曲量，进而改变迎角来适应由风力梯度产生的视风风向的不同。通过调节滑车，你能够在不改变扭曲的情况下改变帆的迎角。

前帆的调节

你能用两种方法来改变前帆的迎角——收紧或放松前帆缭绳；操舵转向上风或下风。

前帆缭绳同样可以影响扭曲。放松缭绳可以使帆后角抬高并使帆后缘上半部分扭曲——增加整面前帆的扭曲；收紧缭绳则会减少扭曲。

当你放松前缭时，帆后角抬高的同时还会向前移动，同时弧深增加。

前缭滑车位置同样也会影响帆的扭曲和弧深。滑车向前移动，扭曲减少但弧深增加；向后移动，扭曲增加但弧深减小。

增加升帆索的张力会使最大弧深位置向前移动，同时弧深稍微减小。

在迎风帆向角范围内，可以利用那些反应灵敏的气流线把前帆的迎角由下向上都调整到最佳。

如果所有气流线都完美地飘动，并随着你转向上风或下风而同步打破这种状态（开始摆动），那么你就拥有接近完美的扭曲了——你需要让下面的气流线保持飘扬时，顶部气流线刚好想要摆动。

如果上风侧的顶部气流线远早于下方风向线摆动，这可能是因为有太多的扭曲。应收紧缭绳或前移前缭滑车来减少扭曲。

如果下风侧的顶部气流线摆动，而下方气流线笔直飘扬，说明帆顶部分收得过紧——扭曲量过小。应放松缭绳或后移前帆滑车来增加扭曲。

注意 大多数船上，前缭受力时基本上很难调节前帆滑车位置。请参考第63页的实用方法。

不同帆向角的调帆

当离开近迎风航向继续顺风偏转时，你会继续依靠缭绳来控制帆的迎角。同时你开始用斜拉索来限制主帆横杆上抬，并且用可调的前缭滑车来管理前帆的扭曲。

风向
近迎风
无法航行区
正迎风（顶风）
远迎风
正横风
正顺风
侧顺风

远迎风

远迎风航行时，不会太贴近风向，所以你要通过调帆控制速度，并使舵免受过多压力。

与近迎风相同，把主缭滑车作为调节主帆迎角的主要工具，把主缭作为调节扭曲的工具。

如果船上没有滑车，就用收紧或放松主缭的方法来控制迎角，用斜拉索控制扭曲。拉紧斜拉索可以减少扭曲，放松会增加扭曲。

小贴士 记住这句格言，“不确定的时候就松开缭绳（when in doubt, let it out）”。放松缭绳直到帆前缘开始飘帆，然后稍稍收紧缭绳。

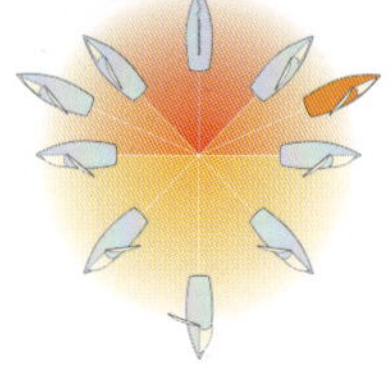

远迎风

这艘船主帆上方的帆骨扭曲得很厉害，扭向横杆下风侧。船的侧倾还好，因此主缭可能已经放松了一些来减少帆力。

观察弧深和最大弧深位置。如果风很小而你希望帆力更大，试着稍稍放松升帆索和后拉索；若要减少帆力，则收紧。

小贴士 不要忘记桅顶的风向标！桅杆顶部的风向标是你判断视风风向和帆上迎角的指示器。它也能帮助你好好安排一天的航行和码头停靠。

在强风下，你可以把主缭滑车放到下风侧来减少整面主帆的力。

当你放松前缭，想把前帆调节到最佳状态时，观察气流线和帆后缘从而了解扭曲度。你越转向下风，帆的扭曲越显著。如果近迎风时你把前缭滑车调节到最佳位置，在正横风之前都不需要动它。

正横风

从近横风航向顺风偏转到正横风航向，你需要把主缭滑车向下风侧放，从而减小主帆的迎角。当滑车达到极限，无法继续向下风侧调节时，就只能放松主缭来继续减小迎角。

当横杆超过滑轨的最外端之后，就不能继续用主缭来减少扭曲了。你现在需要的是斜拉索。

斜拉索可以防止横杆上抬，所以你可以利用它来控制帆后缘的张力，即扭曲。

小贴士 近迎风时，如果你的斜拉索已经锁住但有略微松弛，则不调节斜拉索也能在转向下风时保持相同的扭曲。

正横风

前帆顶部有飘帆迹象，而下部正常，说明扭曲过大。主帆同样扭曲过大，而且船没有控制扭曲的斜拉索。

小贴士 在没有主缭滑车的船上，斜拉索是在除近迎风之外所有帆向角下调节扭曲的最直接工具。

航行越偏向下风，越要放松前缭，前帆扭曲越大。在某一临界点上，帆的上部飘帆时，帆脚却依然收得过紧。

侧顺风

侧顺风航行时，帆不再作为翼型工作；你所需要的只是两个大袋子（但是形状要漂亮）来兜住尽量多的风。扭曲现在对你不利。

如果你让横杆上抬而帆顶扭曲，主帆的上半部分会碰到下风侧的索具和撑臂上，尤其是后掠式撑臂。时间久了，这会使帆摩擦受损。因此，尽管这种做法在小风天并不太理想，但只要你把斜拉索收紧，也就可以在不摩擦帆的前提下把帆放得尽量靠外。在强风下用这种方法展平帆，可以减少上风舵。

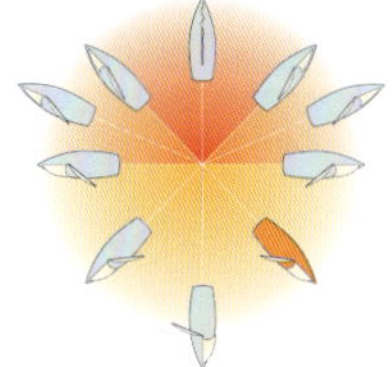

侧顺风

船在侧顺风下完美飞驰，主帆和前帆稍有扭曲。

对于前帆来说，减少扭曲的理想方法是将前缭导缆器向外移动。在许多帆船上这并不可行，但将导缆器前移会有类似效果。

正顺风（尾风）

正顺风航行时，尽量将主帆向外放，但要保持横杆和帆不会摩擦固定索具。如果桅杆上的撑臂是后掠式的，与侧顺风相比，你无法把主帆更加向外放。

如果还使用前帆的话，你不得不把它放到上风侧，组成蝴蝶帆。其设置效果取决于若干因素，从风的强度到浪的大小，以及舵手的技能都有影响。你可以尝试不同的前缭滑车位置和前缭张力组合，找到最佳点。

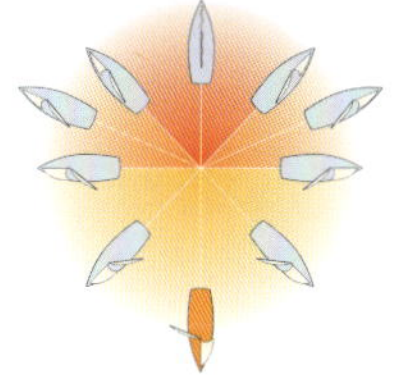

正顺风

中国人发明的全骨帆，每根帆骨都有独立的控制绳。这种帆装非常适合正顺风。

调节前缭滑车

通过改变前缭滑车的位置，就能调节前帆的扭曲。前移滑车会把帆后缘向下拉而减少扭曲，后移滑车则会增加扭曲。

船的侧甲板有两根滑轨，滑轨上有滑车，滑车上有滑轮，前缭穿过滑轮。

若滑车不是通过滑轮和滑轮组来控制，你只能在前缭松弛或基本松弛时改变滑车位置。在很多船上，滑车是通过插入滑轨开孔的销子来固定的，滑轨上每隔几英寸就有一个孔。有时孔上有编号，这样在你重新设置时就能作为参考。

若要调节前缭工作时的滑车，最佳且最安全的方法如下：

预估滑车需要在滑轨上调到哪个位置。

把船迎风换舷。

沿着现在“高的那一侧”甲板行走（做好通常的安全措施）。

把滑车移动到新位置。

换舷回到原来的航线。

另一种方法是，你可以使用一根临时缭绳（又称短缭绳，见第149页）卸掉工作前缭上的力。

然而，这需要在下风侧甲板上行走，应该尽量避免这一方法。

航行中缩帆

通常你是因为风力强度增加而需要缩帆，同时很可能浪的大小也会增加，因此你有时不得不在形势所迫下缩帆。最好的实践是在合适条件下提前练习这个过程，这样你可以集中精力掌握其中的步骤而无须面对压力。

折叠缩帆

我们的主帆与其他大多数帆船的传统主帆一样，采用折叠缩帆。缩帆时，我们把帆降一部分，并用新的帆前角和帆后角固定，新的帆前角和帆后角由安装在帆前缘和帆后缘加强区域的索眼来提供。

新的帆后角由缩帆绳控制。这根绳的一端连接在横杆尾部；另一端向上穿过新的帆后角，再回绕过横杆尾部滑轮，钻进横杆内部，从横杆桅杆连接器钻出，经过一系列滑轮组，回到船舱顶部的夹绳器上，使得船员能够在驾驶舱内进行缩帆操作。

帆前角缩帆绳以类似的方式一端固定在横杆桅杆连接器，另一端向上穿过新的帆前角，回到另一个夹绳器上。

在一些船上，缩帆后的帆前角连接到横杆上的一个钩子上。这意味着驾驶舱中少了一些缩帆绳，但是要求缩帆时有人到桅杆处操作。

主帆缩帆

在我们的船上，船员不需要离开驾驶舱即可缩帆。但是，你只有两个绞盘来打理升帆索、主缭、缩帆绳和横杆吊索，因此需要仔细考虑好步骤。

解开主帆升帆索末端的绳捆，这样你松开时它可以自由滑动。

找到一级缩帆的缩帆绳，看哪根绳子可以用哪个绞盘。横杆吊索同样如此。

缩帆时，你需要主帆飘帆，但同时又要保持前进以保持舵效。如果船停下来，就会被吹向下风，主帆会吃风受力，操作起来就变得困难。

前帆可以保持船沿着航线继续前进，但是船会减速，并且舵感会有明显变化。

缩帆时，你只有有限的机动能力，所以要仔细瞭望以确保你在无障碍水域中操作。

①把船带到远迎风。

②松开主缭和斜拉索。

③收紧横杆吊索（如果船上有的话），然后系牢。

小贴士 横杆吊索很重要，从主帆升帆索松开到缩帆完成再次拉紧主帆，在此期间都靠横杆吊索拉紧横杆。

④主帆升帆索在绞盘上绕3或4圈，稍微绞紧一点以卸掉夹绳器上的力。

⑤打开夹绳器，并缓缓放松升帆索，利用绞盘摩擦力作为缓冲。帆降下来后，收起帆前角缩帆绳的松弛部分。

⑥拉帆前角缩帆绳，直到新的帆前角与横杆桅杆连接器持平。锁紧夹绳器。

⑦收紧升帆索，直到绷紧主帆帆前缘，并锁紧夹绳器。

⑧只有以上完成之后，才可以拉紧帆后角缩帆绳的松弛部分，然后把它放在绞盘上绞紧，直到帆后角的缩帆孔到达横杆。确保在上述操作时斜拉索松开。锁紧帆后角缩帆绳的夹绳器。

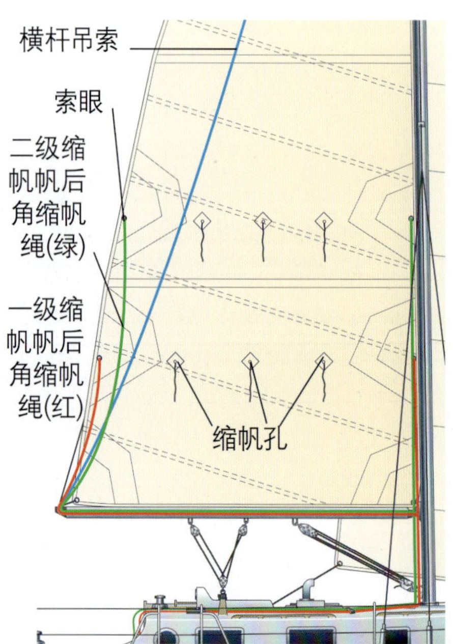

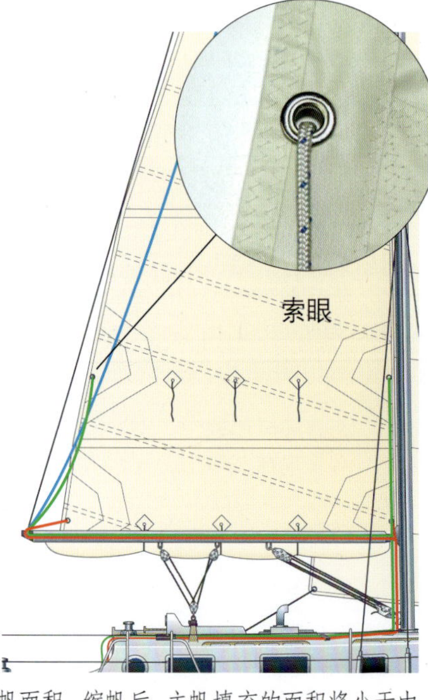

第一级缩帆可以缩掉一级缩帆孔和横杆之间的帆面积。缩帆后，主帆填充的面积将小于由桅杆、后支索、桅杆和横杆所包裹的三角形面积。主帆一般有两级缩帆，有时是三级缩帆，每级缩去20%~25%的帆面积。

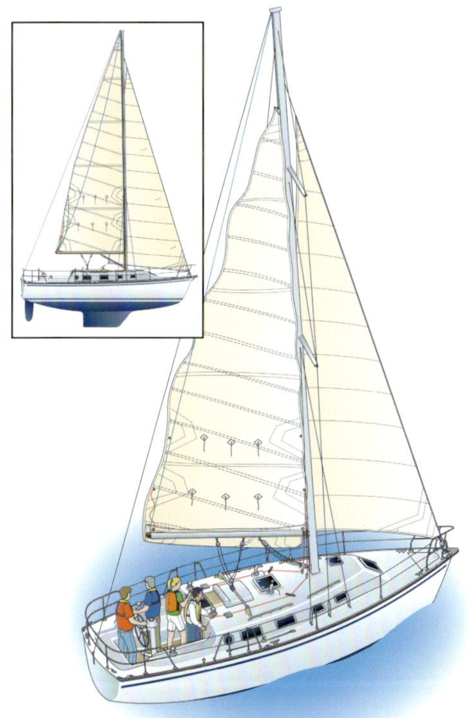

船靠前帆远迎风航行，主帆飘帆并已松开主升帆索。

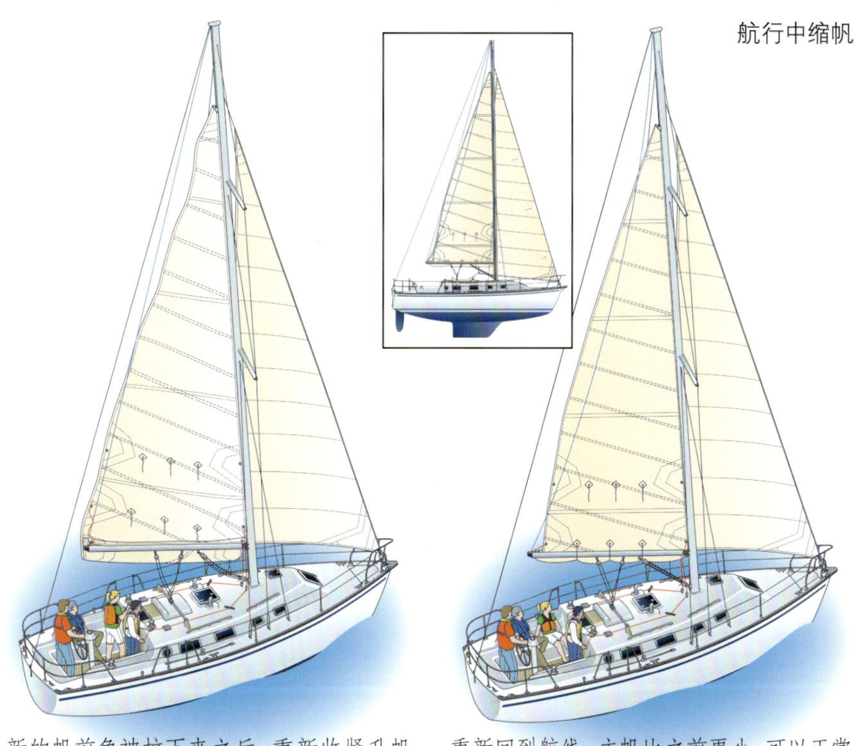

新的帆前角被拉下来之后，重新收紧升帆索，再把新的帆后角拉到横杆。

重新回到航线，主帆比之前更小，可以正常地用缭绳调节。

⑨松开横杆吊索。回到原来航线，并调节主缭和斜拉索。

⑩整理所有绳子的绳尾：升帆索、缩帆绳、横杆吊索和斜拉索。

小贴士 很多巡航帆船仅有2名船员，所以练习缩帆时一人操作绳子，另一人掌舵配合。

前帆缩帆

对于卷帆器缩帆，缩帆只需简单卷起部分帆即可，但需采取几个防范措施以确保整个过程平稳进行并保护帆不受损伤。

迎风航行时若决定缩帆，你不能简单地把前缭绳一松，然后卷起部分帆。假如这样做，前帆会剧烈拍打。这对帆和船都不是好事。拍打的前帆会受损伤，猛烈鞭打的缭绳可能会对船和人员造成严重伤害。

为了对船、帆和人好一点，将船转向下风，转向角度很大的侧顺风航向。当前帆被主帆挡风时，你可以轻松地把它卷起来。拉卷帆绳直到卷起足够的帆（可能需要使用绞盘——小心）同时缭绳上保留一些张力确保卷紧。然后拉紧卷帆绳，防止因绳子松脱而前功尽弃。

但是，在把船转回初始航线和调帆之前，你还有一件事情要做。还记得滑轨上的前缭滑车吗？它本来是用于调节满帆状态的前帆的。现在缩帆后前帆的帆脚更短，所以缭绳更多地在帆脚的方向上使力，对帆后缘的使力则减少了，这会导致扭曲过度。

你需要向前移动滑车。首先移动不受力前缭上（上风舷缭绳上）的滑车。运气好的话，船长在帆上已经做过标记了，你只需卷起定量的帆，前缭滑轨上也有相对应的标记。下次换舷时，再调整另一侧不受力前缭上的滑车。

传统缩帆

在一些船上，升帆索和缩帆绳并未导引到驾驶舱。主帆缩帆时，需要有人在桅杆处操作升帆索和设置帆前角与帆后角。为保证作业安全，船员需要站在船上高的那一侧（上风侧）。这意味着船在缩帆操作前可能先要迎风换舷。

一些帆船的前帆是通过挂钩连接到前支索的。要想减少前帆面积，需要把前帆降下来并换上面积更小的前帆，这需要船员到前甲板处解开前帆的所有挂钩，并挂上新帆。

安全小贴士 缩帆时，任何去前甲板的人应该穿安全背带、挂安全绳，当然还要穿救生衣。有内置安全背带的充气式救生衣可适用此类工作。

在桅杆处缩帆时，安全的做法是人扣上安全绳并在船的上风侧操作。

特殊情形下航行

有时候，你无法或者不想继续以“正常”方式航行。遇到太大或太小的风，或者你想停下来吃午餐，又或者等朋友的船追上来，手边有帆和发动机可用时，你有多种选择来应对这些情况。

缓行

缓行（Heaving-to）的一个经典理由是需要克服海上的恶劣天气。你不太可能在ASA103级别巡航中做这些事情，但是缓行是每个水手都需要了解的基本战术，因为它在很多情况下都很有用。你可以延迟到达港口的时间，直到光线和潮汐情况于你有利；你也可以把船“停下来”进行修理工作。缓行时，帆船会以侧前方迎风，一边缓慢横向漂移，一边稍稍向前行进。风对帆的作用会将船保持在一个稳定的侧倾角度，哪怕是在很大风的海况下，船的移动都相对和缓。

要想缓行，需要让前帆反向受风。前帆想把船向一个方向推，而主帆把船向另一个方向推，你则使用舵来裁决。

①注意风向并决定你想向哪个方向横漂：你想左舷受风还是右舷受风？

②要想在当前受风舷相反的一侧缓行，收紧前帆，迎风换舷，并保持前缭不松开。

③当船穿过正顶风之后，被上风侧前缭拉紧的前帆会反向受风，并把船推向下风。主缭绕在绞盘上，并打开其夹绳器。

④把船的方向重新指向风，并调节舵，直到船头以远迎风角度与风保持稳定的角度。通常，舵轮需要朝着上风转（舵柄需要朝着下风推）。此时的主帆可能需要飘帆，也可能不需要。

⑤绑定舵轮以防其转动（如果使用这种方法，需要能够快速解绑）。

⑥如有需要，调节缭绳和舵来保持船与风的角度——保持瞭望。

当主帆和前帆反向作用时，船将无乎无限期地处于缓行状态。

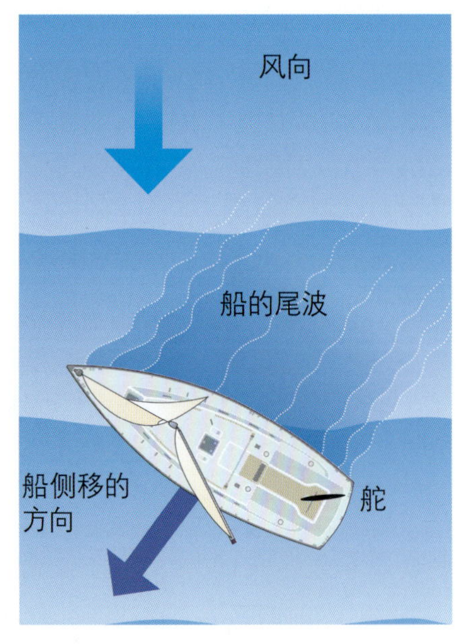

船的帆装，龙骨、舵的设计都会影响一艘船如何缓行。在合适的前帆、主帆面积组合情况下，大部分帆船在中等风力下能够进行缓行。

小贴士 如果你想保持在你当前的受风舷方向缓行，最好的方法是两次迎风换舷，而不是费力地把前帆拉到上风侧。

远迎风缓行

你在恶劣天气下可以使用的一个战术是远迎风缓行（Fore-reaching），这样你能以较慢的速度向上风方向的目标前进。要进行远迎风缓行，首先卷起前帆，只用主帆航行，根据风力进行一级或二级缩帆。就像远迎风一样前进，你会稍有前进速度，但不会像缓行一样侧滑。

机帆航行

有时，同时使用发动机和帆，你可以无压力地完成一天的航行。

假定你的母港就在你附近，但是正好在顶风方向。单凭帆航行很有趣，但是太费时间，可能天黑之后才能到达，你在这个级别并不想这么做。但如果开动发动机直接顶风开船，碎浪会令人非常不舒服，甚至会把船打湿。这时候就可以机帆航行。

向迎风方向机帆航行时，你只需升起主帆。缭绳收到最紧，并把滑车放到中央，控制船的方向，使帆刚好吃风和受力。根据船型、风速和帆的形状，你或许发现你能够在与视风只有20° 的小角度航行。调节发动机转速，直到找到一个可以舒适地向目的地前进的速度。即使需要换舷，也比光靠帆能更快到达，并且帆在颠簸的海上可以发挥减摇的作用。

避免升着帆时正顶风（或者是无风）动力前进。帆只会拍打，降低船速，还伤帆。

在小风天，你或许可以同时使用前帆，只要它不飘帆！哪怕只是在低转速下，螺旋桨稳定的推动力也能帮助你维持一个比光靠帆前进更快的航速。

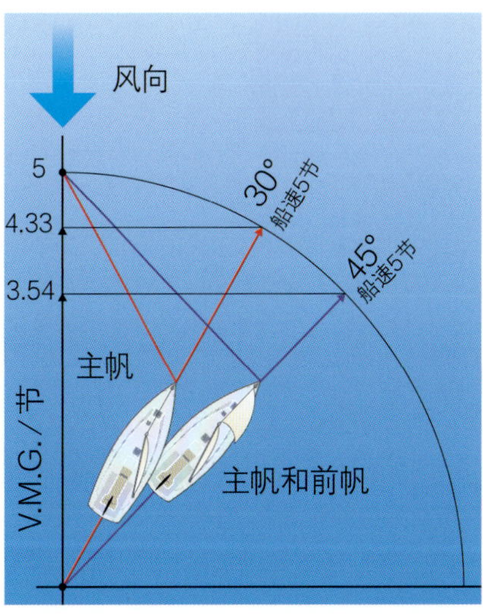

有效速度(velocity made good，VMG)是指朝着目的地航行的速度。如果直接朝着目的地航行，你的VMG就是你的对地航速SOG(如果没有流速，那就是你的船速)。对地航速相同时，航向偏离时VMG就会减小。

显而易见，驾帆行驶更有趣，但是机帆航行可以让你多一个安全选项。

下风岸

漆黑的暴风雨夜里，水手们在朗姆酒瓶旁边聊起的故事中，无一不含下风岸（lee shore）这样的“反派角色”，想想朗·钱尼（Lon Chaney）在电影中的角色。但是在现代帆船水手的意识里，下风岸不是什么恐怖的灾难，因为现代帆船可以更贴近风航行。但是对于老式的横帆船而言，被困在下风岸几乎就是被判处死刑。

下风岸可以是任何障碍物或危险物，无论是一片大陆还是一个渔人码头。在任何船舶上，警惕的船长会避免受到此类情况的威胁，并且会远远地躲开。如果帆船周围存在下风岸，只要有一点小事出错，船就离危险不远了。

当尝试脱离下风岸时，心理上的本能反应是尽量贴近风航行，但这会使船减速。换舷时，你可能没有足够的速度产生舵效，最终被困在顶风，或者在紧张的环境下出现绞盘缠绕这样掉链子的事。当你重新巡航时，可能已经离危险更近了。

在恶劣天气下，巡航帆船不能像在中等风力下一样迎风航行。再加上大浪和风驱动的表面流的影响，问题可能会急剧恶化。

谨慎的船长头脑中会有一张周围环境的地图，想到风或海流变化可能带来的影响，并尽量远远地避开危险物。

复习题（答案见第165页）

填空

1. _______ 要为_______、_______ 和乘客的安全承担首要责任。

2. _______由带子或绳子制作而成，两端有金属扣。一端扣住船员的_______，另一端扣住一个坚固的眼板或_______。

3. 建议在下列情况下穿上救生衣（至少列举出3项）：_______，_______，_______。

4. 除了美国联邦法律规定的安全器材以外，ASA推荐携带以下物品（至少写出10种）：_______，_______，_______，_______，_______，_______，_______，_______，_______，_______。

5. 辅助_______内的机油量可通过拧下_______，擦干净，再插回原来位置，拿出来检查机油量。

6. 原水_______ 可以防止水草和其他异物进入发动机的_______系统。

7. 为防止柴油外溅，最好_______地加油。

8. 在海洋或内陆水域的任何地方倾倒_______ 是非法的。

   a. 塑料

   b. 发动机机油

   c. 柴油

   d. 以上全部

9. 小件食物残渣、纸、玻璃可以在船离岸_______ 海里以外倾倒。

10. 大多数热水器有两种加热方法：一种是来自发动机_______ 系统，一种是用_______ 电力。

11. 船上马桶必须连接到_______ 装置，大多数船上是_______ 箱。

12. 减少上风舵和过度侧倾的方法（至少列举出三项）：_______，_______，_______。

13. 收紧_______（索）可以减小主帆的_______（帆的饱满度）。

14. 可以通过调整前帆缭绳滑车的位置来调节帆的扭曲量，如果要增大扭曲，滑车_______（前/后）移；减小扭曲，则滑车_______ （前/后）移。

15. 航行时若要缩主帆，帆向角最好选择_______。

16. 主帆缩帆时，一旦新的_______ 设置好，就拉动_______ 直到帆前缘收紧，然后设置新的_______。

   a. 升帆索

   b. 帆前角

   c. 帆后角

17. _______（请填写帆向角）航行时，带有卷帆器的前帆进行缩帆或卷帆操作会更加容易。

18. 前帆缩帆后，前缭滑车（如配备的话）应该向_______（前/后）移动，以保持帆后缘和帆脚的受力平衡。

19. 缓行时，使______反向受风，与______的下风侧位于相反方向，使船以很慢的速度行驶，风刚好在______前方。帆船用舵轮操舵时，舵轮应向______侧打。

a. 主帆

b. 上风

c. 前帆

d. 正横

12
US 6

第五章

航行规则与导航工具

帆船运动之所以成为非常有意义的消遣，是因为它让人联想到自由。那还有什么东西能阻挡你摆脱缆绳的羁绊，驶向遥远的地平线呢？然而，即使离开了海岸，如果没有考虑脚下到远方的水域情况，你的航行依然可能会戛然而止。

你会在水面上遇到各式各样的船舶。只要遵守航行规则，你可以在世界上任何地方安全地应对这些相遇。

你需要时刻知道自己在地球上的准确位置，还要根据各种可预见的和不可预见的危险决定如何设定航线。

本章为你介绍航行规则和海图。认真学习和理解这两者后，你将明白你的船可以在哪里安全航行，且能合理考虑水面上的其他因素，让你能自信、从容地驾控帆船。

航行规则

不像普通公路和高速公路，海洋和河道没有固定的路线和指示标志告诉驾驶员该怎么走。只要有足够的深度令其漂浮，船就可以去往任何方向。显而易见，这就需要它们遵守规则以避免碰撞。

航行规则

在“公海”上往来于世界各地的船舶必须遵守《国际海上避碰规则》(*Prevention of Collision at Sea*，简称“72 COLREGS”，下文称《避碰规则》)。个别国家对内陆水域的规则可能会有所改动，《避碰规则》会在海图上标明分界线，以区分国际水域和内陆水域。

对于在美国内陆水域航行的船舶，适用美国内陆规则。《避碰规则》分界线跨越河口和港湾的入口，比如切萨皮克湾和旧金山湾就属于美国内陆水域。

在美国，国际规则和美国内陆规则一起公布在出版物《航行规则》(*Navigation Rules*)中，可在海事商店或互联网上购买。美国法律要求长度超过12米(40英尺)的船必须随船携带一份《航行规则》。《航行规则》从1到38编号。对于ASA103，最常用的规则是第1条到第19条，包括重要的定义以及“操舵和航行规则”，这几条在国际规则和美国内陆规则中是相同的。

直行船和让路船

当两艘船舶有可能彼此接近时，航行规则规定了哪一条船需要采取行动来避免碰撞风险。要求采取行动的船被称为让路船(give-way vessel)，另一条是直行船(stand-on vessel)。

正确的行动

如果你确认自己是让路船，规则16要求你对直行船“尽早采取大幅度行动，留出合适避让空间”给直行船。通常这需要做出一个足够明显能让直行船看到的足够大的转向。

如果你是直行船，规则17要求你保持你的航向和速度不变。然而，你仍要履行规则2要求的义务，有时又被称为“一般和审慎规则”，即如果让路船没有采取规则16要求的行动，你需要采取措施来避免碰撞。换句话说，你不能因为自己是直行船而有意识地造成碰撞。

当一个特殊事件吸引了一群水面上的观众时，每艘船上的每个船员都需要保持格外警觉的瞭望，注意周围所有船的行动。

规则 5：瞭望规则

与避免其他类型的麻烦一样，保持良好瞭望对于履行避碰义务的能力非常重要。规则5对此做了法律要求：

“每一艘船舶在任何时候都应使用视觉、听觉以及适合当时环境和情况的一切有效手段保持正规的瞭望，以便对局面和碰撞危险作出充分的估计。”

无论何时、何种原因，任何在甲板上的人都可以是瞭望员。即使是乘客也应做出贡献，尤其在帆船上，因为帆容易挡住工作中的船员很大一部分视野。

注意这条规则说“视觉和听觉”，这就表示你需要倾听，比如发动机的声音、其他船的声响信号或声音呼叫。

明确船的状态

规则12到规则15描述了不同的船舶交汇情形，并规定哪种情形下哪一艘船是直行船，哪一艘船是让路船。根据船舶的操控能力，规则18规定了一个"等级制度"，来判定其状态是让路船还是直行船。

对于帆船来说，这算得上近距离相遇了。

规则 12：帆船

除了追越（规则13）或船的相对机动性有问题的情况外，帆船有其特有的一套规则。（如今的商业捕鱼少有帆船参与，但是如果遇到了，要远远避开它们。）

当两艘帆船以不同舷受风交汇时，右舷受风船（风吹到船的右舷）是直行船，左舷受风船是让路船。

在这种情形下，左舷船应该通过迎风换舷、顺风偏转或减速来远远避开右舷船。执行规则16时（这也是基本礼貌），一定要尽早为直行船让路，这样直行船可以理解你的意图。

根据航行规则，船的主帆横杆位置决定哪舷受风。如果横杆在左舷，则为右舷受风船，哪怕是在意外顺风换舷的临界状态下。

小贴士　如果你是让路船，不要心存侥幸地试图抢先航过直行船的船头。只要有任何因素导致你减速，就有碰撞的风险。调转船头，从船尾绕过直行船，你们各自的航向就能够分开。

两艘同舷受风的船相互接近时，上风船是让路船。上风船大多数情况下会改变航向，从直行船的船尾通过。同样，要及早做出避让动作表明意图。

假如你是左舷受风，无法判断上风船的受风舷，你要及早采取行动避让。

当帆船的引擎挂挡工作时，则在航行规则中被认为是机动船，不再适用于规则12。

规则 13：追越

当一艘船追越另一艘船时，追越船必须给被追越的船让路。

不熟悉航行规则的人很常见的误解就是认为动力船一定要给帆船让路，但在追越情况下就不是（在其他一些情形下也不成立，后面将会看到）。根据规则13，帆船在追越机动船时必须给机动船让路。

如果船舶在另一艘船的船尾左或右正横后方22.5° 的范围内接近它，则被认为是在追越。

当你被追越时，遵照规则17保持航速和航向，直到追越船跑到你的前方。

追越规则同样适用于帆船（无机动力）相遇的情形。

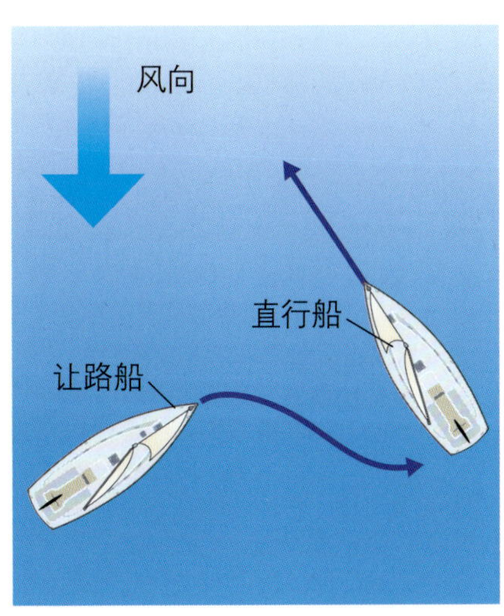

帆动力：左舷受风/右舷受风

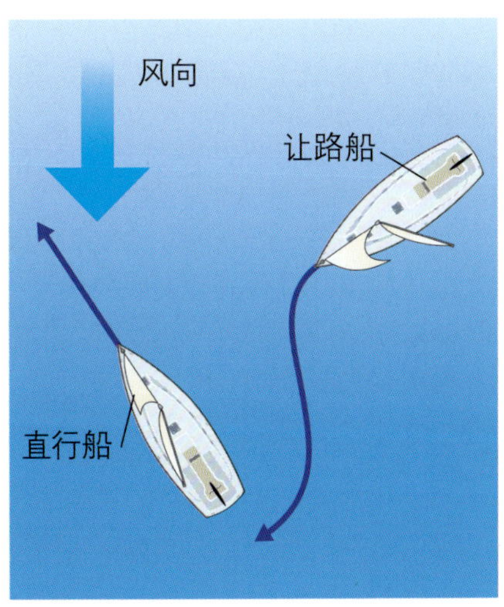

帆动力：下风船/上风船，同舷受风

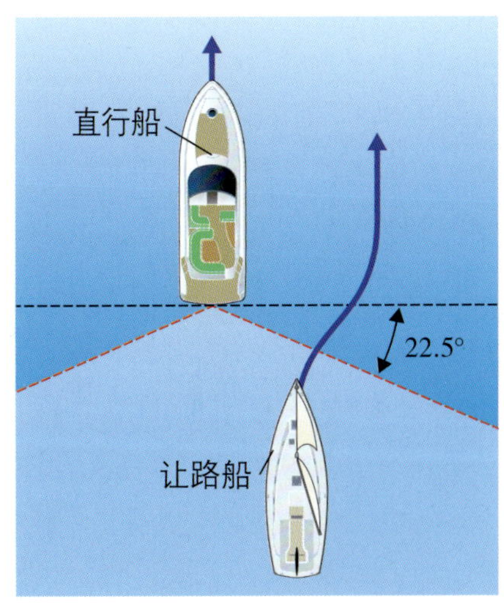

规则13：追越船要让路

规则 14：对遇情形

对遇情形是指两艘机动船以几乎相对的航向相遇。在这种情形下，规则要求两船都向右转，这样它们从对方左舷通过。

小贴士 在狭窄水道中，这意味着船是保持靠右或在水道右侧航行的，这一点在规则9狭水道中有单独说明。

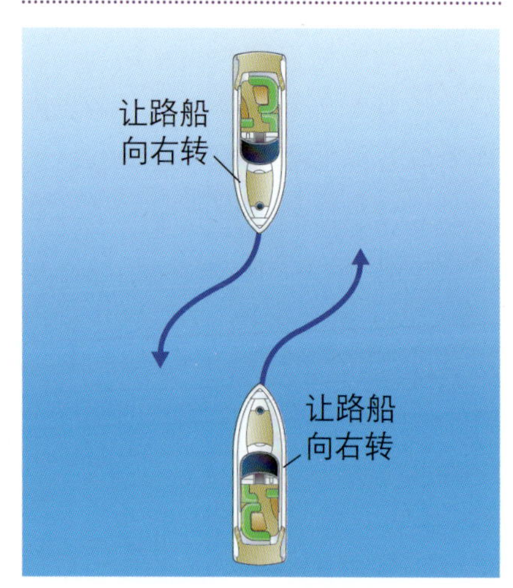

规则14：动力船对遇

规则 15：交叉相遇情形

如果两艘动力船既不是对遇也不是追越，就定义为交叉相遇。

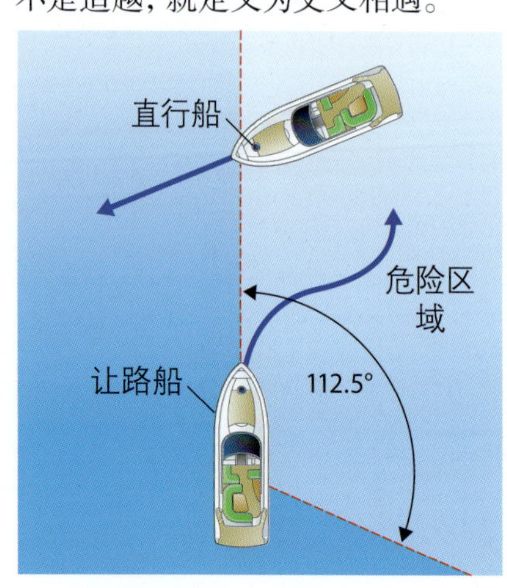

规则15：动力船交叉相遇

汽车运输轮船在标明的水道中航行时受吃水限制，而帆船不受限，因此帆船必须给轮船让路。

当两艘机动船交叉相遇时，如果他船在你的船右舷，那么你的船就是让路船。

这个规则非常简单，因为交叉相遇时，只有一艘船是在另一艘船的右侧。记住：你的帆船在发动引擎的那刻起就成了动力船。

划桨船舶

航行规则没有提到人力船舶，比如划艇和独木舟。由于它们非常脆弱，请谦让并尽量远远地避开它们。

规则 18：船舶之间的责任

本条规则阐明了帆船并不必然相对于其他水上船舶拥有路权。你需要保持敏锐的瞭望，不仅要识别其他船舶，还要判明他船正在做什么以及不能做什么。你可以理解为规则18建立了一个优先等级，其中可以自由移动的船舶需要为移动能力相对受限的船舶让路。下面列出船舶在遇到优先等级排在自己前边的船时需要让路。

1.失去控制的船舶 失去控制的船舶是指无法操纵的船舶，比如由于失去推动力或舵效。如果你看到"貌似"失去控制的船舶，远远避开它。

2.操纵能力受限船舶 规则3给出了特定的例子。它们包括连接到海底的船舶（比如疏浚船舶）、从事相关作业而无法"按照规则"进行移动的船舶。这些船舶必须在日间悬挂号型，夜间悬挂号灯来声明其状态。

很容易判断，你的中等尺寸的帆船通常被认为是移动能力良好的船舶，因此瞭望时要注意那些相对动作不太灵活的船舶。

例如，如果你看到了一艘拖船，一定要观察其后方——不止要看船尾，甚至要看到半英里开外的地方。拖船通常会拖着什么东西，有时可能是满载的油料驳船，它有足球场大小但是干舷很低。尽管拖船按照规则3不被认为是移动能力受限

规则9：狭水道

规则9要求：**"帆船或长度小于20米的船舶，不应阻碍任何其他在狭水道或航道以内安全航行的船舶通行。"**

如果你在有标识的水道中动力或帆动力航行，瞭望那些可能在水道中航行受限的大型船舶。即使在开放水域进行追越，追越船和被追越船都需要进行协调和交流。在有可能阻碍其他船舶通行的情况下不要穿过航道。

船舶，但是看到它后还是要尽量避开，哪怕你是直行船。拖船的船长会非常感谢你。

3.吃水受限船舶 规则18的该部分适用于规则9狭水道（见上页）中未特别指明的情形。该规则要求，即使在未标明航道的水域航行，你也必须想着周围的水深情况，如果遇到动力船，它可能会因为吃水限制而无法对你做出避让。

4.从事捕鱼的船舶 渔船可以通过船型和携带的渔具来辨别。缓慢移动的渔船可能正在拖带渔网。如果是这样，它应该显示日间号型（或夜间显示号灯），但即使它没有，也要避开它，尤其不要靠近其船尾，因为渔具可能非常靠近水面。

规则18并不认为拖着渔线的休闲钓鱼船是渔船，因为它还可以自由移动。

5.帆船 帆船必须给上文优先等级的所有船让路，所以瞭望时要注意它们。遇到其他帆船时，适用规则12。

6.机动船 不在上文目录中的机动船舶必须给上文优先等级的所有船舶让路。帆船在动力航行时，无论是否升帆，都被视为机动船。

小贴士 机动船给帆船让路的规则起源于蒸汽船和工作帆船一起分享大海的时代。作为休闲船舶，如果你在可能时尽量避开工作船，会赢得职业海员们的尊重。

安全区域

美国国土安全部在美国海军船舶附近设置了安全区域。任何船舶都不能靠近长度在100英尺以上的海军船舶100码（合91.44米）以内的范围。500码（合457.2米）范围内的船舶需保持最低速度并维持在一个安全航线上。

在一些地区，安全区域也适用于大型商业船舶和岸边易损建筑。因此，瞭望时注意警戒船和限制区

快速参考

当有碰撞风险时，无论风险有多小，你必须准备好采取适当的行动，并观察其他船可能采取行动的迹象。记住下列对规则的总结，你基本可以应对日间航行遇到的所有情况。

1.	受限制的 可移动的	直行 让路
2.	被追越船 追越船	直行 让路
3.	帆船 动力船	直行 让路
4.	右舷受风帆船 左舷受风帆船	直行 让路
5.	下风向帆船 上风向帆船 （同舷受风）	直行 让路
6.	对遇（动力船）	都向右转，左舷对左舷通过

请访问www.asa.com网站“sailing resources”部分，选择“textbook links”获得有关航行规则的信息。

这艘捕龙虾船正在拖曳捕虾笼，所以是“从事捕鱼”。了解你所在当地的渔船及其活动，这样就能预测相关船舶的行动。

域的浮标。

规则 10：分道通航制

在有大量船流聚集的地区，比如主要港口的进港区，采用分道通航制隔开通行方向相反的船舶，这就像海上的分道高速。航道在海图上用品红色虚线标出，隔离带用品红阴影标出。在一些地区，水上会用闪黄色光的黄色浮标来标示隔离带。

采用分道通航制的船舶必须在对应其航向的航道行驶。与世界上大部分地区的高速公路系统相同，船要靠右航行，并且速度慢的船舶应更靠近航道的右侧。

除非是穿越隔离带或紧急情况下避险，否则船舶不可以在隔离带内航行。

尽可能避免穿越分道通航区域，如果不可避免，规则10要求垂直穿越，或尽可能贴近垂直穿越，并尽快穿越（可能的话使用引擎）。不要造成分道通航的船舶改变航道。

如果是在沿岸区域航行，则不要求帆船和其他小型船舶使用分道通航制区域。事实上，你最好远离分道通航区域。如果不得不使用，使用相应的航道并遵守规则，就像在狭水道中一样——尽量靠航道右侧航行并且不要阻碍必须使用分道通航区域的船流。

小贴士 大型轮船速度快得惊人，并且需要很长的距离才能停船或变向。如果你发现附近有轮船，则小心紧盯，不要挡路。

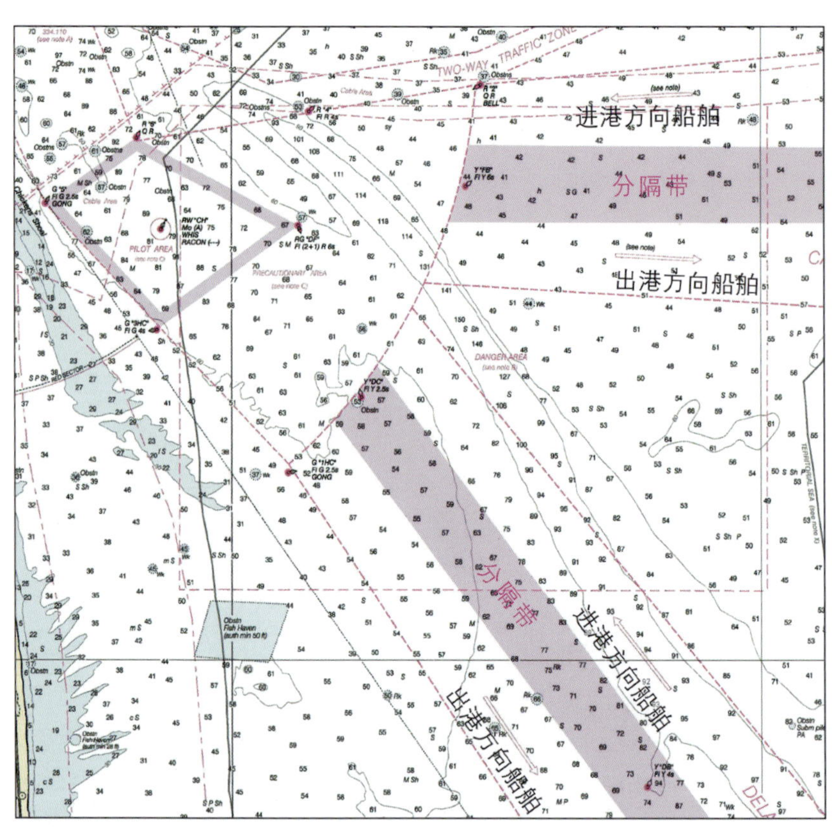

分道通航制在海图上用绛红色阴影表示分隔带，把入境船舶与出境船舶分开，把出现交叉相遇局面的概率降到最低。

帆船和轮船此时都是动力船，狭水道中对遇时，应该左舷对左舷通过对方。

操纵信号和警告信号

船舶在相互靠近航行时，如果能向对方告知其正在进行或将要进行的行动会非常有帮助。航行规则在规则34中规定了用于这些目的的信号，但是类似信号在国际水域和美国内陆水域使用时有不同含义。

危险信号

在国际水域和美国内陆水域，五短声信号都表示“我不清楚你的意图”。它经常用于大型船舶在移动空间有限的繁忙水域提醒小型船舶。如果你听到这个信号，提高警惕，并准备好采取行动。永远不要让你的船过于靠近轮船，不要让这个信号针对你。

行动信号

在国际水域和美国内陆水域，三短声表示“我正在向后推进”。这并不一定表示船正在后退，可能是试图停船。

按照国际规则，一短声表示“我正在转向右舷”，两短声表示“我正在转向左舷”。

按照美国内陆水域规则，这两个信号有完全不同的意义。

小贴士 号笛（whistle）起源于蒸汽笛——它的声音不像足球场上裁判的哨声。它可以是空气或蒸汽驱动，或者是电力驱动。在我们的帆船上，由气喇叭充当这个角色。口吹的号也同样有效。

意图信号

根据美国内陆水域规则，互相可见的机动船在相距半海里时，如若对遇、交叉相遇、追越，就应当发出汽笛信号用来表明意图。

一短声表示“我意图以我的左舷通过你”。

两短声表示“我意图以我的右舷通过你”。

信号针对的船舶必须做出回应。如果同意，用相同的信号回复。如果不同意，鸣五短声危险信号。

帆船不要求使用意图信号。然而，使用墨西哥湾或大西洋近岸水域航行的帆船大部分时间是动力航行，因此船员需要理解这些信号并正确回应。

一声笛和二声笛

大部分商业船舶使用VHF无线电的13频道进行“船对船”通信，他们在内陆水域航行时不要求使用一声笛和二声笛声音信号。在无线电频道上，他们会说简略语“我一”或“你二”，如果你不经常用，可能不明白。如果遇到这种情况，你可以请其他船长使用“走我左舷”等来表达。

图中的顶推船推着驳船前进，这种船舶组合情况在河口与河流内很常见。在开放水域，拖船会拖着驳船。

低能见度下航行

尽可能避免在低能见度下航行。在雾中航行时，更不容易看到前进方向和周围的船。如果遇到晨雾，或者天气预报有雾，则不要起航，等天气好转。时刻做好准备，以防天气出乎意料地变坏。

雷达反射器

玻璃钢船，即使带着金属桅杆，在雷达上的显示效果也不好，所以在桅顶上升起一个雷达反射器可以增加被其他配备雷达的船发现的概率。然而，你依然要依靠声音信号和敏锐的瞭望。在能见度低的情况下，永远不要假定其他船已经看到你了。

预知天气

通常，雾和霾，甚至大雨，都不会毫无预兆地降临。尽管这些天气会来得很快，但是通常会有预兆。在能见度恶化之前，赶紧利用你的工具找到自己的位置，计算好航线，驶向安全的地方。

小贴士 暖湿空气和冷水相遇而形成的海雾通常在很远的距离就能看到，就像海面上盖了一层棉花毯。如果你无法避开，在进入之前要确保清楚自己的位置和想要去的方向。

视觉和声响

在失去能见度之前，用你的眼睛、海图和导航工具确定自己的位置。同样，试着记下其他船的位置和航线，这样它们在雾中出现时就不会吓你一跳。

当昏暗降临时，保持敏锐的瞭望，以安全速度航行，发出航行规则规定的声响信号，并留意倾听来自其他船的信号。

声响信号

航行规则不强制要求长度在12米（40英尺）以下的船舶发出大型船舶必须发的信号。然而，规则35（g）要求其在不超过2分钟的间隔内发出其他有效声响信号。

这就是安全设备中气喇叭的用处。

帆船要求发出一长声两短声，重复间隔不能超过2分钟。这与第74～75页优先等级表中除机动船之外的船舶所发出的信号相同。

航行中的机动船必须发出一长声，重复间隔不超过2分钟。

如果风很小，你选择用引擎，以便在避让时有速度和机动性，这时你船就属于机动船，并需要发出相应信号。

倾听

在雾中，人最灵敏的感觉是听觉。声音可以穿过浓雾，除了其他船的声音信号，你还能听到浮标的号角、号钟和号锣声。因此，有风时驾帆比开引擎更有优势。如果你选择开引擎航行，则指派一个人在船头倾听，以避免被引擎的声音干扰。

在低能见度下，使用所有的感觉——视觉、听觉，甚至嗅觉——来确定自己的位置和可能遇到的情况。

安全速度

航行规则中的规则6要求每艘船舶都应时刻以安全速度航行。要想判断何为安全速度，船舶要考虑到能见度、航道繁忙程度和类型、“采取适当和有效行动”所需的时间和空间。

开引擎航行时，转下舵轮就可以改变航向。帆船的转向操控则需要更多时间。

如果所有人各司其职，迎风换舷可以迅速进行，但是顺风换舷就没这么简单了。

尽管顺风换舷不是优先选项，但有时不得不这样做，尤其是在能见度低的情况下。安全速度就取决于从你决定顺风换舷，到完成换舷并转到新航线上所需的距离。

航行速度越快，所需要的提前预警半径就越大。如果速度是6节，从你决定顺风换舷到换舷结束可能需要2分钟，驶过距离可能有1/4海里。但你有1/4海里的能见度吗？

号灯

航行规则要求船舶在日落与日出之间和低能见度的情况下显示号灯。尽管你不会在ASA103中进行夜航，但是你很有可能遇到能见度不良的情况，比如大雨、大雾，或者没有风导致你不得不夜间航行。因此，你需要知道要展示哪种号灯，并且读懂周围其他船的号灯。

颜色和角度

航行规则规定了号灯的颜色和在不同船舶上的布置。号灯含有船舶类型、尺寸和所从事活动（如拖船）的信息。规定发光角度可以让一艘船上的船员仅通过号灯来判断另一艘船的相对航向。

注意 下面列出的号灯需要在日落之后、日出之前以及低能见度的情况下显示。

舷灯

所有航行中的船舶需要在左舷展示红灯、右舷展示绿灯，统称为舷灯（sidelight）。每个舷灯的能见弧度是112.5°——从船头到正横后方22.5°。如果你还记得规则15（参考第74页），可以想象出，在交叉相遇的情形下，能看到对方红色舷灯的船是让路船。

艉灯

所有航行中的船舶必须展示一盏白色艉灯（stern light）。它的能见弧度是135°——从右舷正横后方22.5°一直到左舷正横后方22.5°。艉灯的这个能见弧度正好等于追越情形定义的追越区域。

长度在65英尺（20米）以下的帆船可以在桅顶携带一盏舷灯和艉灯的集成灯。

桅顶灯

航行中的机动船舶必须有一盏白色的桅顶灯（masthead light），能见弧度为左右舷灯的角度之和。长度超过164英尺（50米）的机动船舶必须能展示两盏桅顶灯，后边的要高于前边的。

为与动力船区分，帆船不需要展示桅顶灯。然而，在动力航行时，帆船则必须展示桅顶灯。桅顶灯有时称为蒸汽灯，通常安装在桅杆前侧1/2高度位置。

注意 长度在23英尺（7米）以下的帆船不要求携带上述号灯（但是推荐携带）。未装有号灯的船必须带一只手电筒照亮帆。当船在动力航行时，必须展示动力船舶所要求的号灯。

锚灯

锚泊船舶要求在最可见位置展示“环照白灯”。很多帆船在桅顶安装了一盏锚灯，从技术上讲满足了规定，但是挂在桅杆和前支索之间的专用锚灯更容易被驶过锚地的船看到。

在日出和日落之间，锚泊的船舶都被要求在船的前部悬挂一个号型——黑色球。

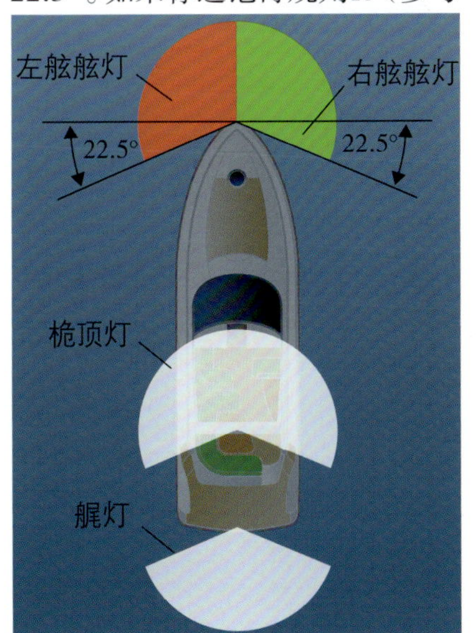

长度小于50米的机动船应当展示图片中所示的号灯。使用船帆航行的船舶不用展示桅顶灯。

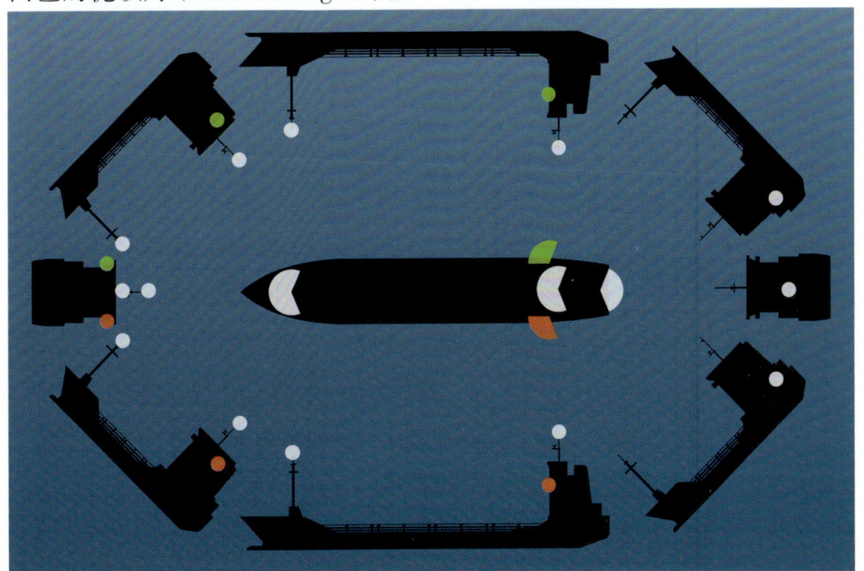

船舶的号灯会在不同的角度显示不同的模式，显示出这条船相对于我船的船首向。旋转上面的图片，可以看到长度在50米以上的船舶在不同视角下的灯光模式。

助航标志

有经验的导航员无须任何船外的辅助，只需正确的海图和作图工具就可以穿越任何曲折的水域。在浅水区域，找到并航行在适航水域需要非常精确的导航，所需的领航技能需要多年才能掌握。但是，安全的导航对于商业很重要，因此政府提供了助航标志（adis to navigation）来帮助所有船舶。

侧面标志系统

大部分美国助航系统（USATONS）由侧面标志——航道两侧的浮标和立标组成，表示适航水域的界限。（灯塔及某些用于确定船舶位置的固定标志，不属于侧面标志系统。）

浮标和立标

浮标（buoys）浮在水上并锚定在水底。立标（beacons）是固定在水体底床上的固定结构，但有时也安装在岸上。在美国助航系统中，红色浮标和红色立标标示船舶由海洋或开放水域进入航道时的航道右侧。它们用偶数编号，并且编号随着深入内陆而增加。

绿色浮标和绿色立标标示进入内陆时的航道左侧，用奇数编号。

浮标和立标还通过它们的形状来加以区分。

无灯红色浮标是圆柱形的，并且带有一个圆锥形的顶部，被称为锥形浮标（nun）。

红色立标是红色三角形。

无灯绿色浮标是圆柱形的，被称为罐形浮标（can）。

绿色立标是绿色正方形。

一些浮标和立标有对应颜色的灯。红色和绿色带灯浮标不是根据它们的形状来区分，因为它们的外形与无灯浮标明显不同。

这艘船朝着出海的方向行驶，以右舷通过绿色侧标。岸上的灯塔虽然不是侧面标志，但是可以帮助导航者确定自己的位置。

管制标志

信息和管制标志是带有橙色条纹的圆柱形浮筒，条纹之间是下列四个形状之一：

菱形警示此地有危险。中间带十字的菱形表示禁区（船不能驶入）。

圆圈表示操作限制区域，比如限速或不能有尾流。

矩形用来显示信息，如方向和距离。

（危险）

（限制区域）

（禁区）

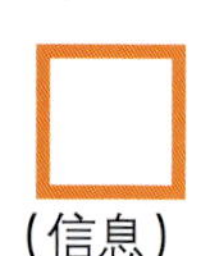

（信息）

小贴士 要想搞清楚浮标或立标的左右位置，请记红–右–回（red-right-return）。从海上回港时，或沿着河流或河湾向上游航行时，红色标志应当在你船的右侧。

当航道分叉或与另一条航道交汇时，在航道的分叉处或交汇处会用一个带红绿相间水平色带的浮标（称为推荐航道标）来标识。顶部和底部的色带及其浮标灯（如果有的话）表示哪边是标出的推荐航道。

小贴士 海图上显示了助航标志的位置和特征——颜色、编号、形状、灯光等。1号海图（见82页）解释了这些助航标志的记号。

IALA A区和IALA B区

世界上有两套侧面标志系统。北美属于IALA B区，采用“红–右–回”原则。世界上还有许多国家和地区属于IALA A区，除其他区别外，红色浮标表示航道左侧。（IALA是国际航标协会。）

锥形浮标，带黄色ICW三角

罐形浮标，带黄色ICW方块

绿色发光立标，带黄色ICW三角

推荐航道标，位于推荐航道的红标一侧

红色日间立标

绿色日间立标

红色带灯昼标

推荐航道标，位于推荐航道的绿标一侧

绿色发光浮标

红色发光浮标

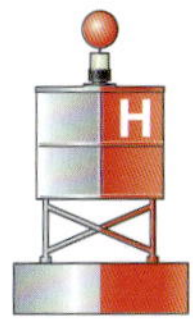

安全水域浮标，任意侧通过

近岸内航道：新泽西—墨西哥

备用航道

推荐航道

图片描绘的助航标志只是美国水域中众多侧面标志的几种。尤其要注意航道汇合或分叉处浮标或立标的编号。从开放水域进入航道时，记住“red-right-return”和不断增加的数字，偶数在红色助航标志上，奇数在绿色助航标志上。

近岸内航道

近岸内航道（ICW）提供了沿大西洋海岸和墨西哥湾海岸（新泽西—墨西哥边境）的一大片内陆受保护适航水域。大部分航段沿河流和河湾分布，并且共享侧标系统中的浮标。这些共享浮标用黄色方块或黄色三角来标示它们的ICW含义。

在很多地方，ICW航道沿着一条河顺流而下，而到了下一条河又变成逆流而上，所以黄色三角和黄色方块会分别出现在绿色浮标或红色浮标上。当从新泽西到得克萨斯方向旅行时，标有黄色三角的浮标应位于右舷；标有黄色方块的浮标应位于左舷。

海图

一些人对地图很着迷，在出门之前都会研究好几个小时；有些人则喜欢边走边问路。后一种人在水上是走不了多远的。要想在水上安全地到达某个地方，你必须知道周围水上和水下的情况。同时，由于你看不到水下的情况，你需要有一张地图来告诉你水下是什么。这张地图就是海图，它还提供了大量对安全航行很重要的信息。

1号海图

每张地图都需要一个图例来解释所有符号和标记的含义。海图上所需的图例占的空间比海图还要大，所以图例都是单独出版的。

美国水域的海图由美国国家海洋和大气管理局（National Oceanographic and Atmospheric Administration，NOAA）出版。NOAA 1号海图说明和解释了NOAA海图上所有的符号和标记，每一个踏实认真的水手都应当拥有一份1号海图或其电子版。其他国家出版海图的机构也有类似出版物。

海图资源

NOAA海图可以从授权零售商处买到，比如海事商店或专业书店。一些专营店可以“按需打印”，这可以保证你买的海图上的信息是最新修订的。

同时，最新修订的海图可以在NOAA网站上以电子形式下载，可以下载到电脑上查看。

NOAA提供的信息同样可用于商业，可以重新打包成其他形式，这包括书中的地图或用于电子导航仪器的电子海图。海图册更适合巡航帆船，一般还包含其他补充信息。

海图的方向

海图和大部分地图一样，通常用上北下南表示方向。在海图两侧边，你可以看到纬度分度；在海图上下边，你可以看到经度分度。

海图基准

任何地理位置、高度或水深，要想具有意义，都必须有一个参考基准。在数百年的历史中，海图由数十个海洋国家各自编写，每个国家都有自己的参考基准点，即基准（datum）。经度零点也是直到1884年才全球统一。

NOAA采用国际通用的WGS 84基准来标示地理位置。

水手更关心的是水深（sounding）的基准。它印在海图上，一般是平均最低低潮面（Mean Lower Low Water）。这意味着海图上的深度是某次非常低的低潮时的深度，这基本上是你在该点所能遇到的最低深度，除非遇到一个特别低的低潮。

小贴士 海图上印刷的深度反映了测量时的深度，测量时间可能是在20年前甚至100年前。在海床移动的地方，比如水浅多沙的地区，风、潮、淤积和侵蚀都会改变深度。因此，对于深度，我们要持怀疑态度。

海图注释

海图上往往会有许多注释，比如“受限制的区域，见注释A”。一定要看一下注释，这也许会影响你的航行计划。

海图符号

要想完整地理解海图符号，你需要一份1号海图，下面只是一些海图细节的入门示例。一定要阅读海图标题框内的注释和底部边线注释，因为它们提供了关于海图比例尺、基准、深度单位和最新修订日期等信息。

被防冲乱石环绕的灯

R Bn 三角形立标

G Bn 方形立标

标准海图上的发光航标

灯塔、灯柱

R “2” 右侧浮标（从海到陆，美国水域）

“1” 左侧浮标（从海到陆，美国水域）

危险沉船，深度未知

淹没沉船，对水面航行无危险

沉船，船体或上层建筑部分露出海图基准面

人工渔礁

海底电缆

S 沙子 *M* 淤泥 *G* 砾石

Rk; rky 礁石

Gravel 有石头、砾石或卵石的区域

Rock 礁石区域，干出礁

⊙R TR 无线电塔 ⊙TV TR 电视塔

⊙STANDPIPE 公用水管 ⊙CUPOLA 圆顶建筑

⊙SPIRE 尖顶建筑 ⊙WTR TWR 水塔

⊙CHIMNEY 烟囱

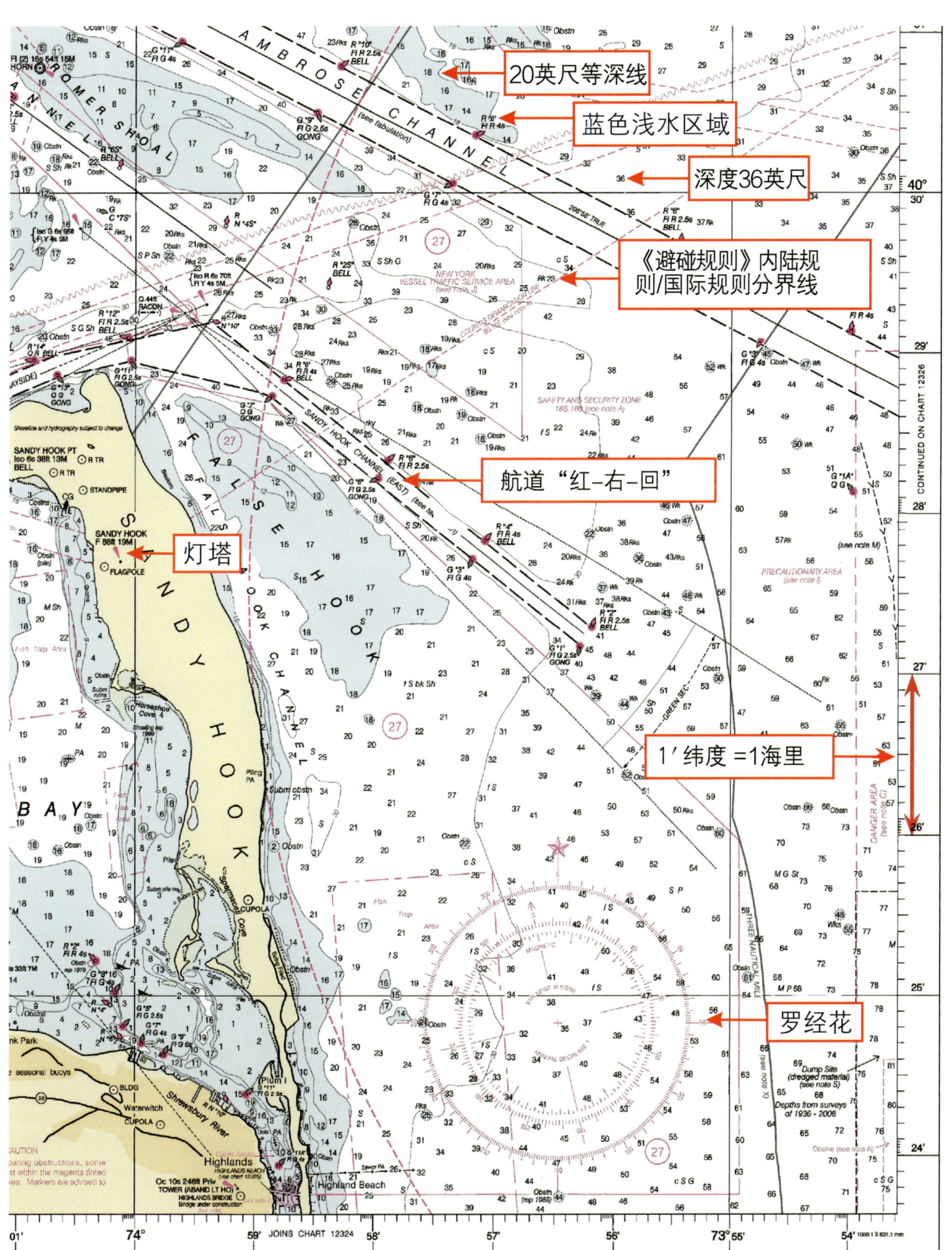

NOAA海图的一角显示出这些出版物提供了多么丰富的信息。水手不带这样一份海图进入纽约港可能会不知所措。

船用罗经

英国诗人约翰·梅斯菲尔德(John Masefield)只想要一艘高帆船和一颗用于导航的星星，但他没有告诉我们白天他靠什么辨别方位。在可以看到陆地的范围内，水手当然可以用陆标来导航和保持稳定的方向，前提是没有水流把你向一侧推。如果没有星星和陆地标志，水手最好的朋友是船上罗经，即使有，水手的最佳拍档仍是船用罗经。

罗经术语

地球被磁场环绕，磁场方向大致上与地球的北极和南极平行。悬挂在细绳上或者浮在水上的磁铁会与地球磁场平行。磁铁的北极指向地磁北极。

船上罗经也靠同样的原理工作，而且已经演变成即使在最恶劣海况下也可正常工作的复杂仪表。

船用罗经的磁针安装到一个盘片上，称为罗经标度盘(compass card)。大多数现代罗经标度盘刻度单位是度。你可以看到用罗经点作为刻度的或二者兼用的老式罗经。

罗经标度盘用一个轴承支撑，可以在罗经碗中自由转动，并且加上特殊的油来缓和罗经盘的运动。磁针，或者罗经标度盘会永远指向磁北(基本接近，参考下页的自差)。

罗经碗前部有一个标记，称为船首基线(lubber' s line)。船首基线和罗经标度盘的中心所连成的直线与船体中心线对齐(如果罗经在船的一侧，则与船体中心线平行)。对齐船首基线的罗经标度度数表示当前船头正对的方向，或称为船首向(heading)。要想让船沿着罗经航线航行，舵手需要尽量使船首基线与航向对应的度数对齐。

小贴士 磁体、任何含铁的东西(除了特定几种高级不锈钢)和电流都会影响罗经。距离罗经1英尺的手机可以让罗经刻度盘偏差20°。因此，应避免把可能影响罗经的物品放在罗经周围3英尺范围内，这包括手电筒、水手刀和便携无线电话——都是一些在驾驶舱内触手可及的物品。

罗经点

现代标度盘上标注的是度数，但是在20世纪之前，许多水手要“依次背诵”标度盘上用来表示方向的32个罗经点(point of the compass)。

4个基点(cardinal point)是N(北)、E(东)、S(南)、W(西)，相邻两个基点之间相距90°。平分相邻两个基点的角度，得到4个隅点(semi-cardinal points)：NE(东北)、SE(东南)、SW(西南)、NW(西北)。如果想知道其他的点，可以去问童子军。

你听天气预报时常常会听到他们使用基点和隅点来描述风向：北风、西风、西南风、东北风。

风从哪个方向吹来，我们就用哪个方向命名风。北风是从北方吹来的。这种命名习惯源自古代地中海文化，那时候的水手就是根据风的源头(如山区或者黎凡特地区)来给风起名字的，这其中还暗示了风的特点：南风带雨、西风温和、东北风寒冷。他们还把各种风画出来，画得有点像花瓣——这些图案已经融入标度盘的设计之中。

古典罗经标度盘显示有罗经点和数字。

很多现代罗经标度盘上只有数字。在这个罗经上，船首基线对应的是340°。

罗经和海图

在罗经出现之前，水手看不到陆地时，会使用各种方法来找到自己的航行方向。在夜间，比如约翰·梅斯菲尔德，会用星星。但是星星并不可靠，因为它们会在天空中移动。罗经的指向相对稳定，因此海图上印有罗经标度盘，以便水手找到航向。

罗经花

每张海图上面都印刷着罗经花（compass rose）。通常，它由两个同心圆构成，均标有刻度并且标注有N（北）、E（东）、S（南）、W（西）。外圈的N指向真北（也就是海图的上北下南）。内圈对应海图区域的当地磁差（magnet variation）方向，因此较真北偏差几度。

磁差

罗经指向的地磁北极并不是地理北极。磁北和真北的偏差称为磁差（magnet variation）。磁差在地球表面不同位置差异很大。地磁北极还会随着时间移动，因此某个地点的磁差会随时间变化。磁差变化的方向和度数标记在罗经花上。

小贴士 如果进阶到ASA105课程沿岸导航，你会掌握磁航向和真航向及其换算。对于现在的级别，海图罗经花上重要的部分是内圈的磁方向，它对应着船用罗经实际指示的方向。

自差

磁场不是一成不变的，罗经中的磁针会受任何含铁的物品或电子设备（如引擎）产生的磁场干扰。罗经可以通过调整抵消大部分固定干扰，剩下的不能抵消部分就是自差（deviation），可以通过罗经校正（swing the compass）来标注在自差表（deviation card）上。自差应该被计入操舵航向，但这属于ASA105的内容。

每艘船的自差都不同。船用罗经如果未校正和调整，或未参考自差表，会造成严重的误导。

绘制航线

在纸质海图上作业时，你需要铅笔、圆规和平行尺（见下图）。

① 在海图上，找到两个点（浮标是很好的例子）*A*和*B*，然后用手指在*A*、*B*之间描一条直线。

② 如果这条路线上没有障碍，用平行尺和铅笔在*A*、*B*之间画出直线。

③ 牢牢按住平行尺的一边（它依然贴合刚才画的线），然后移动平行尺的另外一边直到正好穿过罗经花的中心点。

④ 沿这条边画一条直线，使这条线过罗经花的中心且与内圈罗经花的两边相交。

⑤ 从罗经花中心，沿着代表从*A*到*B*的方向，记下它与罗经花内圈相交的度数。假如这个度数是295°，那么从*A*到*B*的航线是磁航向295°。（罗经花内圈上与它相反方向度数115°表示由*B*到*A*的磁航向。）

不考虑自差，这就是从*A*到*B*的罗经航向。在现阶段，我们假设自差可以忽略。

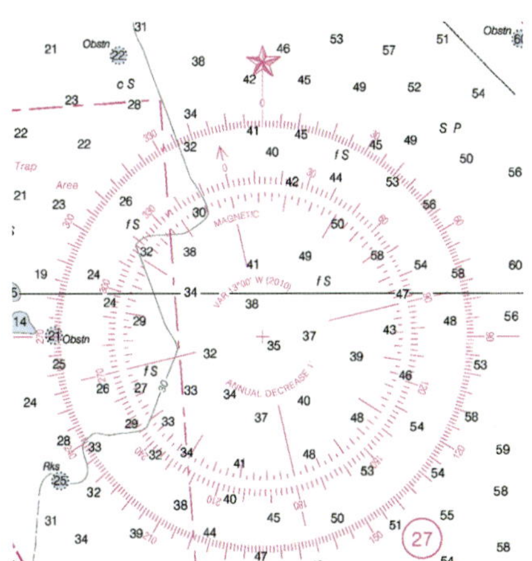

罗经花外圈的N表示真北，内圈表示磁北。两者之间的偏差，也就是当地的磁差，印刷在罗经花中间（VAR 13° W：磁差13° 西）。

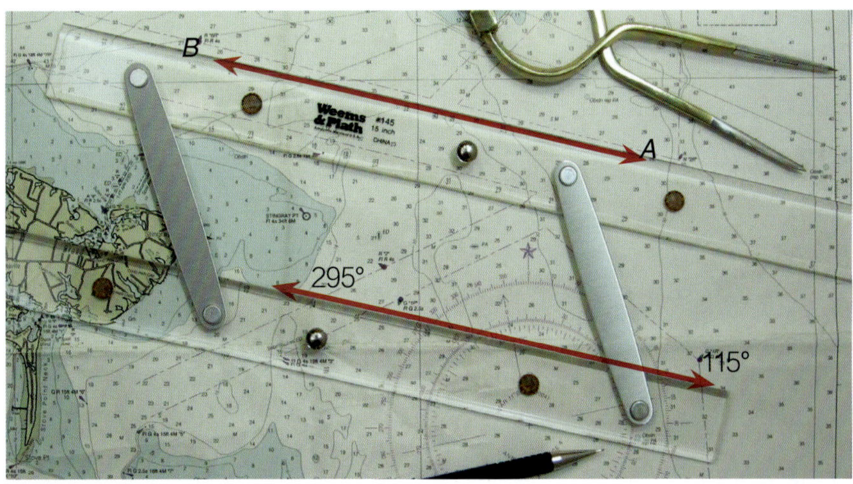

将平行尺贴合预设航线，然后移动到内圈查找磁航向。再利用圆规以及海图边上的纬度刻度，测算距离。

距离、速度和时间

沿着罗经航向驶向目的地，但是需要用多少时间呢？如果把航线定在一个浮标上，即使在晴朗天气下，你在2海里之内才能勉强看到浮标。你需要知道何时它会进入你的视野。

用你的ASA Log Book来记录你的航行经历和已经认证的级别。

距离

绘制一条连接目的地的安全航线之后，下一步是测量你要航行的距离。

把圆规的两端分别放在*A*点和*B*点，然后把圆规移到海图边的纬度刻度上，计算一下圆规两端之间的纬度是几分，就知道是几海里。

海里

1海里就相当于1′ 纬度，1° 纬度就相当于60海里。在地表任何地方，1′ 纬度的长度都是相同的。离开赤道越往北（或越往南），1′ 经度的长度就越短。航行时测量距离请借助海图两侧的纬度刻度。

速度

你现在知道了从*A*到*B*的距离，再根据船型和风力、风向来估算速度。根据你的经验来估计船在预期条件下的速度，然后航行中根据实际情况修正。

速度、距离和时间

当已知速度、距离、时间三个参数当中的两个时，你可以用下列公式计算出剩下的那个：

时间=距离÷速度
速度=距离÷时间
距离=速度×时间

时间

用距离（海里）除以估计的速度（节）就得出你从*A*到*B*会花费多少时间（时）。根据你的出发时间，就能得出你的预计到达时间（Estimated Time of Arrival，ETA）。

小贴士 在计划巡航时，预计到达时间非常重要。用最好的情况和最坏的情况（考虑天气的变化）分别计算预计到达时间，并且准备好在情况发展到你不能轻松应对时改变计划（比如天黑了）。

现在你已经有了航线、距离和预计航行时间，把这些信息找地方记下来，以便于本次航行直接使用并在下次航行时作为参照。记录这些信息，以及其他有关船和航行信息的地方就是航海日志（ship' s log）。

航海日志

卡车司机有记录自己旅行的日志——路上时间、里程、货物、重量和购买的燃料——计算机也有活动日志。

Log这个单词起源于大航海时代，原意是木头。以前航行的时候，把木头从船头扔下，并计算它要多久到达船尾，以此计算船速。这些数据都被记录下来，人们以此估算航行距离。其他关于船舶状况、天气、海况的信息，也记录在这本日志上，慢慢地，手册就变成了航海官方文件。

很多巡航帆船的船长出于同样原因记录航海日志。它是关于船、船员、装备、当前航行、引擎保养与维修记录等重要信息的汇总库。

航行时，你可能会写下每个小时船的位置、速度、航向和天气条件，也可能会添加其他有意思的事情，比如海洋生物或你观测到的其他船。

除了随船的航海日志外，很多水手还记录个人使用和纪念用的日志。这样一本日志，如果经由船长签字，可以作为你海上资历的一部分，在申请海员执照时可以用得上，也会成为生活轨迹的珍贵留念。

ASA LOG BOOK是你参加ASA课程的官方进度记录，是你帆船生涯履历的重要部分。作为ASA会员，你可以在网上获得这份记录，这在你租船时很有价值。

电子导航

上千年来，水手几乎完全依靠眼睛和海图、海岸线草图和天体运行表来导航。他们研究周围所有的事物——大海、陆地、天空、生物——并用这些观测来引导他们的旅行。他们时刻敏锐觉察周围的一切，并用视觉、嗅觉和听觉来探察周围可能发生的危险。

全球定位系统

今天，导航者可以使用种类繁多的电子装置来获得所有的信息，包括船速、正在接近的船的名字，但是全球定位系统（GPS）第一次真正地把艰难学习才能掌握的导航技术，变成了一款手机应用。

位置

GPS接收机通过处理来自轨道卫星的一系列信号来计算所处的三维坐标。精度可以达到英尺。

在简单模式下，船上GPS可以用经纬度显示船的位置。借助海图边上的经纬刻度，你可以把当前位置画到海图上，看看自己是否航行在正确位置上。然后按照之前讲过的基本方法，你可以画一条从当前位置到下一位置的航线。

航路点（waypoint）

在告诉客人你家怎么走时，可能会说看到白色的教堂向右拐，在红色谷仓处左拐。在导航语言中，上述教堂和谷仓都是航路点——能够让你

用于海事的手持GPS对于知道如何导航的水手来说非常便利。

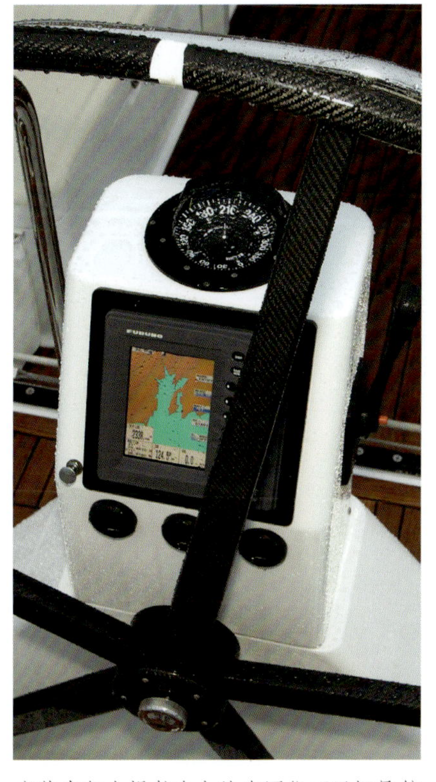

安装在船上操舵台上的海图仪可以把导航信息呈现在舵手眼前。

测算航程或提醒你改变航向的地方。

你可以在GPS中输入地球表面任何一个地点的经纬度。这也是一个航路点，可以保存和命名。

当你要驶向某航路点时，GPS设备就会以它自身的位置为起点，显示出距离和方位——如果是手持设备，那么起点就是你的手。

路线

你可以把GPS中的一系列航路点串起来组成路线（route）。不再是教堂和谷仓，而是适航水域中某一点，也可能是一个助航浮标。当你调用GPS中的路线时，它会显示到达第一个航路点的距离和方位。当你接近航路点时，它会发出警告。当你通过后，它会显示到达下一个航路点的距离和方位。

小贴士 船用GPS和车载GPS不同，它不会指引你转弯。你需要自己在起点和终点之间找到中间点，并确保各中间点之间没有障碍物——比如岛屿。

海图仪

海图仪（chart plotter）在屏幕上显示一张电子海图，并从GPS接收器中获取数据在海图上定位。

你可以缩放海图，大比例尺显示小范围，小比例尺显示大范围。

海图仪的屏幕越小，显示的海图细节越少。尤其是小比例尺，这意味着屏显省略了很多重要信息。在执行某条航线之前，要沿整条航线放大查看是否有危险物。更好的做法是把航线绘在一张大比例尺纸质海图上，它显示的关键细节更多。

从基础学起

先学会使用纸质海图、绘图工具（圆规和平行尺）导航的相关步骤，再依据你的观察和仪表（比如深度计和速度表）数据，把这些原理安全、有效地应用到电子导航仪器中。

Kickn' Ash
HUNTER
33

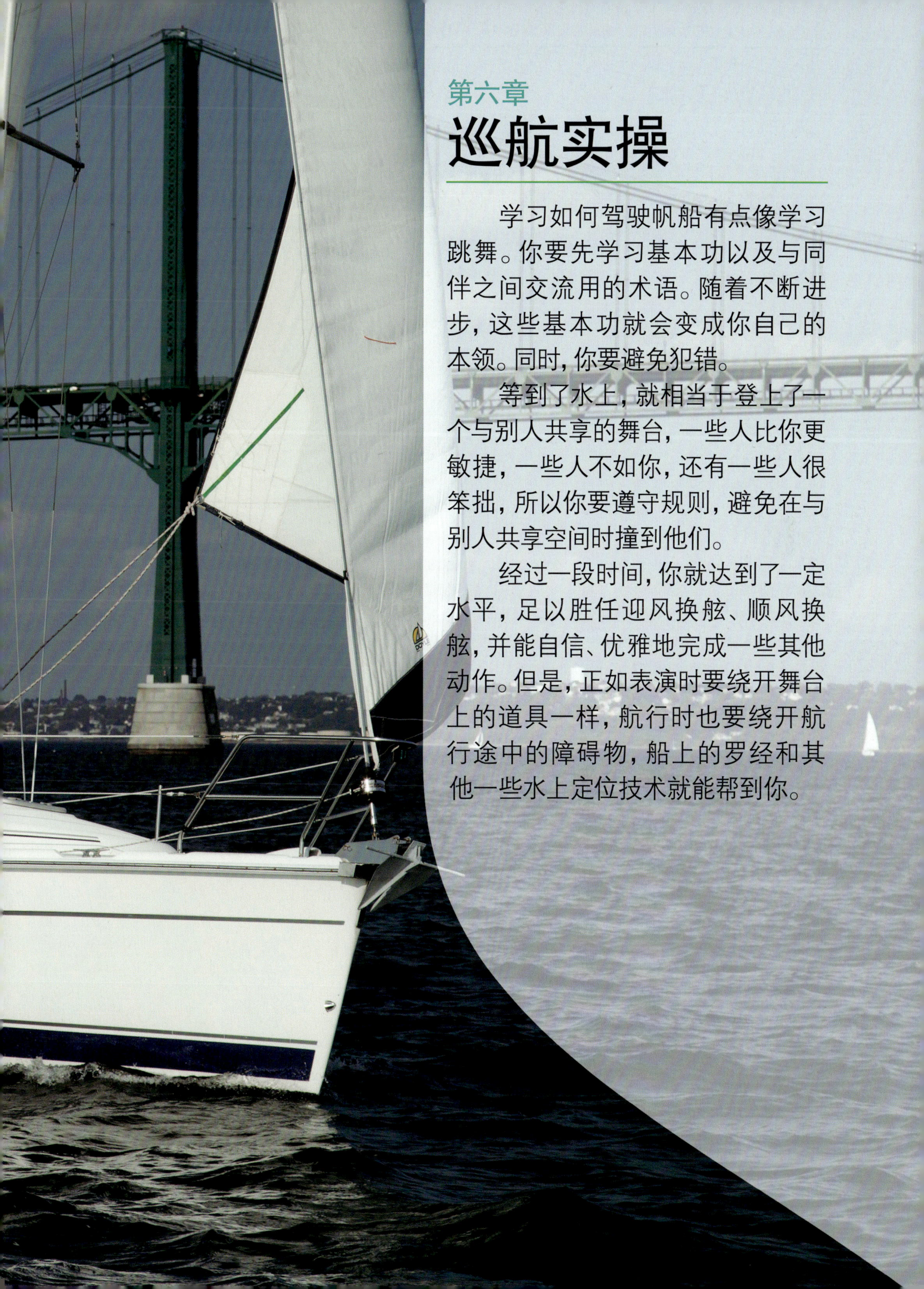

第六章

巡航实操

学习如何驾驶帆船有点像学习跳舞。你要先学习基本功以及与同伴之间交流用的术语。随着不断进步，这些基本功就会变成你自己的本领。同时，你要避免犯错。

等到了水上，就相当于登上了一个与别人共享的舞台，一些人比你更敏捷，一些人不如你，还有一些人很笨拙，所以你要遵守规则，避免在与别人共享空间时撞到他们。

经过一段时间，你就达到了一定水平，足以胜任迎风换舷、顺风换舷，并能自信、优雅地完成一些其他动作。但是，正如表演时要绕开舞台上的道具一样，航行时也要绕开航行途中的障碍物，船上的罗经和其他一些水上定位技术就能帮到你。

罗经的用法

茫茫大海只能看到海天一线，没有任何参考点，保持稳定的航线是一门技术。通过练习，你可以让船与风或浪的方向保持一个固定夹角，或者将移动缓慢的云朵作为"天空上的路标"。但要判断船头对准的是哪个方位，你最需要的是罗经。

罗经和操舵

在第五章，我们学习了罗经的工作原理、罗经刻度盘上数字和字母的含义，以及如何在海图上绘制一条罗经航线。下一步是以船用罗经为参照，沿着航线航行。

行驶罗经航线

我们先从动力航行开始，这样改变航线时就不需要调帆。把船带到一片开阔水域，练习动作时不要挡到其他船的路。在驶向开阔水域的路上，观察罗经标度盘如何随着方向的改变而转动。

实际上，罗经标度盘并没有转动，它的磁性使其方位始终与地球磁场方向一致。看起来转动是因为船首基线固定在罗经外壳上，因此也固定在船上，船体自身转向时带动船首基线绕着罗经标度盘转动。

操舵练习

选取一个固定点、一个陆上标志或助航标志，并操舵驶向它。观察罗经并记下罗经标度盘上与船首基线对齐的数字。

把船首基线想象成船头。与船首基线对齐的方位角——N、30°、60°、90°等，即船头当前的指向，称为船首向（heading）。

稍微转动船头。在船头转动的时候，船首基线会同时在罗经标度盘上转动。转回来重新对准目标，记下船首向。

在行驶稳定的航线时，将船首与目标对齐，反复观察罗经和目标。这有助于你把船首基线的运动和船的运动联系到一起。

在有人保持瞭望的情况下，让一名船员站在你的面前挡住目标。

试着保持船首向。舵轮稍稍转动，一会儿偏左，一会儿偏右，观察船首基线在罗经标度盘上的活动幅度。

罗经接龙游戏——趣味练习

让一名船员告诉你操舵航向，比如045°（NE）。当把船稳定在045°之后，问船员下一个航向。如果下一个航向是210°，你就需要在罗经标度盘上找到它，然后想一下向哪个方向转才能最快转到这个航向上。在这种情况下，你应该向右转。如果向左转，需要转195°才能到达，而向右只需转165°。

缓缓转向，并在到达新航向之前回正舵。

在动力航行下反复练习这个转向，以便在驾帆练习之前先找到感觉。记住要指派一人瞭望，使舵手能集中精力操舵。

小贴士 避免歪歪扭扭的航迹，请参考舵轮上面（贴胶带的）正舵位置，转舵时动作幅度要尽量小。

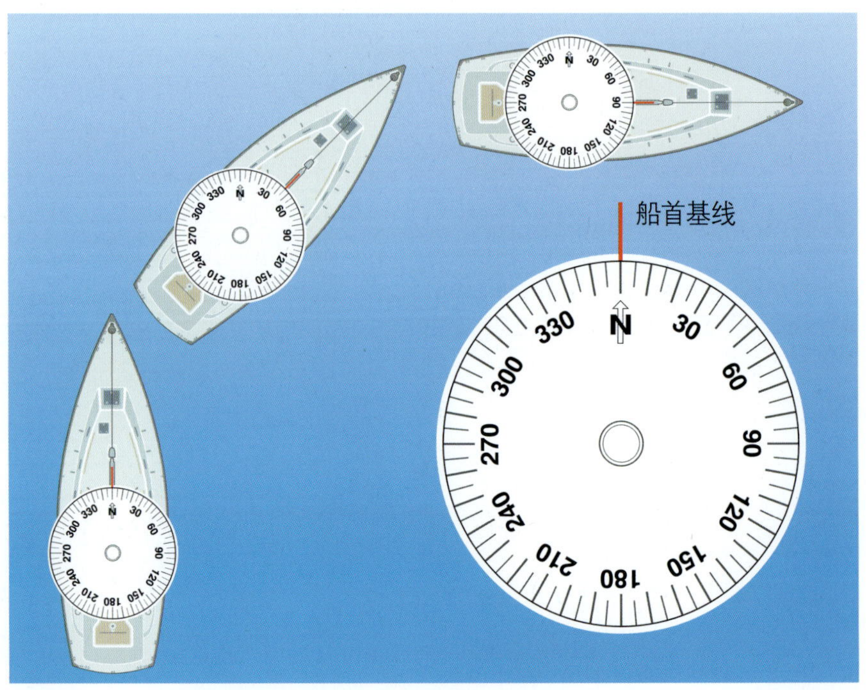

罗经标度盘始终与地球磁场方向相同，船体、船首基线则会绕其转动。

巡航实操

用罗经作参照

盯着罗经操舵会很累人，而且会把你本应观察帆和瞭望周围水域的视线束缚在船内。一般来说，把船前方的目标作为参照更容易，并定时查看罗经，确认船首向。然而，有的时候，比如在水流中或能见度低的情况下航行时，你必须密切观察罗经才能保持航向。

航向检查

比如你起航驶向一个目的地，但光向前看是不能确定方向是否正确的。毕竟，远方陆地的某个岬角与另一个岬角并没有多大差别。如果你已经在海图上作出航线，则可以用罗经把船指向正确的航向。然后，找一个可以辅助操舵的视觉参照。然而你要记住，还需要检查水流的影响和驾帆航行时的横移影响。

水流

除了无风的湖泊，很少有水体不受水流的影响。除非是在潮汐水域航行，而且你已经研究过潮流表（ASA105沿岸导航中有涉及），否则你可能注意不到作用在船上的水流。观察水流存在的迹象，比如锚定的浮标看起来像在水中移动。

航向修正

如何判断船是否受水流或横移影响呢?

操舵使船对准浮标航行，注意看浮标后面的陆地。

注意浮标后方的树丛、烟囱、房屋等——是否有东西与浮标对齐或者在浮标的正后方。如果远方的标志物移动到浮标的右侧，则说明船在向右偏。

把船向左转，使标志物与浮标重新对齐。

水流会影响你的操舵航线。寻找水流存在的迹象，比如图中浮标拖着的尾流。

掌舵时保持浮标与其后方标志物始终对齐，记下此时的船首向（罗经标度盘上与船首基线对齐的数字）。只要保持这个船首向不变（假设水流和船速不变），那么后方标志物与浮标会始终对齐。即使船首不是指向目的地，船也会保持向目的地移动的航线，而不是被水流推向下游危险物。

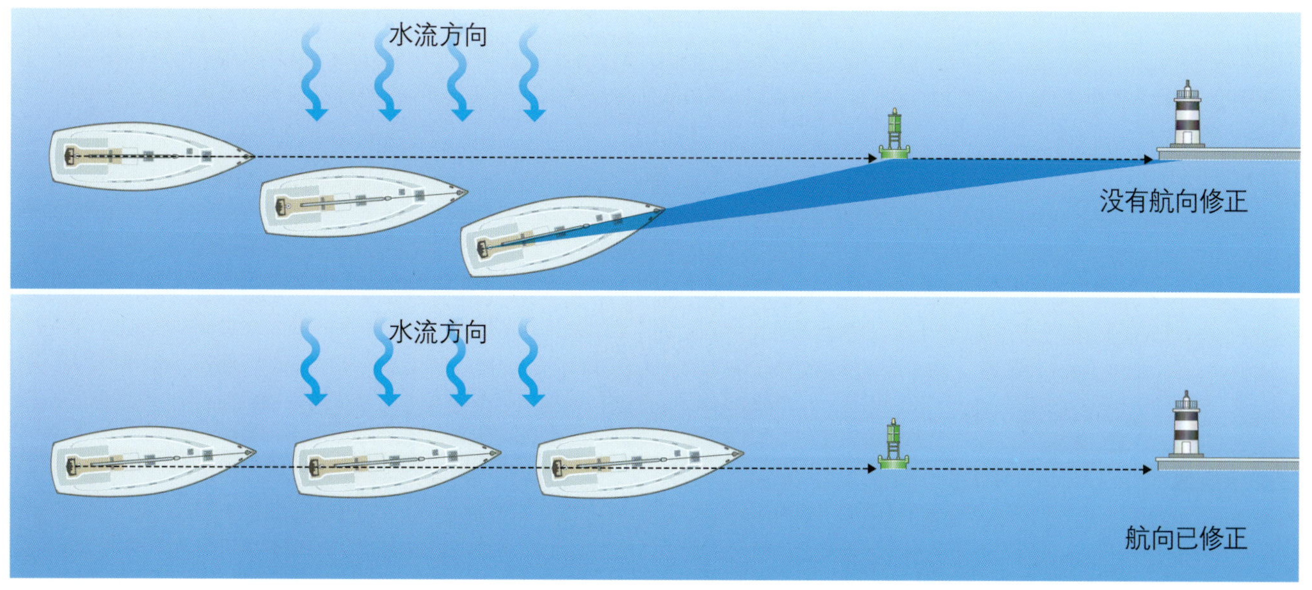

上方图中，船头对准浮标，船会漂向下游；下方图中，船头对得比浮标“更高”（对准浮标上游），船会保持一个笔直的航线。

航行一条罗经航线

驾帆要比动力航行更容易保持航线。你根据帆来航行时，帆的变化、舵感和侧倾角会告诉你是否偏离了航线。与其盯着罗经，不如观察帆和海面，时不时看一眼罗经以确认航向是否正确。迎风航行时，你可以根据帆来航行，并把陆上标志作为罗经船首向的参照。

迎风航行时，你可以根据帆来航行，并把陆上标志作为罗经船首向的参照。

罗经和风

水手靠风生存，因为风吹来的方向决定了船的航向和航速。没有罗经时，你可以说风是从哪个方向吹来的。现在有了罗经，你可以赋予风向一个名字或数字。

比如，你可以说西北风或偏南风（偏南风是术语，是指风大致上从南方吹来）。如要更精确，你可以说风来自315° 或173° 方向。

小贴士 风向是指风从哪里吹来。北风是从北方吹过来的风。

如果今天的风是北风，这就限制了我们想要航行的航向。西北（315° ）与东北（045° ）之间是无法航行区。要想到达那里，我们需要近迎风航行并换舷。天气条件和帆向角会影响你能航行的罗经航向。

压头、抬升与最近受风舷

假设你想到达一个正北方向（000° ）的目标，吹北风。你不能在无法航行区（正北左右偏45° 之间）内航行，因此你必须跑迎风，左舷受风走一段，右舷受风走一段。如果你是左舷受风（风吹到船的左侧），你需要以045° 航向航行，直到风向发生变化。

风很少会稳定地吹自一个方向，而是会摆动，向左或向右摆。如果你正操帆航行，而风向左摆了15° ，你就会发现罗经上的示数成了030° ，这样的风摆叫抬升（lift）；风向远离你船头的方向摆动，你则被抬升（lifted）到一个较之原来045° 航向更靠近目的地的一个航向上。

另一艘船在风摆发生前以右舷受风接近315° 航向航行，现在就会发现他们自己航行在300° 航向上。对他们来说，同样的风摆却是一个压头（header）——风摆前移，迫使他们转向下风以避免飘帆。

压头时，风向朝船头的方向摆动；抬升时，风向则远离船头。

向左的风摆给你带来好运，因为现在左舷受风是前往你目的地的最近受风舷（closest track）。

当另一艘船被压头的时候，他看到你被抬升，可能会换舷至左舷受风，这样一来，他们也处于最近受风舷。

无论何时，若你想前往无法航行区内的目的地时，应从最近受风舷起航。可以用罗经来判断哪侧是最近受风舷。

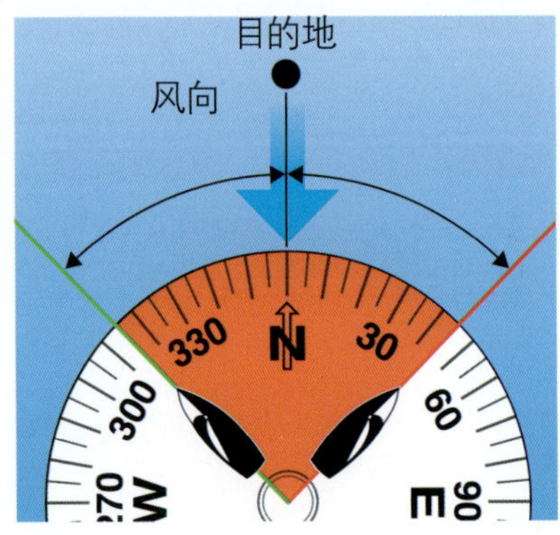

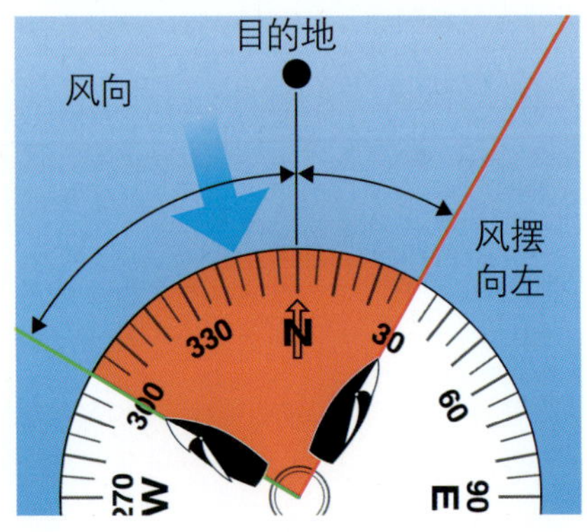

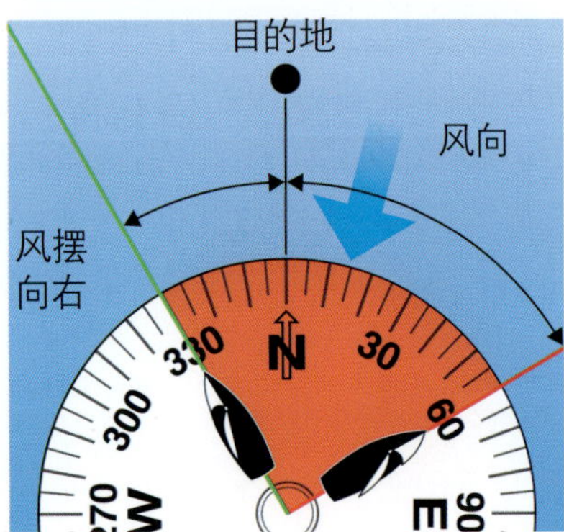

假设目的地位于正北，吹北风，左舷受风与右舷受风同样有利。如果此时出现向左的风摆，对于左舷受风船来讲就是抬升，对于右舷受风船来讲则是压头；此时左舷受风船就在前往目的地的最近受风舷上。同理，如果此时出现向右的风摆，对于左舷受风船来讲就是压头，对于右舷受风船来讲则是抬升。

小贴士 当你知道风向时，在海图上绘制航线时可利用它来判断每一段航线上的帆向角。如果风向不利于你的首选目的地，可以另选一个。

近迎风

近迎风航行时，你没有其他办法，只能根据帆来航行，而不是罗经，这是因为风力、风向不稳定。要达到最佳速度，你需要调整船首向，有时还要调帆来适应风摆。然而，你总会想要知道自己的航向，而罗经可以告诉你。不时查看一下罗经，你可以估计自己的大致航向。

同样，你可以利用罗经识别风摆。

迎风换舷角度

你知道自己船的换舷角度大约是90°（从无法航行区的一侧换到另一侧）。你可以用罗经来推算换舷之后的船首向：如果是从左舷受风换到右舷受风，则从左舷船首向中减去90°；如果是从右舷受风换到左舷受风，则在右舷船首向上加90°。

小贴士 近迎风能力很强的高性能帆船可以在90°以内换舷，一些重型巡航船可能需要110°甚至更大的换舷角度，而且任何船在小风时换舷比大风时需要更大的角度。在你计算出船在某个条件下的最佳换舷角度前，90°可以作为指导参考。

远迎风

远迎风航行时，缭绳会稍微放松一些，尤其在风摆很大时，主要依据帆掌舵而非目的地掌舵。如果你追求速度，则可以根据帆的状态来航行，并记录平均罗经读数。如果航向更重要（比如在低能见度下，或需要避开浅水区时），则可以根据罗经航行并指派船员在必要时调帆。

正横风到侧顺风

在这些帆向角下，你开始注意到浪对操舵的影响。保持一个稳定的罗经航向很困难，因为作用在舵上的力（你可以通过舵轮或舵柄感受到）会随着浪通过船体和船的横摇而明显变化。罗经标度盘看起来像是从一侧摆到另一侧（事实上船体确实在摇摆！），你的目标是平均两侧的偏离使其相互抵消。这种条件下朝固定标志物操舵通常更容易些，但是要留意罗经，确保你没有因为操舵困难和/或水流影响而偏航。

帆船的换舷角度约为90°，舵手可以利用罗经来预知下一个航向。

小贴士 船在海中的横摇会影响视风，尤其在帆的上部，此处运动幅度最大，这时帆的状态和帆上的力不停变化。随着不断地加强练习，舵手可以做到与浪同步，在保持船速的同时保持一个稳定的罗经航向。

顺风

正顺风航行时，最重要的考量是避免意外顺风换舷。你要根据风来控制方向，尤其当风摆很大时，若没有固定的导航标志物时，罗经是很好的辅助。

小贴士 在任何帆向角下，要想保持航线笔直，需要频繁查看罗经并把平均船首向记在脑子里。在航海日志中记下船首向并绘制在海图上。

小贴士 在按罗经航行时，罗经刻度盘会因为船的运动和自身惯性来回摆动。尽你所能让平均航线与理想航线接近。

横移

尽管帆船在任何帆向角下都会横移，但是在跑迎风、远迎风或船侧倾很大时横移最显著。强风导致的横移与横向流动的水流对船的实际航向有同样的作用效果，唯一不同的地方在于风压横移相对于船永远是一个作用方向——下风向（因此风引起leeway有时又称为**风压差***）。

检查风压差或风压差与水流的叠加效果，可以用第91页的固定参照物方法，并将其考虑进航向中。

* Leeway，国内译法有很多，有偏航、风压差、横移等，其真实表义就是船的横向移动，这个横向移动可以是风引起的，也可以是水流引起的，因此还有一种译法就是风流压差。但在这里，特指风引起的横移时，我们译为风压差。

水上定位

当你在陌生城市确定自己位置时，可以通过街道名称、标有企业名称的大型建筑和其他可以在街道地图上定位的地标。在陌生水域导航时也是如此，然而你不可能在岬角上找到一个写着“杀戮之角”（Bloody Point，加勒比海圣基茨岛的一个岬角，1626年发生过大屠杀）的大型标识牌。你只能利用推算、海图和罗经来确定这个岬角是不是“杀戮之角”。

上北下南

传统上，海图印刷时都会把正北放在纸的正上方。一个简单的定向方法是站在罗经旁边，旋转海图使海图上的正北与罗经正北对齐。现在你可以研究周围的陆地和其他地貌了，把它们与海图上所见的内容进行比对。

确定你的方位

下面是一个简单练习，你可以在船停在码头时进行，或者在更有挑战性的开放水域进行（教练可以帮助你指出船在海图上的位置）。

在海图上标出你的船位之后，观察四周。选择一个可能标示在海图上的明显地貌，比如一个灯塔或烟囱。

现在将视线穿过罗经的中心来观察地貌，我们假定是一个烟囱，记录下罗经标度盘上基本与其对齐的数字，比如60°。

在海图上，以磁罗经花内圈为参考，从你的位置出发，沿大概60°方向找到烟囱图标。

这个练习就是测量一个地标的大概磁罗经方位（compass bearing）。在ASA105沿岸导航中，你会学到如何测物标方位以精确绘制船位。目前，你只是对周边有个基本的认知（但是教练要知道你们的准确位置）。

也可以反过来进行练习，先在海图上选取一个地标，以海图磁罗经花内圈为参考计算方位，然后通过船上罗经在现实世界中找到它。

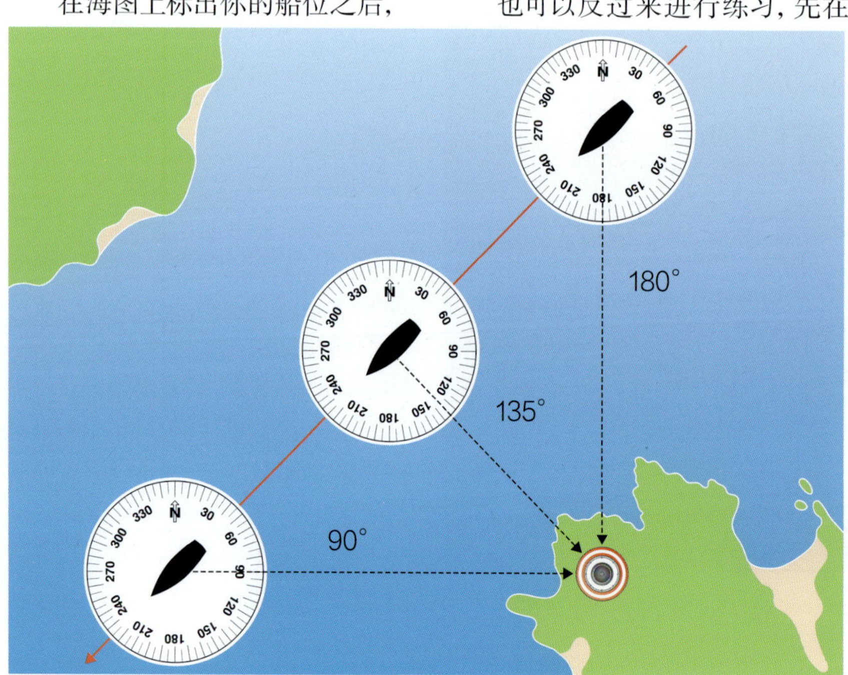

利用海图中相关地标之间的距离，就可以计算出与船舶行进有关的其他信息。对已知的距离进行计时，就能计算出航速，而知道航速后，就能算出相关距离。

相对位置

只需观察陆地和海上景观在航行时的视觉变化，不用进行复杂的海图作业也能找到很多关于船位和船舶行进的信息。近处的地貌要比远处的地貌看起来移动更快——岸边的立标可能很快离开你的视野，而远方的山头会矗立很久。航行时，你可以通过观察地标方位的变化来跟踪你的行进过程。

如果你已经在海图上作出你的航线，则可以用一系列地标或导航标志通过正横的时间来记录航行。然后通过测量海图上一个标志到另一个标志的距离，就可以计算平均航速。

假设你的船首向是西南向（225°），则在你南面（180°）的地标会缓慢向东移动。在某一点上，地标方位正好是135°（东南向），而且在你正横上（beam）。随后，它会移动到你的东边（方位090°）。

对叠

总会有那么一瞬间，近处某个物标与远处某个物标正好形成一条直线，这就是两个物标的对叠（transits）。

如果你能在海图上辨认出这两个物标，从远处的物标到近处的物标作一条直线并延伸到水面上。当对叠出现的时候，你就在这条直线的某处。如果你精确地沿（事先画在海图上的）航线航行，那么画在海图上的航线与对叠线的交点就是你此刻的位置；如果没有，那么你可能偏向航线的某侧。这样的话，无须数学计算，就可以很好地了解自己的位置。

你可以利用对叠来判断何时已经安全避开一个危险物。

小贴士 虽然我们在日常生活中经常利用对叠，但大部分时间没有意识到。回想一下，比如你需要在哪一时刻转动汽车方向盘，从私家车道上拐到公路上而不会撞到路边呢？

叠标

当沿着某条航线航行，并始终保持上述两个物标在同一直线上时，说明你正把它们当作叠标（range）来使用。（是的，你已经用叠标检查过水流和横移了，见第91页。）

许多地方的航道位于浅水区之间，曲曲折折，当地政府就设置了许多航标使其形成叠标，引导船舶安全通过每一段水道。

小贴士 与罗经航线相比，沿着叠标航行通常更容易，不易出错。当你熟悉一片航行区域之后，就可以选择自己常用的叠标指引自己进入港口或锚地。

叠标包括一个前方物标和一个更高且距离更远的后方物标。叠标在有水流横穿航道的地方尤其有用。沿叠标航行时，保持叠标对齐可以确保自己在航道上，哪怕你的船头需要向左或向右偏以抵消水流或横移的影响。

如何应对低能见度

当雨雾降临并遮挡住你的地标的时候，晴空万里下的某次惬意巡航会突然变成一场挑战。

在昏暗来临前，用上述技术尽可能精确地确定自己的位置。朝母港或安全避风水域绘制一条航线，记下船首向和每段航程的距离，并标注任何可用的助航标志的特征来确认你的位置。

利用罗经小心操舵并记录船速，这样你就能估算出航行每段航程的时间（用距离除以速度）。

小贴士 低能见度下，带有倒计时功能的手表或者带有计时圈的潜水手表会很有用。如果设置好到达下一个物标的时间，你就知道应当在何时找寻该物标。

A船从东南方接近，可利用水塔和烟囱组成的叠标来避开东角的礁石，然后利用北边的尖塔和防波堤的末端作为下一个叠标。B船从西方出发，可以在烟囱与圆顶建筑相叠之后转弯向圆顶建筑航行。两船都可以在烟囱处于正横时安全拐进港湾中的锚地。叠标比浮标更容易提前发现。

锚泊

巡航并不总是在航行。巡航的一个惊喜就是能够到达遥远或仅有水路可及的地方。锚泊后，你可以在那里待一周、一个晚上或吃一顿午餐的时间，欣赏美景或从事喜欢的活动，比如游泳、赶海、徒步或阅读。

锚泊的学问

很多巡航水手花在锚泊上的时间比其他任何事情都多，比航行的时间都多。当然，如果预算有限或喜欢独处，也要比停在码头的时间多。因此锚泊在水手的知识手册中是一个非常重要的课题，也是巡航者圈子里的热门话题。尽管所有水手各有自己偏爱的锚和设置方法，但大部分人对基础知识是一致认可的。

这是一艘典型的巡航船，船头会带一只锚，配备锚机和储存锚缆的锚舱。

锚的类型

原始的锚依靠自身重量来获得抓力（holding power），抓住海床后就不会被船拖走。

这一招对付小船还行，但如果对付有更大风阻（船体、上层建筑和桅杆系统暴露于风中的面积）的大船，所需要的锚就太重了，无法操作。锚不断演化，今天的水手可以从多种类型设计中选择，而且它们更少地依靠重量，更多地依靠埋进海床来获得抵抗拖曳的能力。

锚的抓力大小取决于锚的设计和海底底质。在软沙中抓地良好的锚在淤泥或礁石中抓地就不那么好。在多种海底底质中锚泊的巡航水手会携带几种不同类型的锚。待在一个地方的水手则会配备一只适合当地的主锚和一只备用锚。底线是所有锚都需要做到同一件事情——将你的船牢牢地连接在海床上而且不能松脱。

锚具

锚及其锚缆统称为锚具（ground tackle）。锚缆（anchor rode）可能是锚链或锚绳，也可能是锚链与锚绳的组合。你可能需要不同的锚具来应对不同的锚泊场景。

锚链很重，这有助于锚抓地，锚链的重量在阵风中还可作为缓冲。然而，重量使锚链很难手动提起或降下，通常需要安装一个锚机来操作。

锚绳更轻且比锚链更易于操作，但是附近如果有岩石，容易被磨断。锚绳与锚之间通常连着一段锚链，锚链有助于增加锚的抓地力。

锚绳通过延展来吸收冲击负荷。尼龙的延展性能好，是制作锚绳的最佳纤维材料。

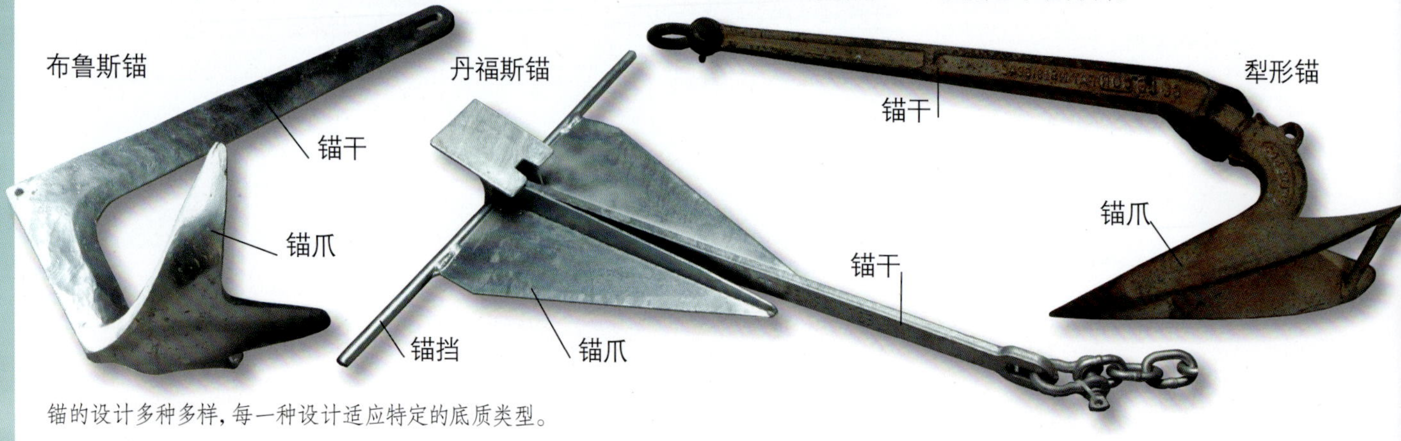

锚的设计多种多样，每一种设计适应特定的底质类型。

锚地

在哪里锚泊至关重要。最佳的锚地在低潮时要有足够的深度，但高潮时又不会太深，船有足够的摆动空间，海底能承受锚的抓力，避风和避浪，而且不能有蚊子。

海图信息

以上信息（除了蚊虫）都可以在海图上找到。检查风向（和气象预报），看哪个水湾适合当前和预期的天气条件（寻找备用地点以防天气预报出错）。正如第五章所述，海图会告诉你深度和海底底质。为获得可靠的抓地，寻找沙（S）海底、泥（M）海底或黏土（Cl）海底。尽量避免岩石（Rk），因为锚很容易卡住。

不要在标明的水道或任何海图上禁止锚泊的区域锚泊，比如限制区域和光缆通道。繁忙的港口可能会有专供休闲船舶使用的锚地。

放缆长度

锚的抓力大小很大程度上取决于锚缆被拖曳的角度。大部分锚能承受水平或水平偏上几度的拉曳，拉力垂直时锚会翻出海底。

锚缆拉伸角度是由放缆比例（scope），即锚缆长度与船头到海底距离的比例来决定的。

常见的做法是绳链组合锚缆使用7:1放缆比例。计算放多长距离的锚缆时，把船头离开水面的高度加上深度，然后乘以7即为总长。

由于锚链很重，会在船头和锚之间形成一条曲线，因此拉动锚的角度很小——除非锚链被拉直。大部分时间，单凭锚链的重量即可保持船不动。通常情况下，全链锚缆的放缆长度采用5:1的比例即可。

如果你让锚缆仅能够到海底，那么船一动就会把锚向上提起来。显然这不牢固。

这艘锚泊的船依规展示黑球。

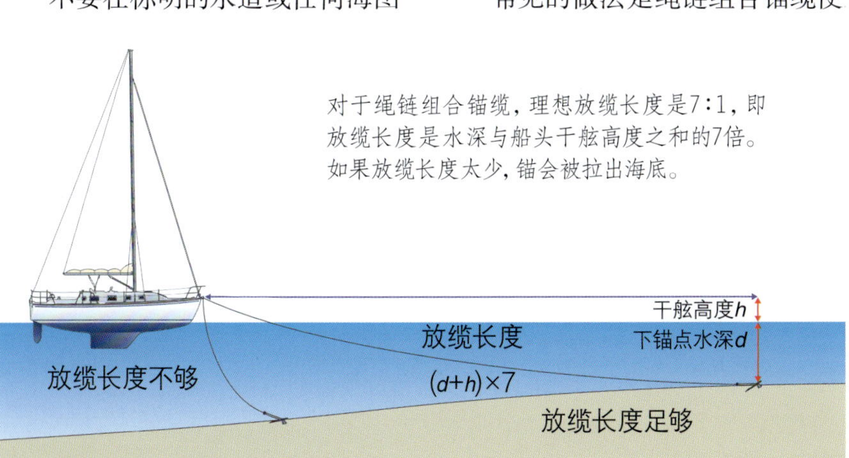

对于绳链组合锚缆，理想放缆长度是7:1，即放缆长度是水深与船头干舷高度之和的7倍。如果放缆长度太少，锚会被拉出海底。

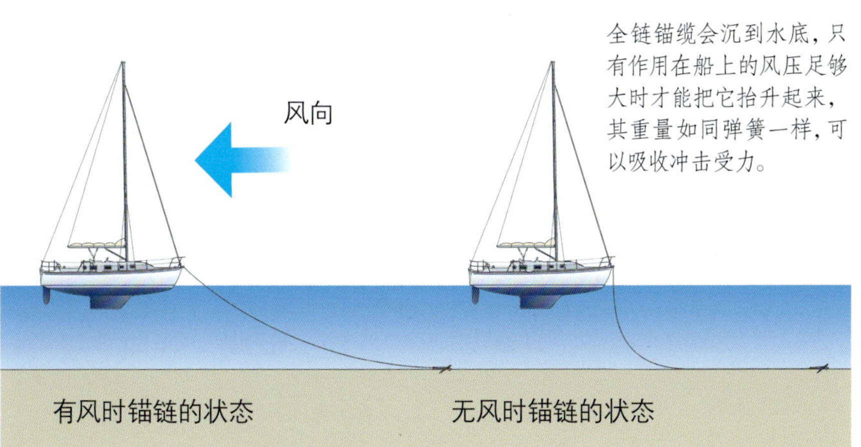

全链锚缆会沉到水底，只有作用在船上的风压足够大时才能把它抬升起来，其重量如同弹簧一样，可以吸收冲击受力。

小贴士 估计放缆长度需要用到海图上标出的下锚点深度。记住，深度是低潮时的深度。要想知道高潮时的深度，你需要查该区域的潮汐表。

小贴士 你可以阅读相关的航海指南手册，找到大多数锚地的详细信息以及人们对它的评估（包括关于蚊子的信息）。寻找锚地时请参考这些手册，但千万不要迷信。

选择锚泊地点

当接近你所选择的锚地时，观察四周，检查明显地貌，靠视觉引导进入位置（还记得叠标吗？）。如果已经有船锚泊在那里，缓慢地靠动力驶进锚地，观察它们如何下锚，看哪里有合适的摆动空间。

繁忙的锚地早就停满了船，后来者必须尊重已下锚船的权利，下锚点不能太靠近已下锚的船。

摆动空间

锚泊的船一般会处于锚的下风向，船头指向锚。如果风向改变，船会改变位置（锚地的其他船也是如此）。这意味着你需要摆动空间（swing room），即以锚为中心的没有障碍物（包括其他船）的一个圆周区域。圆周的半径是船长加上放缆长度，再加上一些安全距离。

尊重你的邻居

注意其他船如何锚泊，比如船头单锚、船头双锚或艏艉锚，这会影响它们的摆动。在潮汐区域，船可能会随潮汐摆动。

一条不成文的规则是已经下锚的船较后来者有优先权。如果后来者抛的锚太靠近另一条船，风向改变后会导致两船靠在一起时，后来者必须起锚（weigh anchor）并离开。

准备下锚

从海图上知道低潮时的深度，加上潮差（参考第109页）即得到高潮时的深度，再计算理想的放缆长度。

如果锚缆是锚绳和锚链的组合，可以在甲板上先理顺锚链和锚绳。

小贴士 大部分锚缆有等间距标记，这样就知道放出了多长的锚缆。如果你的没有，可按照一个已知长度来摆绳，比如5英尺一段。

在锚缆上找到你想要放出去的长度所处的位置，将其系紧在羊角上。同时确保锚缆最末端的绳头也同样系住。

全链锚缆的船装有锚机，可以在放出锚链时控制长度。锚链放在甲板下方的锚舱中，其末端链环最好用绳绑在锚舱高处的固定点上，这样你在紧急情况下可以用刀切断。锚链同样应该每隔一段间距用染色的链环来标记长度，这样就知道放出了多长距离。

把锚准备好，解开所有系绳或卸去所有储存收纳用的销子。打开锚并随时准备下锚。

小贴士 锚在不同船上有不同的收纳方式和不同的收纳位置。教练会详细指导你如何准备教学船上的锚。

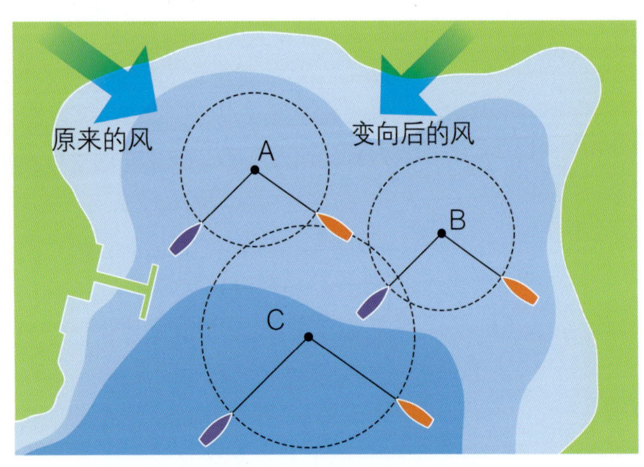

船A和船B有足够的摆动空间，但是深水中的船C有更大放缆长度。如果风向稳定则一切都好，但是如果遇到无风，意味着可能要变风向了。

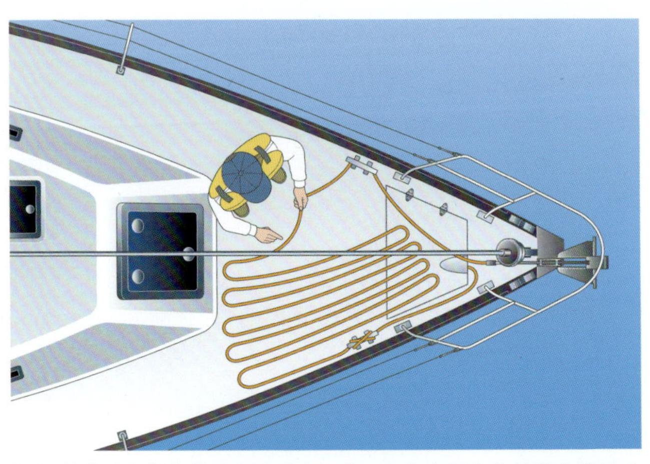

摆好锚缆以确保将其放出时不会打结。在放出预设的放缆长度后系紧，而且船员可以通过挽桩滞缆有控制地放缆绳。

下锚

你要提前准备好锚和锚缆，这样在到达下锚地点之后就不会手忙脚乱。船头的船员与舵手之间还应约定好一套用来交流的手语信号。

①使用动力绕行锚地，了解一下周围的预留空间。在做这些的时候，注意观察测深仪（如果船上有配备）。

②当你选择好让船停泊的位置时，要确保有足够的摆动空间，从下风处慢慢使用动力航行到下锚点。

小贴士 大多数时间，船会迎风锚泊，即处于锚的下风处。先选好你想最终停船的位置，然后依据此位置下锚。

③把船在停船点停一下，并观察四周，确保这就是你想停船的位置。如果船有测深仪，再次检查深度和所需要的锚缆长度。

④顶风再航行一段与计划放出锚缆长度相等的距离，然后船停一下。

小贴士 在水上丈量距离不太容易，可利用附近的船作为参照。

⑤当船停下后，把锚放到海底。不要一下放出太多锚链，否则锚缆容易堆在锚上。

手语可以让前甲板的船员和舵手进行交流，而无须大声呼喊。

小贴士 在清澈水域中，你可以看见锚沉到水底，甚至能看到它开始扎进泥里。混浊水域只能靠一点猜测和自信。

⑥风会吹动船头。在船漂向下风的同时继续放出锚缆。在羊角上绕一个半圈来控制锚绳；用起锚机的刹车来控制锚链。

安全小贴士 任何位于前甲板的人必须小心站立，避开锚缆。永远不要站在甲板上盘绕或理顺的锚缆上。

⑦当你放出大约一半长度的锚缆时，把锚缆在羊角上（锚绳）或用锚机刹车（锚链）停滞一下，靠船的惯性产生一次猛拽的效果，这个动作叫作挽桩（snub），能让锚牢牢扎进海底。

小贴士 当锚抓地时，被挽桩滞缆的锚缆会变得紧绷，被风吹向下风的船头会摆动到与锚缆在同一直线的方向。你可以用手感受锚缆的振动来判断锚是抓地（锚缆紧绷）还是打滑（锚缆振动）。

⑧继续放出锚缆直至理想长度，不时挽桩滞缆几次使锚扎紧。

动力下锚

有时，尤其在风很大的锚地（或者无风的锚地），你想确信锚良好并牢牢地扎进水底，可以用发动机来辅助下锚。

当你认为锚已经抓地，且船在它的下风处对齐时，可以把发动机打到倒挡并缓缓加油门，一直到刚超过怠速。选择正横方位的叠标——比如前边的礁石正对其后方的一棵树，或者是一个航标对着陆地——并观察。当锚缆收紧时，叠标应该保持不动。如果看起来在动，把发动机打到空挡，放出更多锚缆，然后倒挡再拉一次。

小贴士 如果第一次不成功……有时锚第一次可能没有抓地，也可能是绊在什么东西上，或者该处底质不适合下锚。把锚拉起来再重新下一次。一定要结实地抓地，不能含糊。

午餐锚泊还是风暴锚泊

如果你下锚只是为了在安静、平坦的船上吃个午餐，则无须按照完整的流程进行锚泊。毕竟你在船上，保持着清醒和警惕，必要时可以立即采取行动。

但如果你计划离开船，到岸上去或者长距离游泳，则必须绝对确保锚牢牢地抓地。

如果预期有恶劣天气，无论是短时的雷暴还是长时间大风，你必须格外小心。

如果有时间，你可以寻找更好的避风地；如果没有，准备好船的副锚，这样你可以把它作为主锚的后备。

锚更

巡航的一大快乐就是经过一段令人兴奋的航行之后终于把钩子（锚的俗称）放下去了，手里拿着冰镇饮料，沉浸在周围大自然的景色和声音中放松身心。然而有时，大自然会让你付出更多一点的努力来得到这些回报。比如风向改变，锚可能会拖动（drag，沿着水底滑动），船也会随之移动——这可不是计划的一部分。

寻找叠标

因此，应花一点时间了解你在新锚地的方位。在船的两侧找一些对齐的地标，作为叠标。不时观察一下，如果它们保持对齐，就没有问题；如果不是，可能需要重新下锚。

小贴士 只要有风，大部分船锚泊时不会静止不动，而是向一个方向偏，然后“换舷”往另一个方向偏，而锚保持不动。记下叠标随着船的摆动如何变化，并警惕不正常的移动。

下锚的问题

正如前文提到的，下锚不是简单地按照步骤1、2、3做好就能搞定的事。有时存在墨菲定律，一些杂物会缠住你的锚使它无法扎地，有时在风向或潮汐变化时会导致锚的受力方向改变，发生拖锚。

拖锚

观察你的叠标或观察你相对于他船的位置后，如果发现自己移动了，则说明拖锚（dragging anchor）了。无论原因为何，你都必须立即采取行动。

第一反应应该是放出更长的锚缆（如果船后方有空间），使锚可以重新扎地。

如果这一方法不管用，或者你正在靠近浅水、另一艘船或岸边，则需要把锚拉起来重新下锚。

选择锚地和下锚越有经验，则因拖锚而需要采取行动的可能性就越小。即使你经验丰富，也不能放松警惕。应警惕是否有天气变化的预兆，留意停在你上风处的船，因为如果它的锚松脱可能会碰到你的船。

最左侧箭头所指的蓝色帆船可以将沙滩上的灌木丛和它后方的浅蓝色房子作为叠标。如果房子相对于灌木丛向左移动（从记录点看），意味着它向后移动了，就说明拖锚。如果发生拖锚，蓝色帆船可以放出更多的锚缆（希望锚重新扎紧），或者起锚后重新下锚。

起锚

用发动机辅助起锚时，只需将前文下锚的步骤反过来进行。同样，一套有效手语有助于使一切顺利进行。

①检查船的周围，确保没有绳子拖在水里且游泳梯已经提起来了。

②启动发动机。

③准备好前甲板。如果有锚机，确保其打开且能正常工作。如果是锚绳，清空前甲板，这样你就可以把绳子拉上来之后打捆或摆绳。

④让前锚手指向锚的位置。挂前进挡，把船按照指示的方向慢慢行使几秒钟，然后挂空挡。

⑤随着船靠近锚，锚缆会松掉，前锚手开始把它收进来。

⑥重复步骤④、⑤，直到前锚手示意锚缆处于直上直下位置（up and down），这意味着锚就在船头正下方。此时前锚手应该把锚缆系在羊角（锚绳）或用锚机刹车锁住（锚链）。

⑦当锚缆绷紧时前锚手要做出手势——不能提前——舵手稍稍给发动机一点油门向前行驶从而将锚拉起。

⑧当锚离开水底后，慢慢向前使用动力航行（以保持舵效），同时前锚手把锚收起来放到船上。

⑨继续缓慢行驶，同时前锚手把锚和锚缆收纳好，并清理前甲板。

小贴士 不要过于急切把锚拉起来。锚离开水后会到处摆动，有可能损坏船头，要轻轻地将其提起。

小贴士 另一名船员可以摆绳或打捆来帮助提锚的船员。永远不要踩住或站在绳圈里。如果由于某种原因锚缆突然放出，会造成人员受伤。

锚机

电动锚机非常方便。它省去了下锚和起锚的体力工作，尤其适合操作锚链。电动锚机的生产制造商有很多家，其操作细节因厂商和型号不同而不同。在使用锚机的时候，一定要阅读针对这个型号的操作手册。

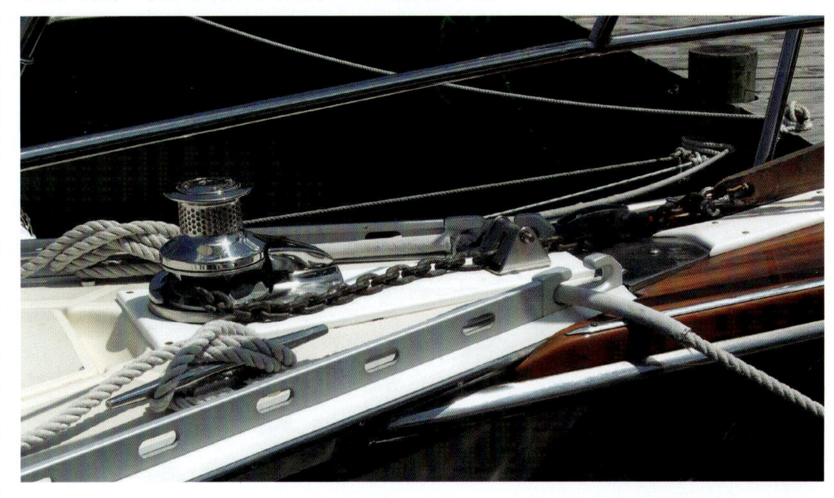

与下锚相同，前甲板和驾驶舱可以通过手语进行交流。

动力离靠码头

当驾帆离开或回到码头时，如ASA101级别课程所述，你完全受风的摆布，而且时机非常重要。利用发动机的辅助不仅可以让你直接顶风前进，还能巧妙地利用缆绳和防碰球把船挪到有利的位置。

倒缆的用法

当把船系到泊位上时，通常会用到船首缆、船尾缆和一组倒缆。所有的绳子一起工作，无论在何种风向下，都可以使船保持与码头平行。正确使用倒缆对于把船停进码头非常重要，在离开码头时也很有帮助。

弹离码头

当你想离开并靠码头的泊位时，需要先把船放到一个可以启动发动机离开的位置。一名船员可以把小型龙骨船推离码头再跳上船。但是对于更大、更重的船，最好利用发动机（或风）和倒缆的配合让船弹离码头。船头还是船尾先出取决于当时的条件。

船尾弹出

要把船尾弹离码头，需要引一根从船头连接到码头的后倒缆（回头缆）。准备好离开时，解开其他缆绳并安排一名船员在船头拿着防碰球顶住码头（因为船头会“倚靠”码头），挂前进挡，油门放在怠速，让发动机推动船顶住倒缆。

倒缆会把船头拉向码头，导致船尾甩离码头。如果你把舵轮顶部向码头的方向打，螺旋桨排出流会帮着把船尾向外推。

当船与码头呈大约45° 角时，可以挂倒挡，松开倒缆并倒船离开。

船头弹出

要把船头弹离码头，首先引一条从船尾到码头的前倒缆（回头缆）。让一名船员在船尾拿着顶住码头的防碰球。发动机挂倒挡怠速，船尾顶着倒缆倒船，迫使船头弹离码头。

当船头摆出去后，松开倒缆，舵轮向码头打，挂前进挡，干净利落地加几下油门。这使船尾也离开码头，在船徐徐前进并驶离码头时，船尾不会摆回码头。

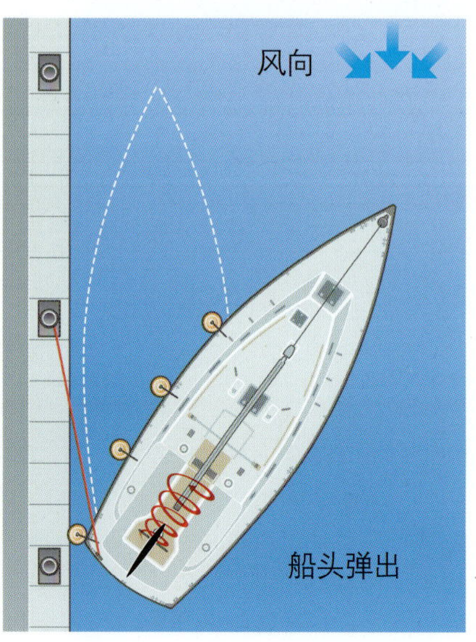

倒缆复习

后倒缆从船上向后引，防止船前进；前倒缆从船上向前引，防止船后退。倒缆可以系在船上任意点，只要能固定船或帮助操船。

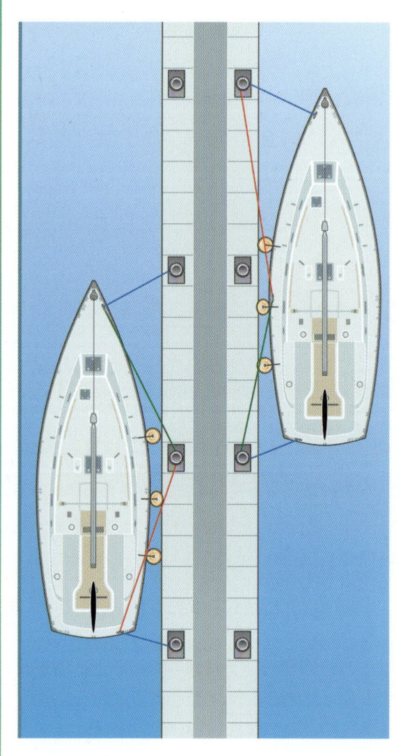

后倒缆（绿色）和前倒缆（红色）系在船上哪个位置取决于甲板上可用的五金件。

回头缆

你可以通过把缆绳做成回头缆（double line）来控制离岸的每一个步骤。

要将缆绳做成回头缆，需将缆绳一端系在甲板羊角上，另一端绕过码头羊角或码头桩再回到船上，再回到同一个羊角上并系紧。

在准备让船离开码头时，首先确定哪根绳子最后放开——通常是保持船顶风不动的绳子——把它做成回头缆并系好。

这样，它就可以在你解开其他绳子时保持船不动。然后你可以在船上放开并收回回头缆，不再需要船员在码头上解开最后一根绳子后再跳到船上。

使用这项技术时，需要注意的是不要在拉回绳子时让绳子卡在码头上。在做回头缆时，要确定绳子上没有绳结会卡住羊角，并且码头上不能有羁绊。

如果缆绳卡住了，赶紧把它从船上解掉，以免其破坏你的起航。

当缆绳被做成回头缆时，缆绳可以直接从船上解开，不需要人从码头跳上船。

当后倒缆从船头连到码头时，舵手可以打开引擎顶着后倒缆开，把船尾弹离码头。

离开码头

在派人去解缆绳之前，先要计划好离开策略，考虑风、水流、倒挡时螺旋桨致偏效应等因素的影响（见第23页），再准备离开码头。

离岸流程

你（或你的教练）最好养成习惯，离开码头前就把帆准备好随时升起，这是离开码头的标准步骤的一部分。

■ 在启动发动机和挂挡之前，检查水中是否有拖在水里的绳子。在操作缆绳的时候，不要把它们掉进水里。

■ 观察风向和风力，并观察船旁边的水是否有水流，注意其方向。

■ 研究预想的离开路径，注意障碍物，尽量预料好任何突然出现的船舶，比如在港口内活动的船舶。

■ 考虑所有的因素并计划好如何离开……是否需要用倒缆，如果用的话船哪一端先出。

■ 设置好倒缆，做成回头缆。

■ 在需要防碰球的甲板位置附近放好备用防碰球。

■ 向船员简单说明你准备离开码头的方法和步骤、顺序（松开缆绳等）。分配好任务，让每个人都知道何时会被叫去做什么。

操作技巧

在码头附近做任何操作时，你都需要尽可能利用螺旋桨排出流和螺旋桨致偏效应。流过舵的螺旋桨排出流可以在前进挡下提供舵效。螺旋桨致偏只会把船尾向一侧推，因此一定要搞清是哪一侧。利用舵轮上的中央标记（你贴的胶带）把舵打到中央，避免在换到前进挡时有意外的转向。在用倒缆离开码头时，如果风向不是吹向码头的，可以利用风来帮助转向。如果你能利用风，甚至不需要开动引擎顶着倒缆推。要记住，船在转弯时，其轴点在龙骨附近。前进时转动舵轮，船尾摆动的幅度会比你预期的大。

风从前方吹来

如果风从前方吹来且基本是离岸风，则有助于你离开。

你可以充分利用风来帮你把船头摆出。

①从船尾设置一个前倒缆，做成回头缆，船首缆也做成回头缆。

②派一名船员到岸上解开船尾缆和后倒缆。所有人都可以登船，由回头缆保持船不动。

船员会议是离岸程序的重要组成部分，要确定采用的方法、放开绳子的顺序、谁在什么时间做什么事情。

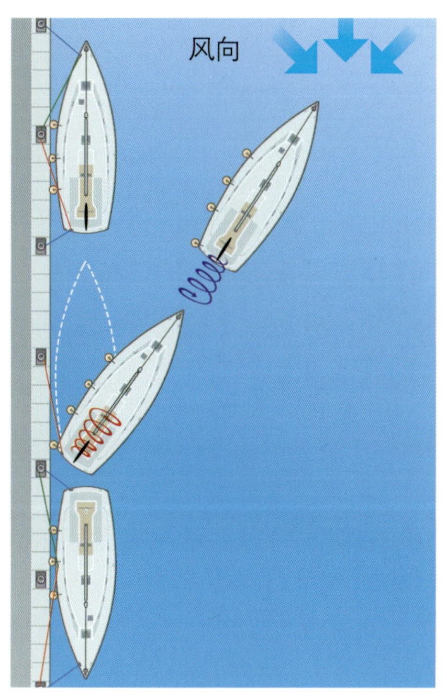

迎风离开码头

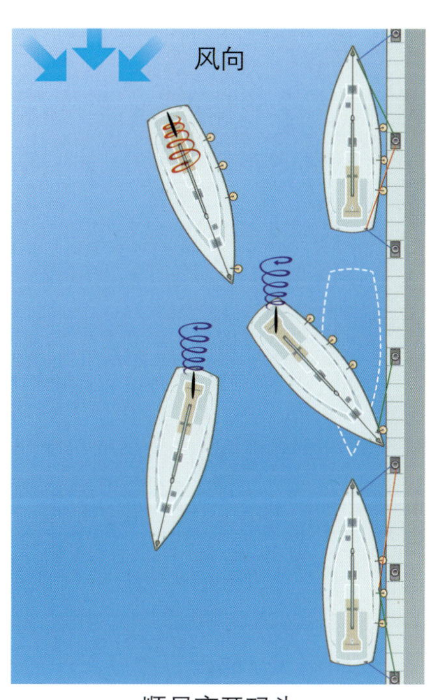

顺风离开码头

③ 指定一名船员在船尾侧面拿着防碰球，此处在船头摆出时会碰触码头。
④ 解开船首缆的一端，从另一端把绳子拉回船上。
⑤ 如果风把船顶着倒缆吹，这样最好；如果没有，启动发动机怠速倒船顶着倒缆推。
⑥当船头指向可以顺利离开码头的角度时，挂前进挡。
⑦ 同时，解开倒缆的一端，小心将其拉回船上来。注意不要把绳端掉进水里，你现在是在船尾，螺旋桨就在你的下方！
⑧ 利用螺旋桨排出流顶着舵吹，把船尾推离码头，你就可以离开了。

风从后方吹来

当风从后方吹来并且是离岸风时，可以利用风和倒缆把船尾摆出码头。这个步骤类似于上述风从前方吹来的情况，但区别是你需要把引擎打到前进挡顶着后倒缆推，需要一名船员拿着防碰球站在船头。
①从船头设置一根后倒缆，做成回头缆。
②船尾缆同样做成回头缆，它和后倒缆可以保持船不动。
③松开船首缆、前倒缆和其他所有绳子，让所有人上船。
④引擎打到怠速，挂前进挡，舵轮向码头的方向转，这样舵上的螺旋桨排出流把船尾向外推。
⑤当船尾离开码头之后，挂倒挡，回收后倒缆。

从码头缓缓倒船——抓紧舵轮，并根据条件利用倒挡时螺旋桨致偏效应或前进挡时的螺旋桨排出流帮助船转向，使船尾保持指向你离开的方向。

风吹向码头

这是最难以优雅执行的离岸操作。如果风吹向码头的力量很大，那就不要想着离岸了。放好防碰球，系好缆绳，去做其他的帆船维护工作吧。

如果风小，你可以使用上述方法中的一个把船用倒缆弹出去。使用哪一种方法取决于船的几何形状、螺旋桨致偏效应的方向、风相对于码头的角度、离开码头后的水域是否有足够操作空间等因素。

如果你能顶风把船头弹出去，这会给你很大的优势，换成前进挡之后就立刻有螺旋桨排出流提供舵效。在前方没有障碍物的情况下，如果倒挡利用螺旋桨致偏效应能够把船尾远远甩离码头，那么采用船尾先离开的方法也是可行的。

小贴士 船安全离开码头后，尽快把防碰球收回并放好，缆绳打捆并放好，以便在回港时随时可用。

狭长泊位的操纵

泊位（slip）的种类太多了，各种码头（见第145页）都有自己的独特配置，很难讲清所有风和水流组合情形下离开或进入泊位的方法。

在狭长泊位上停放船舶的人们最终琢磨出了各种可能条件下靠离码头的策略。当你处于学习曲线的底部时（刚入门时），你可以观察更有经验的船长如何靠离泊位来学习技巧。这些技巧最终都会归结于仔细观察风和水流的影响，并巧妙地使用引擎和倒缆，而且需要大量的练习。

每次靠离的情形都是独一无二的，而且不同的船操作各异。然而，帆船如果没有挑战，那还有什么意思呢？

准备停靠码头

停靠码头就是公开表演。如果你想上演熟练和冷静的表演，而不是低级的滑稽剧，那就需要仔细计划好每一个动作。在靠近泊位之前，你就需要准备好一切——收好帆，系上缆绳并打好捆，防碰球就位，船员各就各位，并分配好各自的任务。

清楚前面的情况

除非你是进入熟悉的码头，知道每个防碰球该怎么放、如何系泊缆，否则最好来一次侦察航行，了解可能会碰到的情况。到底是带橡胶垫和羊角的浮式码头，还是带裸露木桩的固定码头（需要把防碰球与桩完全对准）？还是有剥落水泥的混凝土码头，裸露着钢筋的末尖？（如果是最后一种，你可能需要换个地方停船了。）

在尝试进入码头时，检查一下风向和水流。与驾帆停靠一样，这些因素会影响你进入的路径，哪怕你拥有引擎，能在最后关头减速停船。

观察码头，估计保护船体所需防碰球的高度。搞清楚缆绳应该套在哪里，是码头桩、羊角，还是铁环。如果是码头桩，你的高度是否足以从桩顶套下绳环，还是只能绕着码头桩系绳子？

当你观察码头评估形势时，应当远离码头并且确保不要妨碍他船，让船和船员都做好准备。

准备上岸

把防碰球放在需要的地方。把每一根缆绳的一端都系在相应羊角上，并把绳子在甲板摆好，准备递到岸上。

准备缆绳时，绳子一端系在甲板羊角上。绳子从救生索下方穿过导缆钩（如果有的话），然后从救生索上方拿回缆绳，再在甲板上整理并盘绕好。当靠岸的时机来临时，你可以把它从救生索上方递给岸上的船员，这样缆绳就不会被救生索绊住了。

如果你计划从船上操控缆绳，被扔上岸的缆绳末端最好有个绳结。（很多市售的缆绳一端带有铰接环。如果你的没有，可以打一个足够可以绕住岸上羊角的单套结。）上岸的船员可以把环抛在合适的羊角上，然后甲板船员可以按需要收紧或放松这根绳子。

防碰球和缆绳已经准备好，船员各就各位已准备好平稳地靠码头。

后倒缆（停船倒缆）

驾帆停靠码头时，停船倒缆非常重要。即便船配有引擎，大多数情况下它依然很有用。停船倒缆系好之后，你可以利用它和引擎来控制住船。

停船倒缆系在船最大舷宽处稍靠后的位置。如果过于靠前，它会把船头拉向码头，而把船尾弹开码头，优雅的靠岸变得不那么完美。

把倒缆绕在码头羊角或缆桩上，用挽桩滞缆的方法把船停下来。把倒缆绕在码头羊角上，然后极其缓慢地放松（这个操作类似于放松绞盘上的前缭）从而利用缆绳与羊角的摩擦力，逐渐吸收船的动能，让船轻缓地停住。

将倒缆在码头和船上系紧之后，舵手可以把引擎挂前进挡，轻轻地顶着倒缆开船，利用螺旋桨排出流和舵来控制船头靠近或远离码头。这在风把船吹离码头时特别管用——舵手可以让船贴紧码头，直到系上所有缆绳。

这个技术一直以来用于渡轮。只要有防碰球保护好船体，它也非常适用于帆船。

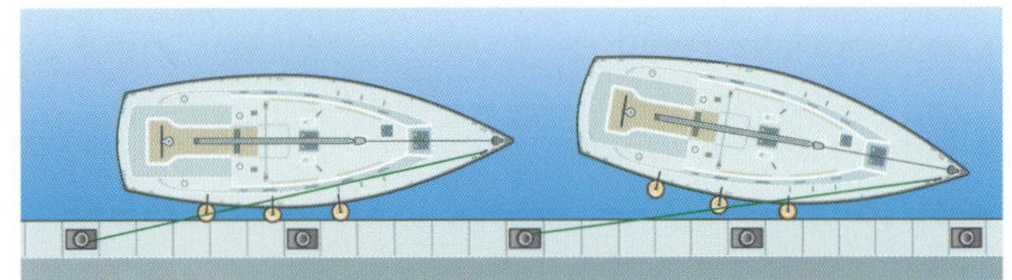

系在船最宽位置之前的停船倒缆会把船头拉向码头。

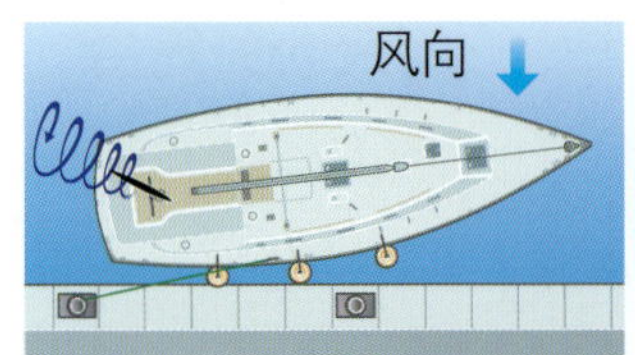

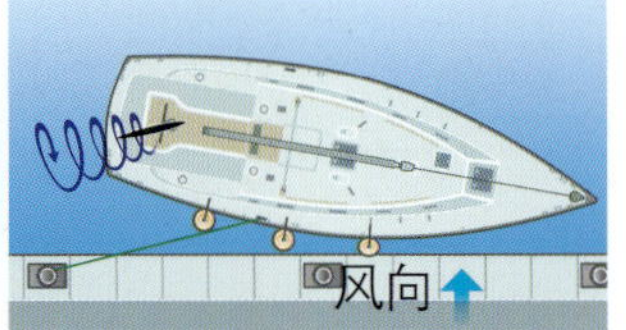

系在船最宽位置之后的停船倒缆配合引擎和舵，可以把船稳住。

大部分并岸停靠中，第一根上岸的缆绳是停船倒缆（参考第106页后倒缆内容）。它应当穿过一个位于正横稍后方的导缆钩或导缆孔。如果绳子是在船上控制的，其上岸的末端应该有一个环；如果是由岸上的船员操作，一端应该系在船上，这样岸上船员就有足够长的缆绳可用。

小贴士 收纳帆时不要挡住船员的路，但又要随时可以打开——升帆索系在主帆上，卷帆绳和前缭随时可以开前帆——以防发动机突然故障。谨慎的水手永远都有备用计划。

螺旋桨因素

认识你的螺旋桨。大部分船在倒船时有一定程度的螺旋桨致偏效应。可能的话，你可以利用它来帮助移动船。这意味着选择停靠码头的路径时，需要考虑这一因素。

在下面将要讲到的停靠码头技术中，我们假定是右旋桨，即倒挡时螺旋桨把船尾推向左舷。这意味着左舷并靠码头更好，当你以一定角度靠近码头时，如果打倒挡停船，船尾会被推向码头。拿捏正好的话，你可以恰好把船平行停在码头旁边。（如果是左旋桨，你需要用右舷靠码头。）

水流

如果有较强的水流平行于码头流动，你就要逆流靠码头。如果你的船相对于码头静止，而水流的速度为1节，这样流过舵的水流速度就有1节。对于大多数船，这个速度会产生一定的舵效。

要避免顺流靠码头。实际上，要想停下一条顺流行驶的船，你实际上要做的就是倒退，这在开放水域都很难操作，更不要说在与码头只有几英尺距离的地方了。

停靠码头时的安全事项

永远不要用手、脚或身体其他任何部位垫在码头和船之间。船非常重，哪怕速度很慢，其动量也会很大，很难停住。应使用防碰球……它们是可以更换的。如果船和码头之间马上就要撞在一起了，而你没有防碰球可以阻止，闪开让它撞上去好了。至少船是可以修复的。

当你带一根缆绳上岸时，要从船迈到码头上，避免跳跃。稍有误判就会让英勇的跳跃变成一场尴尬，甚至更糟。

这个码头呈现了一个典型的决策情景。在这种接近路径下，旗帜告诉我们风吹离码头，稍向前偏，情况还算不错。但是我们的螺旋桨在倒挡的时候是向左旋转的，它将无法帮助我们甩尾靠岸。此外，如果我们第一次尝试失败，风会把我们吹离码头，当然，可以再试一次，或许是从另一个方向过来，到时候下风处有开阔的水域且螺旋桨致偏效应对我们有利。

各种靠泊情境

风、水流和螺旋桨致偏效应都会影响你如何停靠码头，并且决定了哪个码头更容易停靠。

迎风靠近

这是最好的方法，在第二章中有描述（参考第26页），你可以顶风把船靠在码头上。

第一根拉到岸上的绳子应该是停船倒缆（后倒缆），然后是船首缆和前倒缆（不让风把船向后吹），最后是船尾缆。

顺风靠近

顺风接近码头并不是理想方法，但如果别无选择，你至少可以用引擎控制你的速度——驾帆的话这可没有这么简单。不要在没有安全退路的情况下尝试顺风并靠码头，以防中途放弃。

如果你可以利用螺旋桨致偏效应的优势，以约30° 角度靠近码头，与迎风靠岸方法相同（右旋螺旋桨用，左舷停靠）。你需要用到停船倒缆。

①让操作停船倒缆的船员站在侧支索位置。

②在码头上选择一个距离系船头的地方上风处半个船身的位置。

③船尽可能地慢速移动，船头以约30° 角对准这个位置靠近。必要时轻推前进挡或后退挡来控制速度。

④在船头接近这个位置的同时，挂倒挡并加油门，这样船尾就会甩向码头。

⑤当侧支索处的船员可以安全迈到码头上时，他应迈到码头上，把停船倒缆绕羊角或码头桩缠一圈。

⑥码头上船员用倒缆让船刹车时，舵手用倒挡油门帮助停船。

⑦换到空挡，系紧停船倒缆，把船尾缆递到码头上并系好，然后再系紧船首缆。

⑧将第二根倒缆连接到码头上，调节绳子和防碰球，使船平行于码头固定。

人人都想要为舵手指引方向，反而挡住了舵手的视线。全部坐下！

顺风靠码头时，以30° 或更小角度缓缓靠近。

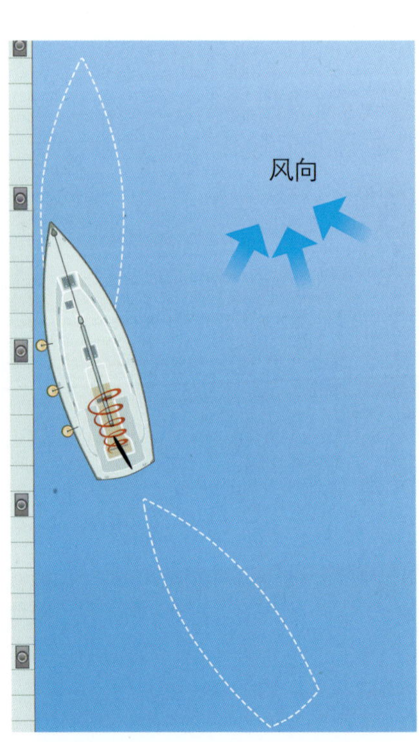

距离泊位还有半个船身时，把引擎打到倒挡，把船尾甩向码头。

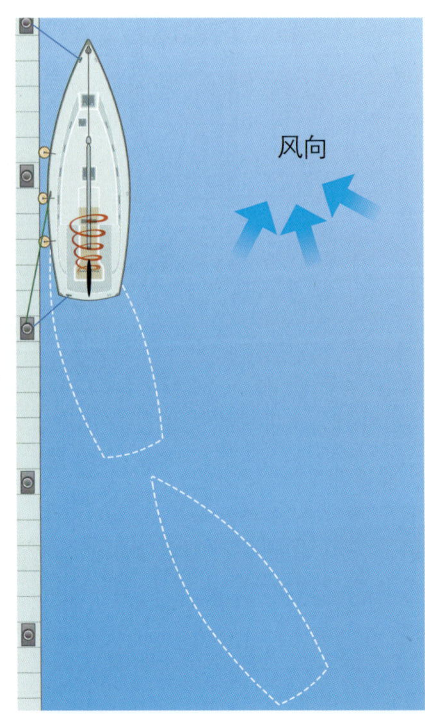

当停船倒缆系好之后，它会保持船不动，船员同时系好其余缆绳。

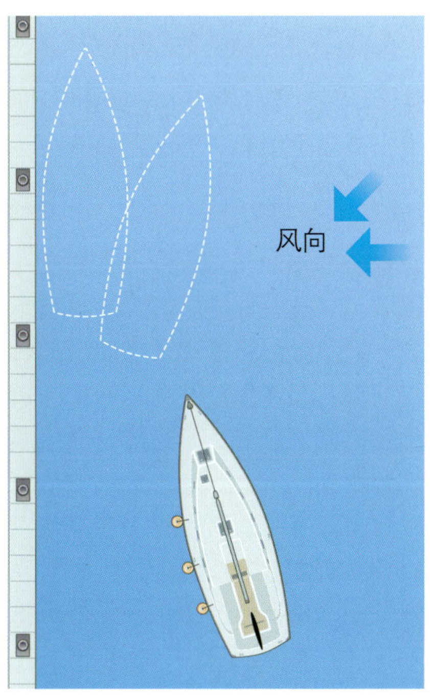

风吹向码头时，对准距离泊位几英尺的地方航行。

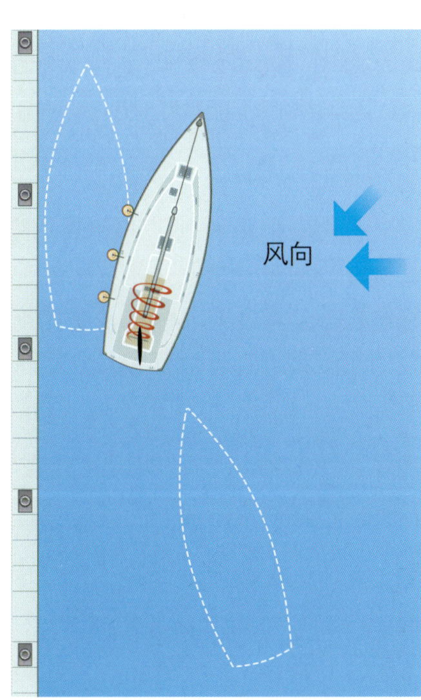

倒挡停船，并利用螺旋桨致偏效应把船尾甩向码头。

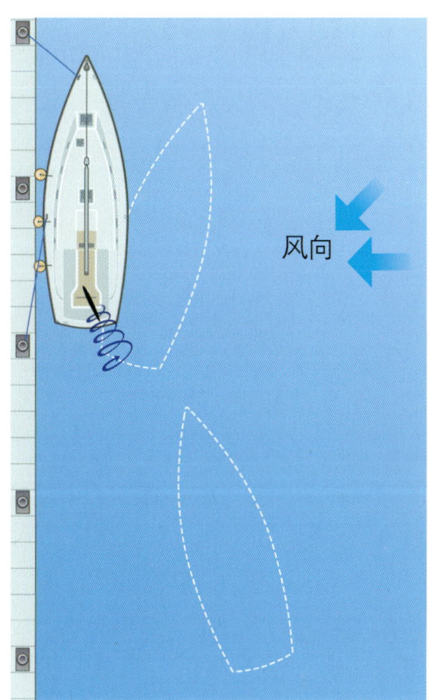

船停下时，挂空挡，风会把船头吹向码头。

风吹向码头

当风吹向码头时，这绝不是一次简单的靠泊，无论是用动力还是用帆，因为一旦失去舵效，风就会控制船。由于船的大部分风阻在船的前部，因此船头会先于船尾被吹向码头。

你需要停船倒缆和很多防碰球。在这种情况下，如果码头上有人可以抓住绳子会有很大帮助。

①选择码头上的停船泊位。

②慢慢驶向与泊位平行且相距泊位大约6英尺的位置。用短促的前进挡油门和螺旋桨排出流来控制船速和方向。

③当靠近泊位时，挂倒挡，松开油门使船停下。

④当风把船头吹向码头时，倒挡利用螺旋桨致偏效应把船尾推向码头（如果风在正横前方，可以挂前进挡利用螺旋桨排出流对舵的冲击把船尾靠向码头）。

⑤在尽可能安全的情况下，让一名船员到码头上系好停船倒缆。

⑥引擎前进挡怠速的情况下，把船顶着停船倒缆开，用螺旋桨排出流和舵保持船笔直。

⑦把其余的缆绳系好并把船停靠好。

⑧换到空挡。

小贴士 码头上帮忙的人经常把完美的靠岸变成一场混乱。虽然你知道自己的方案，但是陌生人有时有自己的主意。吸引他们的注意并礼貌地让他们按你的要求做：“我的船员会递给你一个末端带环的绳子。请把环套在那个羊角上。谢谢。”

小贴士 在上述情形下，每艘船操作起来各有差异。高干舷和鳍龙骨的现代轻型帆船一停下很快就会被吹向下风，全龙骨的重型传统巡航帆船则表现得更为镇静。

风吹离码头

一般只有在码头暴露在风中时风吹离码头才是一个挑战。在很多情况下，船在码头和其他建筑的下风侧，因此受风影响不大。这种情况下，你可按照标准的迎风靠码头来准备。

如果船受到风的影响，停靠的关键是要把停船倒缆迅速系到岸上。然后你可以顶着倒缆轻轻开发动机，使船保持不动，留出时间把其他缆绳拿到岸上并系好。

提示：利用旗帜和水面的纹波作为线索来评估风向和风力。

系泊

系泊(mooring)时拾起你先前用过的那根系泊绳相对简单——你已经知道它的位置和系绳的方法。你所需要做的只是据此准备，让船减速，以便前甲板的船员把系泊绳拾起来。当拾起陌生的系泊绳时，你不知道可能发生什么，因此要准备好应对所有可能。

你可能会遇到什么?

系泊点就是一个永久的锚。它用一个浮球标记，同时浮球上还系着一根连接到锚的锚链。你把船连接到浮球或锚链上。系泊浮球可能连着一根系泊绳(pendant，发音同pennant)，用来系到你的船上，如果没有，你需要自己备一根系泊绳。你要为这两种情况都做好准备。把船钩放好备用，前甲板上放一根缆绳。

系泊的类型

一些系泊点有独立的连接到系泊绳上的拾起浮球，一些甚至有拾起杆，以便前甲板船员抓取。

很多系泊点连接有系泊绳，但是没有拾起浮球或拾起杆。你需要用船钩伸到浮球下方找到系在其下方的系泊绳。要想抓住系泊绳，你需要正好停在浮球的上方，而舵手是看不到的，因此你需要修正自己的接近路线。

一些系泊浮球需要自带系泊绳，并系在浮球顶上的环上。你在到达之前是不知道这种情况的，因此船头上要备一根缆绳。

缆绳一端系到前甲板羊角上，另一端从船头一侧的导缆钩穿出，绕过船首，再回到你想接近浮球的船舷。当舵手熟练地把船头几乎贴到浮球时，绳子穿过环，回到船上并系紧。

长期牢固性

直接穿过环的绳子在船摆动时会磨损。如果你系泊的时间比一顿午餐的时间还长，则把另一根缆绳带到船头，一端系在船上，另一端打一旋圆双半结系到环上。(收紧时，旋圆双半结更不易磨损。)如果你把第一根绳子留在环上，但是松弛不受力，在离开时可以用它来保持船不动，而你可以解开旋圆双半结。

对于长期系泊或恶劣天气下系泊，谨慎的做法是安装防磨器材(割开的塑料管，厚帆布或结实的碎布)，以保护系泊绳或缆绳穿过甲板导缆钩或导缆孔的部位。

把船停放在系泊处要比停放在码头便宜。很多新英格兰港口有大型的系泊场，有私人的和用于租赁的系泊浮球。

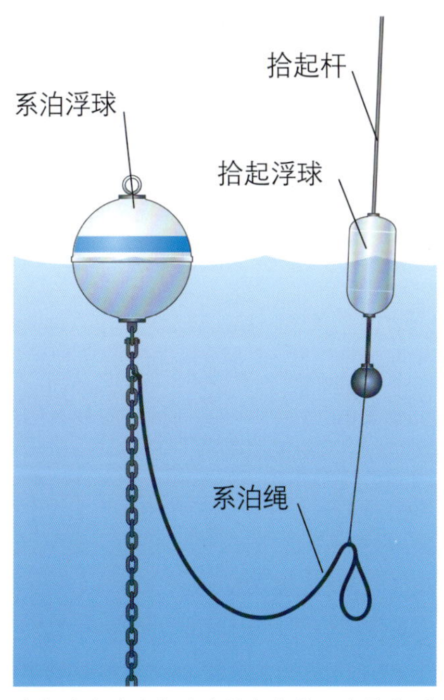

有些系泊浮球的系泊绳上会带一个拾起浮球和拾起杆。

带拾起杆的拾起浮球使抓系泊绳变得轻而易举——不需要杂技动作，不需要伸展运动，不需要拿船钩，而且舵手可以看到整个靠近过程。

接近系泊浮球

使用引擎接近系泊浮球时，方法与驾帆相同，都是从下风处靠近。

缓缓靠近。如果速度太快，则不得不用倒挡使船停在系泊浮球处，而螺旋桨致偏效应会在船员正要抓取系泊浮球时让船头摆动。因此，要用短促的前进挡油门把船向前挪到浮球处。

在靠近浮球最后几码的距离处，前甲板船员和舵手之间的协调是关键，因为船头正好挡住舵手的视线。

在靠近系泊浮球之前，先商量好一套手语信号。舵手需要知道系泊浮球到船头的方向和距离，何时倒挡停船，何时挂空挡。

如果在舵手位置很难看到浮球，你可以试着从侧支索位置观察，此处干舷最低，舵手视野较好。

船员从拿到浮球的那一刻起，引擎要挂空挡。换到前进挡或倒挡会让绳子挣脱船员的手，至少会造成船员被绳子擦伤。

大风时要极其小心，如果情况不对，随时放弃。

小贴士 第一次尝试时，如果没有抓住系泊浮球，不要灰心。默契完成整个过程需要船员和舵手反复练习。

小贴士 如果水流很强而风很弱，你可能需要逆流接近，以确保船不会驶过系泊浮球。

离开系泊浮球

相较于驾帆离开，动力离开系泊浮球时有更多的方向可以选择。

在松开绳子之前，计划好离开的路径。评估风和水流对你避开其他船和系泊浮球的能力的影响。

下一步检查船是处在逆流停靠还是逆风停靠，松开绳子后，船相对于浮球会如何移动，第一规则就是永远不要驶过系泊浮球和系泊绳的正上方。

如果风的强度足以让系泊绳受力，舵手可以前进挡加几个短促的油门，使系泊绳松弛，便于前甲板船员解开。解开后，倒挡加几下油门使船后退离开系泊浮球。螺旋桨致偏效应把船尾甩向哪一侧，就把舵轮朝着哪一侧打，使船转向下风再驶离。

离开前升帆

很多水手在离开系泊浮球之前就升起主帆。此时升帆很简单，而且省去了离开系泊区域后再找地方顶风升帆的麻烦。保持主缭松弛，这样船会保持在浮球的下风处，而且松开系泊绳之后船会被风吹着后退。帆会影响到船的操纵，在计划离开路径时要记住这一点。要想在正确的受风舷起航，你可能需要用螺旋桨排出流和舵把船尾摆到合适的方向。

复习题（答案见第165页）

填空

1. 如果一艘船在你船两侧______后方大于22.5°的任何方向朝着你船赶来，那么该船正在追越你船。这整个135°的范围与______灯的可见光范围一致。

2. 根据美国内陆水域规则，某些声响信号（汽笛信号）用来表明______并且需要______。

3. 两艘机动船交叉相遇，一次短促的汽笛信号表示“我船意图驶离你船，且______面向你船”。若是追越，一次短促的汽笛信号表示“我船意图从右舷______你船”。

4. 在美国内陆水域内航行的船，如果不同意或者不理解他船意图，应当发出______次短促的汽笛信号。三次短促的汽笛信号表示“我船正使用______挡”。

5. 高挂______能够增加被那些配备雷达的船舶“看到”的可能性。

6. 帆船夜航或者能见度很差时应当展示______灯（红绿色）和艉灯（______色）。

7. 有一种浮标上面水平排列着红色和绿色的色带。浮标顶部色带的颜色会提醒你哪一边才是______航道。

8. 利用罗经航行时，预期的行驶方向叫作______，而你的船头实际指着的方向叫作______。

9. 真方向与磁方向的偏差被称为______。磁方向与______方向的偏差被称为自差。

10. 可能会干扰罗经正常工作的东西有（至少写出3种）：______，______，______。

11. 1海里等于一______纬度。1°纬度等于______海里。速度通常用______表示，意思就是“海里/时”。在公式“距离=速度×时间”中，时间单位是______。

   a. 60

   b. 小时

   c. 节

   d. 分

12. 选择锚地需要考虑的重要因素有：能够________风浪；有足够的________以防撞到其他船；________的类型与锚具相适应；在各种潮汐变化情况下________要满足要求。

   a. 水深

   b. 底质

   c. 摆动空间

   d. 躲避

13. 通过观察锚______是紧绷的还是振动的，就能够确认锚是否牢牢抓住水底。通过观察______方向静止不动的______参照物也能确认锚是否牢牢抓住。

   a. 链

   b. 叠标

   c. 正横

14. 拖锚时的第一反应就是增加施放的______。
   a. 水深
   b. 潮汐
   c. 锚缆长度
   d. 锚的尺寸

15. 在引擎的帮助下进行起锚，前甲板上的一位船员用手______锚的位置，从而让舵手知道______方向。

16. 平行停靠码头时，尽可能让船______风行驶。

17. 停靠码头时要系好的第一根缆绳是______，离开码头时，它是最后一根被解开的。

18. 出于安全考虑，船员决不应该用______或______去挡船，而是要把______放置在船与码头之间。

19. 锚泊或系泊时，前甲板与舵手沟通的最佳方法是使用事先商定好的______。

AMPAIR

第七章

船艺

船艺(seamanship)在字典中的解释是航行和导航技能，或者操控船的能力。这个技能实际上是在海上实践中不断学习所获得的各种技能的庞大集合。

水手训练非常重要的一部分是如何操控帆和调节帆，以高效地驱动帆船。驾帆掌舵是一门需要经验和练习才能掌握的艺术。船艺还是一种智力上的追求，它要求你深入地研究导航，理解船和船上系统如何工作，以及如何操作和维护。

海员必须对天气有透彻的掌握——天气现象是如何发生的，如何预测天气(以及如何应对预测到的或未预测到的天气)。

或许，最重要的是，良好船艺的标志是具备处理船上突发状况的能力。

海洋气象

天气会影响我们所有的户外活动，而且对于不同的人，它可以同时既是好天气又是坏天气。完美的清风可能会吹起沙子，对于踩沙滩的人来说就成了麻烦。雨天也许让你沮丧，但是受到有庄稼在热浪中枯萎的农民的欢迎。在今天我们彼此互联的世界中，气象信息非常丰富。作为水手，你需要知道在哪里找到这些信息，以及如何利用它制订自己的计划。

风及其影响

对于水手，最重要的天气因素就是风。风的强度决定了你今天需要（或者能承受）多少帆量，它的方向决定了每段航程你能航行的帆向角——甚至是预定时间内能不能到达目的地。风还会通过产生浪来影响你航行的水域。

浪

浪是风的孩子，它的大小和频率影响船的操纵性和舒适性。

浪的高度是综合风力、风吹的时间和浪程（fetch，风吹过开阔水面的距离）的函数。浪程越长，则浪越成熟——高度更高，间距更大。

浪高和陡峭度同样受水深影响。在同等风力下，浅水中的浪较深水区域更陡、间距更小。在深度刚好足够航行的水域中航行的龙骨船遇到大浪的浪谷可能会撞到海底。

水流同样影响浪的高度和形状，当强风吹向快速的逆流时会产生危险的短促且陡峭的浪。

水上的风

学习如何利用风的预报来预计航行中可能遇到的情况。

风速大约为5节时，水面会形成拍打船体的鳞波。你可以以稳定的速度迎风航行（因为相对风更大），但是顺风航行就很慢。根据这一点来计划你的日间航行。

风速大约为10节时，小浪会变大而且散开的浪头会出现白沫。此时的风速最适合航行。

风速大约为15节时，会形成更大的浪，很多浪的顶部会溃掉。顺风航行时，10节的风吹过甲板非常好玩，但是如果迎风航行，船就达到了全帆航行的极限——是时候缩帆了。

风速大约为20节时，开始吹起水花。如果天气预报是15节风，且伴随有强劲的阵风，那你要把它当作20节的风。在ASA103级别，你应该留在岸上。

在一些区域，风的方向可能会影响你能安全航行的时间和地点。

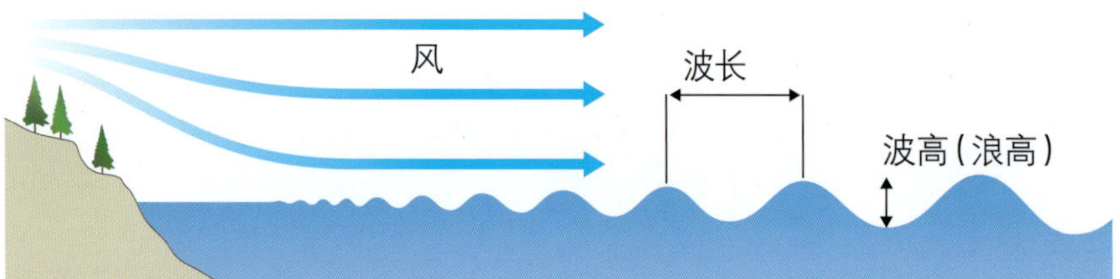

浪的大小和频率取决于风的强度、风吹的时间和风吹过的距离。浪在封闭水体里形成的高度达不到在开放海域的高度。

气象信息的来源

天气会影响你的航行计划，因此，你需要获取一份天气预报。但是不要等到计划出航的那一天才看天气预报——观看前几天的气象预报和报告，了解天气的变化趋势。

电视广播通常会给出未来几天的气象概要，但针对的是岸上听众。互联网是最好的气象信息来源，有针对特定区域和为帆船活动定制的气象信息。

在美国，你可以先在全国气象服务（National Weather Service，NWS）网站上找到各地区的海事气象预报。商业气象服务把来自NWS和其他来源的数据编译成针对海员的预报，通过网站、手机或其他装置的APP发布。

在船上，打开VHF电台（参考第122页）。在它的气象（Wx）频道上，有NOAA气象广播对当地海洋气象的连续播报。

小船警告

美国NWS会在天气条件危险时发布小船警告（Small Craft Advisory）。NOAA气象广播会播报这个警报，NWS也会在其网站公布。

“小船”没有严格的定义，但是ASA推荐ASA103级别的水手听从这些警告。

大风预警

34~47节的风称为大风（Gale），非常危险。当预报有大风时，NWS会发布大风预警（gale warning），每个海员都应该留心。

阅读气象预报

如果你在美国东海岸哈特拉斯角(Cape Hatteras)与缅因州之间某个地方航行,在春季或秋季,很有可能收到一个包括下列信息的气象报告:“西南风,10~15节,转成西北风25节。”如果你研究一下气象模式,可以推断出比这多得多的信息。

锋面过境

如果看向窗外,你可能会发现正在下雨,因为西南到西北的风摆一般对应冷锋(cold front)过镜,冷锋的前面还有暖锋(warm front)。

地球大气层的空气是不断流动的,它受太阳的热量驱动并由地球自转效应控制方向。当一个暖气团(发源于副热带某处)移动时,在它的前锋边界,即与冷空气相遇的地方,会形成暖锋。前进的冷气团(发源于亚极地某处)与暖空气相遇的边界,称为冷锋。

暖空气可以比冷空气容纳更多的水汽,且比冷空气轻。当暖锋的空气追越冷空气时,它会向上爬升,在高空大气中冷却,释放出蕴含的水汽,以降雨的形式落到地面。

冷气团移动的速度比暖气团快,倾向于追越暖气团。冷空气会像楔子一样楔入暖空气团的底部,迫使暖空气抬升,释放出蕴含的水汽。由于冷空气移动的速度很快,所以反应会非常剧烈,尤其在暖空气非常潮湿时,结果通常是雷暴——伴随着闪电、冷雨,甚至冰雹。

暖锋伴随多少雨量、冷锋是否会发展成雷暴,均取决于气团之间的温差、蕴含的水汽(即湿度)。这些因素在每个实例中各有不同,还有季节和其他全球性因素……这也是为什么需要NWS这样的专业机构来整合这些内容并做出预报。

高压和低压

冷暖锋通常伴随着相邻的低气压和高气压区域。简单来说,高气压,又称为反气旋,是一个由温度更冷、密度更大的空气组成的穹顶;低压区域,又称为气旋,是一个由温暖、密度稍低的空气组成的大碗。

在气象图上,等压线连接气压相等的点,就像等高地图上的等高线。在较深的低压周围,等压线分布更密,近乎圆形。正如水向低处流,空气同样从高压流向低压。在北半球,地球的自转会导致这股自由流动的空气弯曲,使其绕低压中心逆时针转动,绕高压中心顺时针转动。在南半球,转动方向相反,但是天气系统的特性在其他方面是一致的。

如果你在气象图上用手指着一根等压线描过去,绕着高压顺时针走,绕着低压逆时针走,你的手指的运动方向就接近于风在地球表面这个位置的方向(风实际上会沿高压向外偏,沿低压向内偏)。等压线越密集,气压梯度越大,伴随的风越强。

冷锋和暖锋通常从低压的中心辐射出来。当你的手指经过一个锋时,你就会看到等压线的方向前后有明显变化。对于比较典型的冷锋来说尤其如此,因此就产生了上文提到的西南风到西北风的偏转和风力的增加。

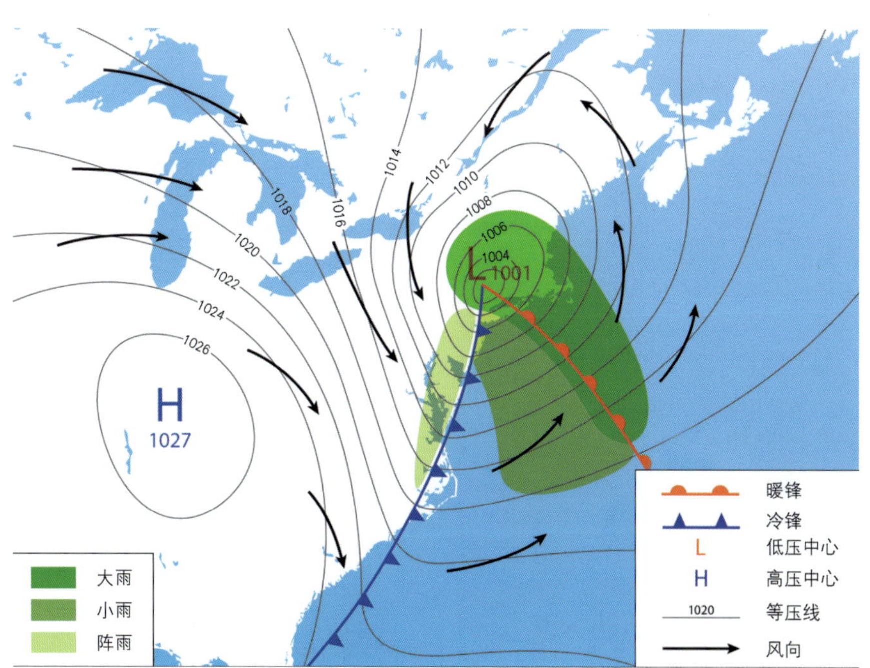

地面的高压和低压系统一般是自西向东运动的。低压接近时会带来多风和潮湿的天气,而冷锋过境后天气会放晴。在等压线最密集的地方风力最强。

天气模式

在热带以北或以南，天气模式一般自西向东绕地球移动。如果你在纽约，想了解明天的天气，可以打电话问问住在你西边的亲友。正在他那里降雨的低压系统如果从你的北边或南边通过，你可能遇不到完全相同的天气，但是你可以获知下一步天气变化的线索。

鱼鳞天

前面例子中所讲的风预报是一个典型的冷锋过境美国东海岸的情形，通常位于北纬30°，出现在夏季或早秋。一般还有一个属于同一低压系统的暖锋作为先导。

在这样一个天气系统来临的前两天或前三天，一般会有先兆。水手的古老谚语，“鱼鳞天和马尾云让高帆船挂低帆（Mackerel sky and mares’ tails make tall ships carry low sails）”，这描绘了携带雨水且有时伴有强风的暖锋到来之前出现的云。

马尾云是高海拔的卷云（cirrus cloud）。它们一般后面跟着看起来像鱼鳞的卷积云（cirrocumulus）。当暖锋靠近时，更浓、更低高度的云伴随而来，开始遮住天空，这是雨要到来的确切征兆。最终，天空阴云密布，连续地下起雨，同时伴随有飞掠而过的很低的雨云。

高空卷云有时看起来像马的尾巴，通常预示着多阵雨的天气。

当低压系统经过你的北边时，你可以看到以上所有变化。风会逐渐顺时针方向偏转，随着暖锋经过，从偏南风逐渐变成西南风。

冷锋到来时会发生什么取决于很多因素。通常，风会迅速地向顺时针方向偏转，偏转成西风或西北风，温度会降低，而天气会逐渐放晴。如果冷锋后边的高压很强，初始到来的风会很强且多阵强风。后面的明媚晴天可能会持续几天，而风会逐渐减弱。

如果低压中心从你的南边经过，降雨会伴随有不断逆时针偏转的东南风，你可能会遇到东北风：风力很强，甚至是大风级的东北风，还有大量降水。

在一些地区，像鱼鳞一样的卷积云预示着多风的天气。

如果你计划在周六出航，但是在周三看到了马尾云，检查一下天气预报吧。

当地影响

有几种天气现象，其中很多可以预测，会在大型天气系统下局部盛行。它们可能是由暖水、冷水、多山的海岸，或者其他原因造成的。

高山，哪怕离海很远，也会影响海岸的天气。加利福尼亚的桑塔阿那风（Santa Ana）是一种典型的由于冷空气下山流动而形成的风。多山的海岸同样会产生局部、短暂但很强的阵风，一些地方称为威利瓦飑（Williwaws）。

海风和陆风

很多地区存在的一个特征性天气是周期性的海陆风（sea-breeze/land-breeze）。在白天，太阳加热陆地，陆地再加热其上方的空气。热空气上升，沿着整条海岸线，海面上较冷的空气向岸上移动来填补这个位置。在夏季的罗德岛上，你甚至可以用西南海风到来的时间校对手表，资本大亨们利用这种空调效应在岛上修建很多避暑别墅。

海风在日落之后就会平息，陆地开始降温。如果陆地上的空气温度变得比水上的空气更低，这个过程就会反过来进行，冷空气吹向水面，形成陆风。

当地水手可以告诉你当地航行区域的风和天气模式。

应对天气

只要我们仔细地制订计划，天气通常只会带来些许的不确定性。应对不断增加的风力，要及早缩帆，并考虑寻找避风港。突如其来的风暴则需要快速和果断的行动。你要随时对天气的变化保持警惕，并制订合适的行动方案。

小贴士 当你在水上时，观察天空是否有风变化的征兆。云的变化预示着风向的变化。水面的颜色变暗预示着风力增加；如果浪出现白尖，说明风会增大很多。观察其他帆船——他们现在是什么帆向角，侧倾如何。

夏季雷暴

陆地上升起的湿热空气是很多地区常见的一种天气现象的驱动引擎——夏季午后的雷暴。

你会看到朵朵积云（cumulus），这是雷暴的先兆。随着时间推移，一些积云会变得更大，顶部像花椰菜一样。

这些云是积雨云（cumulonimbus），最终会变成雷暴，砧状的顶部预示着其强度。高温潮湿天气下看到这样的云，有经验的水手会立刻寻找逃跑路线。

受高空风的驱动，这些风暴经常会逆着海风到来，带来闪电和40节以上的大风，二者大多出现在雷暴的前边缘。你大概有30分钟到2小时的时间来逃脱或关紧舷窗，这取决于你在多远的距离上发现它。

避风处可能是你的母港，或者在雷暴来临方向上有遮蔽的水湾，你需要有足够的时间下锚并把锚扎紧。

如果有足够先机，你可以与雷暴移动路径呈90°角度驶离，以尽量减少暴露在风暴中的机会。

如果看起来你跑不掉了，做好以下准备：

- 打开VHF无线电台，调谐到Wx频道（或者打开你的手机或计算机App），了解风暴的强度和路径。
- 驶到下风侧有足够可航水域的地方。

当看到彩虹时，一般意味着夏季午后的风暴已经过去。如果这是早晨，你最好看一下西边的天空，这时夹杂着大雨和强风的云可能正在向你飘来。

- 要求每个人穿上救生衣。
- 让每个可能离开驾驶舱的人穿上安全背带。
- 关闭所有舷窗。
- 确保锚准备好且可以随时下锚。
- 启动发动机。
- 降下或卷起帆，并把帆绑好。
- 环顾船周围的海面，记下周围其他船舶的位置（和航向）、助航浮标和潜在危险物的位置。
- 穿上防水衣物。
- 如果有闪电，让大部分船员下到内舱，并告诫他们远离金属物体，比如索具。
- VHF切换到16频道（参考第122页）。
- 等待风暴的到来……

当风暴来临时，一切都会在几分钟之内变得混乱——倾泻而下的雨墙、闪电的亮光和怒号的风声。一切安然无恙：帆已经降下了，因此不会受损，船依然受控制。

如果你的下风侧有海面空间，你可以放任不管，任由船被吹向下风。

如果没有海面空间，或者你认为风暴可能会持续一段时间，用引擎缓慢地顶风推动船。

通常，午后雷暴持续时间不长，而且在前锋经过之后风力很快就会减弱，但是在确定风暴完全结束之前，不要升帆。雷暴经过之后，再根据未来的天气，选择继续航行或者寻找遮蔽。

雾

雾从来不是海员的朋友，除非这个海员正在走私才会感谢雾的掩护。数千年来，视力是在水上确定位置、保持航线、躲避障碍物的卓越工具。今天，我们有了GPS和雷达，但是两者都不能在你被无法穿透的浓雾包围时减轻无助感。

海岸的雾经常在水温和气温差异很大的季节发生。

雾的来源

雾有多种起因，但都是相同的因素在起作用。

空气通常含有一定量的水蒸气，而空气所含水蒸气的量随温度变化。相比冷空气，暖空气可以保存更多的水汽，但是如果暖空气冷却，它会到达一个临界温度，称为露点，水汽达到饱和。空气温度的继续下降会导致水蒸气在空气中凝结成水滴。在高空凝结的水汽称为云；在地面或地面附近形成时，我们称之为雾。

多种机制会导致雾的形成，但是在沿岸水域最常见的原因是暖湿空气移动到冷水之上。这在春天和夏天会发生，此时陆地会先于海面升温（在大型湖泊附近也会出现），并加热陆地上的空气。如果这些空气移动到水面上，被下方水面冷却，达到露点，就会在水面上形成雾。

当暖锋后面的空气移动到更冷的水面上时，类似的机制也会发挥作用。

雾难以预测，而且是局部发生。陆地上的气象预报，比如电视台播放的预报，通常不会提到海雾形成的可能性，甚至NOAA有时也会在其海洋预报中省略。

一般而言，如果岸上天气炎热且潮湿，水温又低，小心可能起雾。如果你可以测量空气温度和露点（见下文），就可以了解到所在地区形成雾的天气条件。

船上气象站

气象学，是关于天气的科学，对于水手来说是很不错的爱好（帆船不是爱好，它是一种生活方式！）。

气象学家使用一套标准的观测手段来确定当前的天气形势（当前正在发生什么），并预测未来当地或其他地方会发生什么。这些标准的观测有：

- 气压（及其变化趋势）
- 温度
- 湿度
- 露点
- 风速
- 风向
- 云量和云的类型
- 降水

你可以用罗经来确定风向，多加练习之后，可以仅凭观察来判断风速，很多巡航帆船配备有风仪表，观测起来简单了不少。平价的手持气象仪可以提供数据，比如温度和露点，这样你可以把天气的很多点连起来。把你自己的观测结果和气象预报做对比，你会学会如何读懂所在航行地区的气象征兆。

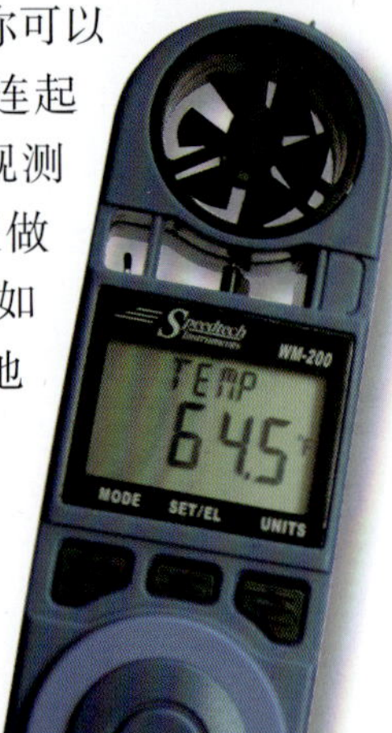

手持气象仪提供了各种信息。

船上气压计

除了眼睛之外，气压计是最有用的预测工具，而且它不需要电池和连接互联网。

气压计告诉你当前的气压是多少，但更重要的是，如果你把气压计读数定时记录在航行日志中，就可以判断出气压变化的趋势。

快速的变化意味着很快就会有麻烦。

稳定的气压读数通常意味着如果天气变化，它会缓缓地变化。气压下降表示一个正在离开的高压或者正在到来的低压。气压升高意味着低压已经过去。一般来说，气压下降，则准备好迎接低压系统的风和雨——下降越快，风力越大。气压升高，预计天气会随着高压的到来而转晴。但同样地，如果气压上升很快，也会预示着强风。

潮汐

潮汐是水面的垂直运动——高潮在水面最高时发生，低潮在水面最低时发生。它们是月球引力和太阳引力作用于地球海洋的结果。

不断变化的潮汐

月球的影响主宰着潮汐的周期，潮汐基本上绕着地球追随月球运动。由于月球绕地球公转的周期是29.5天，因此潮汐周期每天会延后50分钟发生。此外，由于非常复杂的物理原因，每天的潮汐周期包括两次相隔12小时的高潮，以及在每次高潮6小时后发生的两次低潮。

受太阳的影响，高潮和低潮的高度随月相变化而变化。新月时，月球和太阳在地球的同一侧；满月时，月球和太阳在地球正对的两侧，它们的影响相互叠加形成更高的高潮和更低的低潮，称为大潮（spring tide）。在月球的上弦月和下弦月时，太阳的影响和月球的影响部分抵消，此时潮差（tidal range）最小，称为小潮（neap tide），即高潮和低潮的高度差最小。

潮流

潮流是海水在高潮和低潮之间做水平运动的结果。它的强度受当地因素（比如潮差，不同地方差异很大）和地形（水流过的地形）的影响。潮流在大潮时比小潮时更强。

以连通大洋的海湾为例，当潮水进来时，从低潮升到高潮，潮流是涨潮流（flood current）。当潮水离开时，是退潮流（ebb current）。平潮（slack water）发生在潮流既不是涨潮也不是退潮时。潮流在两次平潮的时刻中点时最大，一般相隔6小时。

地理特征也会影响潮水流动。在很多地方，平潮并不与高潮或低潮的时间同步，因此，不能假定潮流在高潮和低潮时变向。

潮汐和潮流表

在美国，NOAA负责潮汐预测。所有你需要的信息都公布在NOAA的网站上（www.tidesand currents.noaa.gov），包括大西洋、墨西哥湾和太平洋沿岸的很多地点的潮汐表和潮流表。

NOAA还以图书的形式发布潮流表和潮汐表，可以通过很多海事专营店购买。要想获取较为精简的当地信息，可以找一下包含潮汐表和潮流表的地区出版物。

在很多沿岸地区，潮差和潮流的强度会影响到你航行计划的时间和航行中的掌舵航向。

当船在水流中航行时，如果知道水流方向（set）和水流速度（drift），则可以调整航线将其考虑在内。计算方法在ASA105沿岸导航中有讲解。出于当前的训练目的，我们通过观测来估算一个航线修正。

你可以在锚定的浮标和鱼漂上观察到潮流的影响。水流流经一个浮球时会形成尾流，看起来就像浮标在水中移动。通过观察尾流可以估计水流的方向和速度。航行时，你可以利用叠标方法来判断有无水流把你推向一侧，如第五章所述。

在一些沿海地区，比如缅因州，靠海为生的人受潮汐的管辖。低潮可能不是最佳的离港时间，但是提供了一个给船底涂漆或维修船舶的机会。

通过观察水流对浮筒的影响可以判断水流的强度和方向。

电子通信

无线电通信展现了海事通信和安全的巨大飞跃。在无线电技术出现之前，船只能在相互看到对方时传递信息，这意味着船的“救援视野”基本上就是可见的地平线。无线电波扩展了每一个无线电台的天际线——无论是岸上电台还是水上电台。今天，卫星提供了对这个星球大部分地区的无线电覆盖，卫星电话让水手们（或非水手们）可以从几乎任何地方给家里打电话。

手机和沿岸水手

对于沿岸巡航水手，VHF无线电是水手的第一生命线。它也是与其他船舶和岸台交流安全信息的重要工具。手机在日常通信中有重要价值，它们可以用于疏导非紧急通信，空出无线电频率来增加安全性。

广播信号

当你打电话时，只有你呼叫的一方能听到你。然而无线电台会广播一个信号，在其广播范围之内的所有打开并调谐到相同频率的无线电台都可以收到。

这使得VHF无线电通信特别适合水上呼救。美国海岸警卫队，或者其他权威机构可能会收到你的信号，你附近的其他船舶同样可能听到，并且可以在更短的时间内提供救援。同样，美国海岸警卫队的VHF网络可以对发射源进行定位，提高做出反应的效率。

但是对于广播发射，如果大家同时讲话，则相当于没有人可以讲话。无线电通信要求用户遵守制定好的礼仪，而且这一点有法律支撑。

无线电台

任何携带无线电发射器的船上或岸上设备，在无线电通信术语中，称为电台。除了一些例外情况，美国无线电台必须由美国联邦通信委员会（Federal Communication Commission，FCC）颁发执照。

长度在65英尺以下的休闲船舶在美国水域内航行时可以免于获取电台执照。

美国商业船舶根据美国联邦规定必须携带VHF无线电发射器，而且必须获取电台执照。

> **数字选择呼叫**
>
> 所有新式VHF无线电台都配备有数字选择呼叫（Digital Selective Calling,DSC）功能。只要按一下按钮，DSC电台可以自动发出遇险呼叫，触发美国海岸警卫队“USCG Rescue 21”系统的回应。
>
> 设置好电台之后，注册后获得一个海事移动服务编号（MMSI），然后连接到GPS接收机，自动呼叫信息包含发送船的信息及其位置信息。
>
> DSC还可以让你像使用电话一样使用VHF无线电台——它可以有效地拨打你想呼叫船的MMSI号码，省去了公开呼叫。

16 频道

海事VHF无线电台可以在30多个频道上呼叫和接收，每一个频道都有其专用目的。

16频道有特殊的意义，因为它是“国际遇险、安全和呼叫”频道，是无线电台（其中一个必须是船台）发起呼叫时使用的频道。电台相互联系上之后，双方电台必须切换到一个工作频道上进行对话。美国海岸警卫队7天/24小时监测16频道。

被要求必须携带无线电台的船舶在运行过程中必须时刻监听16频道。ASA推荐休闲船舶携带一个VHF无线电台，在水上时监听16频道。

注意 为减少16频道上的非紧急通信，FCC指定了9频道作为休闲船舶非紧急通信用的呼叫频道。很多海事VHF无线电台可以同时监听两个甚至三个频道，因此你可以同时监听9频道和16频道。

工作频道

FCC规定，每个海事VHF频道都有指定的用途。

13频道是“桥对桥”，即舰桥对舰桥通信，用于航行安全。（它还用于和桥梁的操作者通信，这些桥梁横跨在可航水域的上方，需要开启让船通过。）

68频道、69频道、71频道是用于船对船和船对岸通信的工作频道。72频道只用于船对船。

注意 船对船是无线电通信术语，与船的尺寸无关。如果你从日间帆船上呼叫“企业号”航空母舰，也属于船对船。从船上呼叫码头是船对岸。

VHF 无线电台的使用

当你打开海事无线电台时，它

会调谐到16频道。要想切换频道，你可以向上或向下滚屏，就像汽车上的收音机。它有一个音量控制和一个噪声抑制功能，噪声抑制可以“关闭”背景无线电噪声。

发报时，按住麦克风上的按钮不动。只有在你讲话时按下按钮，讲完后松开守听，等待回应。由于无线电台是在同一频道上发送和接收（单工）的，你必须松开发送键，让出频率，才能听到回应。

发信机有两个功率设置。对于视野内可见的电台，用低功率呼叫（总是使用频道13），更远距离的呼叫用高功率。

VHF无线电传输是视距内传输，其范围受地球曲率限制。天线越高，可通信的距离越远。

标准呼叫流程

对于非紧急呼叫，先守听该频道15秒，确认不会打断其他人的通信。出于导航目的，用16频道（美国大部分地区）来呼叫其他船，用13频道呼叫一艘轮船或一座桥梁。根据情况选择高功率或低功率设置。

如果你在“Joshua号”上，想要联系“Spray号”上的朋友，使用下列简明格式。它可以保证通信简短，为其他用户空出更多通信时间。

“Spray号”收到你的呼叫之后，你再切换到68频道，仔细听是否有其他人在通话。如果频道是闲置的，则重新呼叫“Spray号”：

保持对话简短，停止讲话时，使用“over”来告诉“Spray号”你在等她的回复。

通话结束后你说，“Joshua out”，

然后切换回16频道。

其他情形用“the yacht Joshua”来指代你的船。

小贴士 VHF无线电通信只能用于合法的船舶通信。你可以在印第安河上与“Spray号”协商一个汇合点，但是闲聊华盛顿红人队比赛会被罚款。

紧急无线电发射

所有无线电台都要留意高优先级呼叫，它们分为三个类别。“Mayday”声明存在损失船舶或船上人命的迫切威胁。“Pan Pan”用于有关船舶或人员安全的紧急通信的开头，不存在迫切的损失船舶或人命的威胁。“SECURITÉ”声明一条有关航行危险物的紧急安全信息。

MAYDAY

遇险呼叫以“Mayday”开始，非常简短：

“Mayday, Mayday, Mayday,

This is the yacht Joshua, Joshua, Joshua.”

紧接着遇险信息，你要提供船舶的细节：位置、所遇危险的属性，以及想要获取的帮助：

“Mayday. This is yacht Joshua.”

“I’m in position... ”（给出经度和纬度，或者相对于助航浮标或地理特征的位置。）

“I’m taking on water...”（给出所遇危险的属性。）

“I need...”（描述你想要的帮助，医疗、撤离等。）

“My vessel is a 30 feet white sailboat...”（描述你的船舶。）

“There are 4 persons aboard ...”（提供船上的人数。）

做出反应的美国海岸警卫队操作员会掌控局势，并根据需要询问更多信息。

PAN PAN

“Pan Pan”发音为Pahn Pahn，与“Mayday”呼叫一样，但是“Pan Pan”开始时要重复三次，一般后面跟着“all stations（所有电台）”，即呼叫电台的名字，然后是信息。

美国海岸警卫队会使用“Pan Pan”来协调所有船舶瞭望遇到麻烦或失踪的船舶。

如果需要援助，但不是迫切的危险，比如失去舵效或者看到另一艘船遇险，你也可以使用“Pan Pan”。

SECURITÉ

“SECURITÉ”（发音Se-cu-ri-tay）用来报告航行危险物，比如危险的漂浮残骸，或者失踪或受损的助航浮标。“SECURITÉ”呼叫不要求有回应。

注意 在救援中心同时监测十几个频道的无线电操作员反馈说，“Mayday”呼叫肯定会引起他们的注意。但是，不要把“Mayday”用于生命未受到威胁的情形，以免分散用于其他确实有生命危险的事故的救援力量。虚假的Mayday恶作剧会受到严厉惩罚。

应急处置

通过参加ASA课程，你已经学习了一些知识和技能，能在帆船航行中做出成熟决策，确保船舶器材状况良好。然而，还会有新的问题出现，进一步提高独立性的一个好方法是预先对帆船上可能碰到的意外做好应对计划。

如果你船上的"状况"变成了紧急状况，其中一种向其他船舶发信号的方法是烟幕弹。

小意外还是紧急事件?

喜剧和悲剧之间的差别在很多情况下只是程度的问题。一个倒霉的家伙从码头上迈到船上来时脚底打滑落水，可能不过是引起一场哄笑，他唯一损失的只有干燥的衣服和一点自尊，旁边的一把梯子就可以让他摆脱麻烦。然而如果他在落水时撞到头部，或者旁边没有梯子或没有目击者，后果可能更严重。

应对意外事故的方案

你可以采取防范措施，但是也应该有事后补救的办法，这样小意外发生时就不会变成紧急事件。后面我们将会考察一些可能的事故，并提出一些降低危害的方法。

岸上联系

在离开码头之前，确保手机里有重要联系人的电话号码。这包括你计划有变时的指定岸上联系人、码头、商业拖船服务、当地海岸警卫队电台。在遇到麻烦时，你可以立即寻求帮助。

呼叫援助

在美国，在遇到有受伤威胁或受伤的紧急情况下，你首先想到的就是VHF 16频道。每个"收听"的人都能听到你的呼救。

你的第二条热线是直接通过手机拨打海岸警卫队的号码。

911呼救有可能是效率最低的，因为911接线员还要联系海岸警卫队来转接你的信息。

如果你遇到了麻烦，但是没有迫切的生命威胁，可以呼叫拖船公司或码头，而不是海岸警卫队。

注意 曾经有一段时期，海岸警卫队几乎对所有呼救信息都做出响应。现在，除非有受伤或迫切的生命威胁，否则他们会把你的电话直接转给拖船公司。

小贴士 经验会教你如何判断事故究竟是可以用船上资源解决的小麻烦，还是紧急情况。如果有任何怀疑，先呼救再说。.

拖船和被拖船

所有类型的船东都会在某个时刻需要拖船，动力船可能会遇到发动机故障，帆船可能会遇到索具缠结或绳子缠在螺旋桨上。

拖船是有危险性的，除非风平浪静，否则这项工作最好留给有合适装备和受过培训的专业人士来做。

由于涉及极大的受力负荷，拖船绳必须系在两艘船上最坚固的位置。在帆船上，最结实的点是桅杆基部或主绞盘。

拖船最好通过一根拢头绳(bridle)来进行，两根绳子系成一个Y形。Y形上边的两个点是一根绳子的两端。在拖运帆船时，它们应该系在主绞盘上。把Y字的腿系到这根绳子的中间，最后连接到被拖的帆船上，或者连接到穿过船头导缆钩的另一根拢头绳。

在可能的情况下，尽量避免拖带另一艘帆船的船尾，因为这会严重损坏舵。

在拖船或被拖的船上，船员在任何时间都要避开拖缆及其系着点。

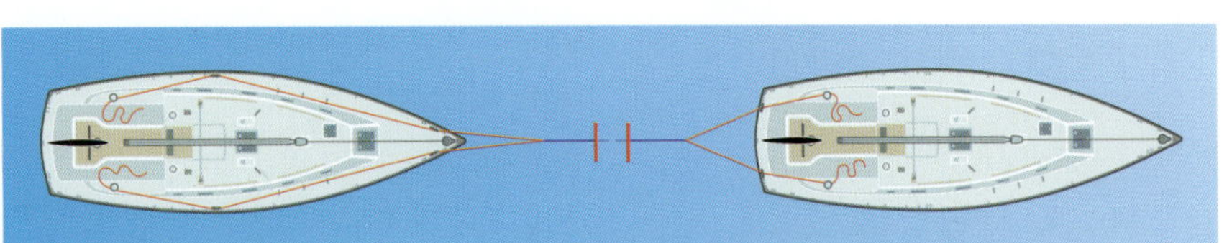

拖船时，拢头绳确保拖力作用在中间且平均分配到两根绳上。

搁浅

所有的水手都会在某一时刻经历搁浅。这可能是由于不注意、粗心或者是沙洲的自然迁移。船舶以很快的速度航行时，重重地搁浅在岩石或珊瑚上会导致船体损坏或船员受伤。在软泥中搁浅可能只是一点尴尬。

如果只是龙骨触到海底，让船侧倾或许可以抬高龙骨，就足以摆脱搁浅。

第一反应

立即停下船，不要在麻烦中越陷越深，松开缭绳或者打到空挡。评估一下情况。

- 如果搁浅时撞击很严重，检查船员是否受伤，然后检查船体是否破损或漏水，尤其是舵和龙骨附近。
- 要求每个人穿上救生衣。
- 如果你处于下风岸，降下帆，这样风就不会把你继续往岸上推。
- 如果有人严重受伤或船遭受重大损伤，呼叫海岸警卫队。
- 根据潮汐表判断当前是在涨潮还是在落潮。

摆脱搁浅

根据地点、底质类型和船型设计，下面几种技术可以单独或组合使用，使船舶重新浮起来。

首先，利用海图确定自己的位置、船进入深水所需的移动方向。

小贴士 在搁浅之前，你航行在深度足够的水上，所以如果能回到那里，就肯定能重新浮起来。

如果你航行时较缓慢，并且撞击很轻，或许可以用引擎倒船摆脱搁浅。轻轻地把舵轮打到一侧和另一侧，确保舵可以自由转动。如果舵能动，松开引擎到倒挡，观察是否有用。只要舵没有搁浅，就可以一点一点地增加转速。

试着让船侧倾，旋转龙骨使其离开水底——这样船吃水更少，可以让船员全部站到下风侧。（这种方法不适用于翼形龙骨！）为使船侧倾更多，你可以让船员爬到横杆上，然后松开缭绳。

如果还是动不了，那就不得不快速做几件事情。

如果潮水在上涨，那你运气还不错。放下锚（或用锚摆脱搁浅）让船保持不动，直到潮水把船浮起来。

如果深水在下风侧或在前方，用帆和船员体重一起配合让船侧倾，让风把船吹离搁浅。

如果不能摆脱搁浅，向专业拖船公司寻求帮助。要及时做出这个决定，因为拖船做出反应需要时间，而潮水是不等人的。

小贴士 在深度可疑的水域航行时，最好选择航道的上风侧，即使搁浅，也可以更容易地驶离。

用锚摆脱搁浅

用锚摆脱搁浅（kedge off）是一项久经检验的技术，用来在受限水域中逆风移动船，或者在河流中逆流移动船。今天，它常被用来使搁浅的船摆脱搁浅。要想用锚摆脱搁浅，首先要把锚运到深水中去。每艘巡航帆船上都应该有一只可以用小艇运输的轻便小锚和一段锚绳。

把锚绳的工作端系到帆船上。把锚降到小艇中，缓慢地把小艇开到深水区，随走随放出锚绳。当锚绳完全展开时，把锚从小艇上解下（注意不要把锚绳绕到螺旋桨上）。

拖动锚绳使锚扎地，然后施加稳定的张力，同时利用船员重量使船侧倾。

为摆脱搁浅，使用小艇把小锚运到深水区，使锚扎地并拉动锚绳。

漏水

漏水可以是恼人的小问题，也可以是大灾难。幸运的是，大部分漏水属于前者，除了导致一点不舒服和不方便之外，不会影响航行。然而，如果水以非常大的流量涌进船，则必须尽快处理漏进来的水及漏水源头。

漏水的迹象

如果有下列迹象，就说明有水进到船里了：

■ 自动舱底泵每隔几小时开一次，或者连续开动。

■ 舱内有水从地板下方渗上来。

■ 水从水槽柜下方或船上洗手间门下面渗出来。

■ 把地板抬起来，下面可以看到水。

找到漏水点

在考虑潜在漏水源头的同时，判断水进入的速度。如果进水很快，则必须快点找到源头。

确保自动底舱泵处于工作状态，指定一个人操作手动底舱泵。

除非船体撞到水下物体，否则主要怀疑对象是船体上已经存在的洞。

船体漏水时，第一个要检查的地方是舱底里螺旋桨传动杆穿过船体的地方。

■ 穿舱口安装件

追踪所有的穿舱口安装件（排水管、进水口等），关闭所有通海阀。某个方便的位置可能会有一张所有穿舱口的位置示意图——可能在海图桌里。

小贴士 如果引擎在工作，则不要关闭引擎的进水通海阀。然而，如果它是漏水源头，则先关闭引擎，然后关闭通海阀。

通海阀失效的可能性很小，但如果失效，阀门旁边应该有一个系着的木塞，可以敲进木塞堵住开口。

■ 螺旋桨传动杆和舵柄

螺旋桨传动杆和舵柄贯穿船体的地方也是潜在的漏水点。它们通常难以够到，但是通常只有在遇到明显的事故之后，它们才会有严重问题——比如一次撞击到舵的重重搁浅，撞击漂浮物体，或者绳子缠住螺旋桨——这些事故会促使你首先检查这些位置。

堵住漏水口

无论漏水是由于漏水口或其他原因，你都需要找到临时堵住漏水口的方法，比如塞进碎布，并用地板或其他可用的材料顶住。如果船体上有洞，试着从外侧堵住它，把绳子系到帆上或垫子上，然后设法把它挪动到开口处。

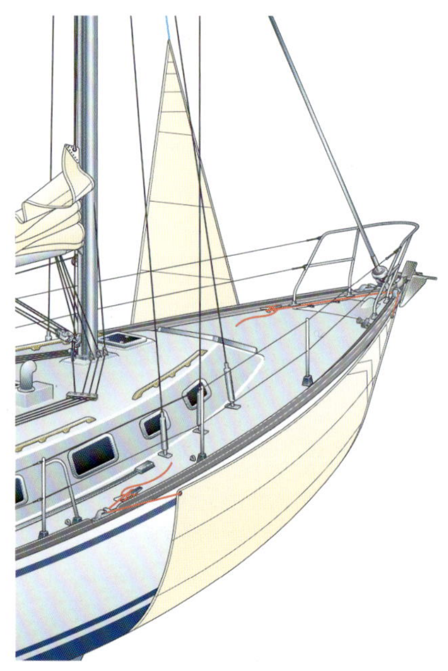

帆可以用来减缓水线下方洞的进水速度。

不去寻找漏水口或堵口的人都应该去操作电动或手动的底舱泵，或者用水桶排水，把水排到驾驶舱（水可以从驾驶舱流到船外）。

如果情况可控，航行到最近的可以处理这个问题的地点，比如带有吊起设备的码头。

绝望的措施

如果无法阻止漏水，用所有可能的方式排水和泵水。如果船（还有生命）受到威胁，呼叫救援。

如果你能够使用动力或驾帆航行，把船开到浅水的遮蔽区域，这样万一船沉了，救援和打捞会相对容易。

小贴士 一些漏水与其说是威胁，不如说是烦恼——比如某个船员忘记关闭舷窗口，进来很多水花。然而，水对于很多船上系统来说并不是好事，比如电子系统。航行时一定要紧闭舱口和舷窗。

舵失效

当舵轮失灵时，你可能会先疑惑一段时间，然后才意识到船已经对转动舵轮没有响应了。首先，确保自动舵没有意外开启，然后找到并连接好应急舵柄。如果你能够重新控制方向（这并不容易），就说明舵并没有丢，问题出在转舵系统上。

由于驾驶舱空间的限制，应急舵柄经常太短而难以操纵。通常用绳子把舵柄连接到驾驶舱栏板上的主绞盘上，以获得更大的力。

补救方法

舵轮控制系统有多个潜在故障点。钢缆连接可能松了，某根线缆可能断了，或者某根线缆可能被拉长了，从舵扇上掉下来了。在罕见的情况下，舵扇可能与舵轴连接松了。

如果是钢缆的问题，船上有合适的工具和备件的话是可以维修的。

如果无法当场修理，可以用紧急舵柄来控制船的方向。舵柄用绳索连接到主绞盘可以给你更大的杠杆，而且你会发现动力航行要比驾帆更容易。

如果问题出在舵上（或者是舵丢了），可以试着用帆来控制方向，但是这说起来简单，做起来难。幸运的是，舵一般比较耐用且安装较牢固，所以除非你把舵撞到什么东西上，否则一般很难丢失。

如果船失去了舵，调节（或者卷起来）帆，尽可能平稳地航行，并呼叫救援。如果条件允许或环境要求，准备好下锚。

螺旋桨缠绕

漂浮的杂物、各种各样的渔网，甚至海草都可能会缠上螺旋桨。水手有时无意中也会将自己的绳子结结实实地缠在螺旋桨上。

症状

如果有下列症状，则说明螺旋桨被缠住了：

- 引擎突然停止工作。
- 船速明显减慢。
- 从船下传来拍打的声音。
- 船舷上拖在水中的绳子突然收紧。

响应

如果引擎还在工作，立刻把它慢下来，松开挡位并关闭。检查甲板四周，看是否有绳子滑到水里、缠到螺旋桨上了。试着观察船下方有什么异样。

如果绕在螺旋桨上的绳子连回船上，你可以把挡位打到空挡，让螺旋桨能自由转动，并试着用手拉动绳子。不要使用绞盘。

如果用手够得到的话，则可以在船舱内手动转动螺旋桨传动杆，同时让另一个人拉绳子。

如果你被某种渔网困住，且无法摆脱，则需要用船钩把绳子拉起来剪断，然后试着清理螺旋桨。

绕在螺旋桨上的海藻或许会自行脱落，或者需要有人从甲板、小艇、游泳梯上用船钩帮一下忙。

如果你无法在船上把螺旋桨清理干净，则评估所有选项。如果有风，可以驾帆回港，并且提前呼叫码头或俱乐部，让他们在你到达后帮你把船带回泊位。如果没有风，可以呼叫拖船，但是尽你所能用帆来保持对船的控制。

小贴士 如果你的动力是舷外机，则把它倾斜过来清理螺旋桨。要小心——很难伸手够到船后较远的位置。把自己系在船上。

索具失效

索具失效有多种形式。索具失效可能导致船减速，或者结束你一天的航行。侧支索和前后支索时刻承受着拉力和振动，缭绳和升帆索则承受各种磨损。还有那些讨厌的卸扣和插销把一切连接到一起（墨菲定律发生时，它们就会断开）。

升帆索

如果升帆索断裂或卸扣松开，帆前缘会松掉。你需要降下帆，可以用一根备用升帆索把它再升起来（如果有的话）。

如果你没有备用升帆索，则收好帆，继续用剩下的帆航行。如果卸扣松脱使升帆索跑到桅顶下不来，则需要等你回到码头，让索具师或者船坞工人爬上桅杆把它取下来。

缭绳

如果前缭断开，很有可能是在迎风航行时受力很大的情况下断开的。立即换舷，用另一根缭绳控制前帆。然后你可以系上一根新缭绳（前提是你能安全地抓到帆后角），或者把帆卷起来，等回港后再更换缭绳。

如果主缭断了，则让船头顶风，这样横杆就位于驾驶舱的正上方。小心，横杆会左右摇摆，在横杆末端系一根结实的绳子。拉紧这根绳子，并系好（可以系在甲板羊角上），这样你就可以控制住横杆，腾出时间来降下并收好主帆。

固定索具

如果遇到固定索具失效，最重要的考量是保持桅杆系统不倒下。一旦做完你所能做的一切，就向母港或最近的地方航行，尽快进行永久修理。

如果侧支索或前后支索断开，你会听到很大的一声响，桅杆会活动，不再保持直立。如果桅杆没有立即倒下，你需要快速行动。

- 侧支索失效：如果上风舷的侧支索失效，则换舷，让负荷施加到对面一侧的侧支索上。把一根备用升帆索系到甲板上靠近侧支索的结实位置，并用绞盘绞紧。降下帆并使用动力回港。
- 后支索失效：转向迎风并用力收紧主缭，用帆后缘来支撑桅杆。降下或卷起前帆。在降下主帆之前用一根备用升帆索连接到船尾，并用绞盘绞紧。
- 前支索失效：转向顺风并松开主缭。用一根备用升帆索连到船头来代替前支索，前帆的前边会暂时支撑住桅杆。在这根升帆索上施加尽量大的力。

如果前帆是用挂钩绑在前支索上，设置好临时前支索之后，尽快降下前帆。如果前帆用卷帆器连接，试着把帆卷起来。升帆索和帆可以帮助支撑桅杆。如果很难把帆卷在松弛的前支索上，就把它降下来——同样是在设置好备用前支索之后做。这会很棘手，因为你需要在抓住断开支索的同时把帆收拢在前甲板上。降下帆后，把升帆索作为备用前支索。

桅杆倒下

离岸水手需要有桅杆倒下的备用方案。ASA103级别的水手通常在救援可及的范围内航行，所以下面只是练习：

- **不要**发动引擎——水里会有一堆乱绳，肯定缠住螺旋桨。
- 呼叫帮助，在VHF 16频道上发布一个Securitié呼叫，告知其他船舶你的位置和无法机动的状态。
- 确保每个人都穿上救生衣。
- 保证船上每个人安全，防止损坏船体。
- 试着移动船，使倒在水里的桅杆系统在上风侧，这样桅杆能起到海锚的作用，而不是一个不断撞击船体的撞锤。

Donna Lange在他的单人环球航行中遇到很多倒霉事，但他的随机应变和坚韧不拔让他于2007年5月成功回到罗德岛。

火灾

船上火灾可能是水手最大的恐惧了。万一发生火灾，它可以毁灭船舶，还可以造成严重的人员受伤。因为没有地方可以逃脱，你不得不扑灭它。如果灭不掉，你可能需要弃船。

很多这种快速反应船在紧急情况下可提供救援。

第一响应

为确保船员的安全，把所有船员集合到上风向尽可能远的地方，并确保他们穿上救生衣。

- 拿取所有的灭火器。
- 拿取带系绳的水桶。
- 从储物箱里带上所有的遇险信号弹。
- 带上手持VHF无线电对讲机（如有），并把它打开。
- 拿取所有能带上的手机。
- 开始灭火。

小贴士 为提高成功灭火的可能性，带上比法律规定数量更多的灭火器。有策略地安装它们，这样任何位置的火灾都不会妨碍你拿到灭火器。

小贴士 学会如何使用灭火器。阅读并记住铭牌上的使用说明……并且定时检查灭火器的压力表。

灭火

从一个可以逃脱的位置灭火。不要让火燃到你和出口之间。

用灭火器进行短促的喷射，对准火焰的基部，从一边扫射到另一边。尽量节约灭火器中的材料，但要使用足以把火扑灭的量。

用水桶作为灭火器的后援。水可以用在木料、布料和玻璃钢上，但不能用于燃烧的液体。

呼叫救援

火灾是极其危急的。在16频道上进行一次紧急呼救：如果不得不弃船，进行Mayday呼救；如果仅是船失控，进行Pan Pan呼叫。

如果能把火扑灭，把船员和船带到安全的地方，你随时都可以通知让来救你的人回去。

释放信号弹，吸引视距内的船舶注意。

船上起火的原因

广泛而言，船上起火的主要原因是电力起火。错误的接线或电力设备可能会过热，引燃附近的易燃材料。

引擎舱火灾是第二原因，可能是由高温器件旁边的漏油和电力设备引燃的。

做饭是一个不太常见的原因。很多厨房火灾是由酒精燃料引起的——因为酒精燃烧的火焰难以看到。酒精起火可以用水扑灭，但是燃烧的酒精会浮在水面上——如果酒精进入舱底，火焰可能会在看不见的情况下扩散。

小贴士 烟雾探测器在船上真的可以救命，正如在建筑中一样。

火灾助燃物

巡航帆船通常携带有易燃液体，比如丙酮、煤油和酒精。把它们存放到与引火源隔绝的储物箱中，减少其危险性。

很少有帆船安装有舷内汽油机，但是很多小型帆船带有舷外机，稍大的帆船还储存有用于小艇舷外机的汽油。

汽油蒸气室温下与空气混合会形成爆炸性的混合物，由于它比空气重，会积聚在船体内比较低洼的位置。一个小小的火花就可以把它点燃。汽油必须小心存放，并且要保证其蒸气不会进入船内。

LPG，丙烷，即液化石油气，作为烹饪燃料与空气混合后会形成爆炸性混合物，而且比空气重。它必须存放在有通气管连通到船外的储物箱内。液化石油气添加有独特的气味，因此你很容易闻到。

柴油在正常温度下不会与空气混合形成爆炸混合物，但是一旦被点燃，会猛烈地燃烧。除了火灾危险之外，柴油的难闻气味也会让你主动清理保养时溅出的柴油。

小贴士 如果你在船上闻到汽油味或液化气味，不要操作任何电力开关或点燃火柴。打开舷窗并离开船。过15 min之后，回到船上并打开舱底鼓风机。如果还是能闻到气味，找到来源或找一个机械修理工来维修。

船员落水

在ASA101中，你已经学过8字法和侧顺风-远迎风方法，可以让帆船回到落水人位置。下面课程中你会学到更多技术，可以用上你新学的高级技能。

充分准备

帆船机动只是落水人（MOB，Man Overboard）救援操作的一部分。同样重要的还有正确使用可用的器材来定位落水人，让他保持漂浮。

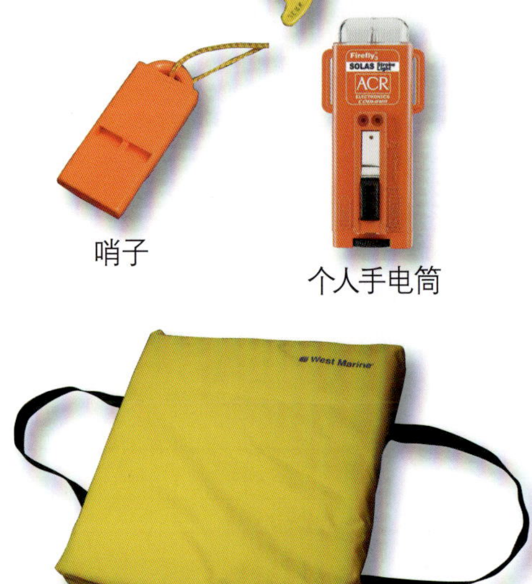

PFD

哨子

个人手电筒

Ⅳ类PFD

救生衣（PFD）是救命物。有哨子和手电筒，MOB会被听到和看到。Ⅳ类PFD作为驾驶舱坐垫，在需要时随时可用。

可抛投式器材

美国联邦法律要求长度超过16英尺的帆船都要携带美国海岸警卫队认证的Ⅳ类可抛投式PFD（个人漂浮装置）。满足这项要求的产品有带有臂环的方垫、救生圈和马蹄形救生圈。大部分船会携带不止一种器材。

马蹄形救生圈或救生圈一般放置在船尾护栏的一个支架上，这样可以快速抛投。垫子更便于使用，尤其是当你在驾驶舱内正好坐在上面时。

这些器材可以为落水船员提供浮力，但是不能增加被船上人员看到的可能性，尤其是浪大时。出于这个原因，帆船竞赛规则要求参加离岸竞赛的帆船携带一根MOB杆。它是一根很长的玻璃钢杆，顶上带有旗帜，底部带有浮体和配重，可以保持直立。如果竞赛涉及夜间航行，可以抛给落水船员的自动闪光灯也是必备品。

MOB救生杆在巡航时同样很有用，而且有很多变形版本可选，包括把醒目的充气杆和MOB救生浮具合二为一的自动充气装置。

个人器材

万一不幸落水，最好的个人装备就是救生衣。无论是固定浮力，还是自动充气，或者是手动充气，你都可以自行选择，但是要保证救生衣上有在低能见度下吸引注意力的哨子和手电筒。

救援器材

当你把船开回落水船员的位置之后，下一步的任务就是把他系到船上。

救援准备工作的一部分就是找到一根绳子，在一端打一个单套结（参考第148页）。准确地抛出绳子可能是个挑战，它可能在被落水船员抓住之前就沉到水下了。要想做得更好，可以用一根长75~100英尺的可漂浮绳子，在末端系个重物。漂浮的绳子更容易被落水船员抓住，并且你可以先把他拉到船附近，再把打单套结的绳子递给他。（海事目录分销商和商店有很多种用于这个目的的产品。）

很多船艇组织对LifeSling这种产品评价很高（参考第135页）。

这艘船上带有一根MOB杆、一个马蹄形救生圈和一个LifeSling。

只有一个目标：把落水船员救上船

当有人落水时，你的唯一目标就是尽快安全地把他或她救上来。无论条件如何，实现这一目标有相同的步骤可循。

第一响应："Y, T, P, S, C"

- **呼喊(yell)**警告船员；
- **抛出(throw)**Ⅳ类或任何其他的漂浮装置给落水船员。
- **指着(point)**落水船员，不要让他脱离视线。
- **设置(set)**GPS，按下MOB按钮。
- **呼叫(call)**16频道。

做完这些之后，所有人的注意力（除了观测手，他的工作是一直盯着落水船员）转移到新的目标上来，即把船带到落水船员位置，把落水船员系在船上，把落水船员救到船上。

救援步骤

任何看到有人落水的船员必须呼喊"有人落水(Man Overboard)"或"船员落水(Crew Overboard)"或"谁谁落水了(××× Overboard)"，不断重复，直到船上所有人都了解这个情况。

同时，他必须不能让落水船员脱离视线，同时他或其他人把救生圈、马蹄形救生圈，甚至驾驶舱坐垫抛向落水船员。水中的东西越多越好，以便为落水船员提供浮力和形成一些杂物带，标记落水船员的位置。

尽可能早地按下GPS上的MOB按钮。GPS会记下按钮按下时的位置坐标，这样在看不到落水船员的情况下也能回到原地。在VHF16频道上紧急呼救时，你可以把这个坐标告知响应者。

观察者在指着落水船员的同时——伸直手臂指着，这样每个人都知道他指向哪里——船长必须决定用何种动作把船以**远迎风角度**带回落水船员位置。船长还必须给船员分配任务。

小贴士 观察并指着落水船员非常关键，因为船一旦开始转向进行救援机动，在各自岗位上忙碌的船员会失去对船外物体的方向感。

其中一项任务就是准备好一套救援系统，用来把落水船员救回船上。关键是要有一根带单套结的长绳，绳圈要大到足以套住落水船员的躯干。在把落水船员救到船上之前，需要用它系住落水船员。

当船回到落水船员的位置时，一人可以在VHF 16频道上紧急呼叫，报出船的位置和遇到的危险：人员落水。大多数救援船，包括商业救援服务，都有经过训练的船员和专用医疗器材，而且有很快的速度。

在16频道上广播

任何船员落水状况都有可能是威胁生命的。尽管你的第一要务是把船带回落水船员位置并在他身上系根绳子，但也要尽可能早地在VHF 16频道上进行呼救。

如果情况可控，你可以广播一个"Pan Pan, all stations"呼叫周围的船舶，警告它们你正在MOB机动，也可以直接呼叫海岸警卫队。两种呼叫都可以引起其他船的注意，或许有其他船主动提供帮助，比如附近一艘速度快、干舷低的机动船，在从水中救起落水船员时可以提供非常有价值的帮助。

如果推测落水船员可能受伤，或者看不见落水船员，或者水很冷，呼叫"Mayday"。

当把落水船员安全地救上船之后，并且确定不需要医疗干预时，可以再次广播一次"all stations"呼叫，感谢水上的"好心人"，告诉他们不再需要帮助。他们听到你的好消息会很开心的。

小贴士 如果你能相对于某个助航浮标或地理特征给出相对位置（比如Tupelo Point以东2海里），这对于周围的船来说要比GPS上的经纬坐标更有意义。

演练良好的船员，可以对"有人落水"呼救立刻做出"Y, T, P, S, C"响应程序。

快停

相比你在ASA101中学习的8字法和侧顺风-远迎风方法，快停法的优点是船可以更加靠近落水船员。**但是它有一个缺点：会涉及顺风换舷。出于这个原因，它只能由训练良好的船员在轻风到中等风力下使用。船员必须能够快速操作主帆，并安全地顺风换舷，同时避免意外顺风换舷的危险。**

这个动作从一个迎风航线开始，把船转到顶风，换舷，然后划一个圆回到落水船员位置。

①使用“Y, T, P, S, C”响应程序。

②把船转到船头顶风并迎风换舷。前缭保持系住不动，这样打反的前帆会帮助船迎风换舷。

③转向下风，转到侧顺风航向上，前帆依然反向受风，如果船能做到的话（这就是需要练习的原因），把主帆收到中心线上。

④当落水船员正好在正横方位时，收紧主缭并顺风换舷。

⑤放开前缭，让前帆飘帆。

⑥如果你还能腾出手来，就卷起前帆；如果不能，就等到把落水船员系到船上后再进行。

⑦继续让船转向，让它以远迎风航向靠近落水船员。收紧主缭或松绳飘帆来控制船速。

⑧当到达落水船员的上风侧时，主帆飘帆停船。

⑨把落水船员系到船上，准备好救人上船。

小贴士　*在中等风力下，即使是前帆反向受风，船在主帆收到中心线上的情况下，也会抗拒步骤③的转向下风动作。如果是这种情况，则放松主缭以减少上风舵，增加船速以增加舵效。准备好重新收紧主缭进行顺风换舷。*

练习操纵帆船

除了能在有人落水时提高成功救援的可能性之外，练习MOB回船和救援技术可以让你和你的船员成为更优秀的水手。

成功地执行MOB机动要求具备娴熟的操船技巧。这意味着你要清楚船会对你的操舵和控帆行为做出何种响应。

船体、龙骨、舵和帆的设计差异会影响船在狭小空间内的机动特性。无论何时上手一条新船，为了你的快乐和安全，第一件要做的事情就是尽快了解船在驾帆和动力航行时的操纵特性。

驾帆航行时，多进行几次迎风换舷，观察它减速、换舷、加速有多快，因为这会影响你如何执行MOB救援机动。把船顶风停下，然后练习继续航行。练习顺风换舷。尝试仅靠前帆或仅靠主帆航行。

动力航行时，检查倒船时的螺旋桨致偏效应。同时检查船在高速和低速下对舵的响应。

进行以上全部练习，然后在MOB演练中把它们组合起来。

不要用真人船员进行MOB练习。很多事情可能会出错。对于新手，制作一个与水中人可见度差不多的浮体，同时要足够重，才不会被风吹走。两只半满的1加仑水桶系在一起就很好，你可以用一个船钩收回你的自制假人。

如何处理帆？

你需要用帆把船带回落水船员位置。但当你够到落水船员时，帆可能对你来说更多是一种妨碍，而不是帮助，这取决于天气条件和船的操纵特性。

参加有组织的MOB演习的志愿“落水者”报告说，当船在上风侧时，鞭打的前缭非常危险。因此，在船接触落水船员之前前帆应该卷起来——如果有船员可用的话。

主帆在风大浪急的海面上可能有助于稳定帆船，但是如果船速太快，你可能需要先把帆降下。一些船可以安静地缓行，船员从水中救起落水船员时几乎不用去管船。

每种情况和每艘船各不相同。这就是为什么需要进行机动练习，并且找到最适合你的船和船员的方法。

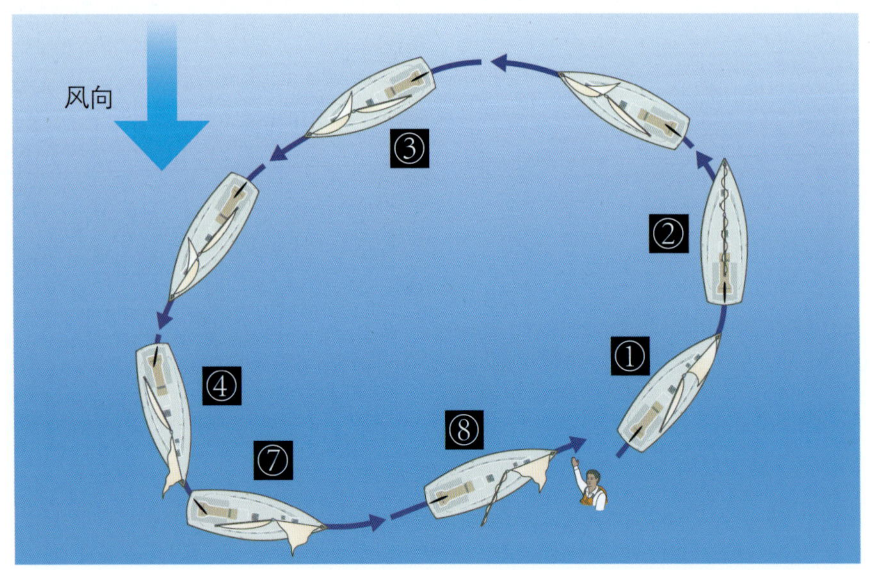

快停法可以让船贴近落水船员位置，但是由于要顺风换舷，因此要求船员有熟练的操船技术。

动力航行下MOB救援

不带帆动力航行时，不需要操作帆，这样当舵手和观察者合作把船驶回落水船员位置时，其他所有人可以为水中救人环节做准备。

顶风

尽管你在动力航行，风仍是一个影响因素。当你停下船开始救援时，风会控制船。最好的接近方法是从下风向接近，这样能减少船越过落水船员的危险。

另一个重要考虑是螺旋桨——不惜一切代价让螺旋桨远离落水船员，不要让任何一根绳子拖进水里，缠在螺旋桨上。

①使用“Y, T, P, S, C”标准程序，引擎打到怠速让船减速。

小贴士 打到倒挡紧急停船可能不是最好的动作。在紧张的时刻，你可能会换挡过快，毕竟还需要速度来保持舵效以操控船。

②清理甲板上的前缭尾巴和其他可能被踢到水里的绳子，清理甲板上可能碍事的杂物。

③准备好MOB系绳和救援系统。

④把船移动到MOB下风向3倍船长距离的位置。.

小贴士 取决于船员有多忙碌，这或许是他第一次可以在VHF上呼叫的机会。

⑤把船转向，然后顶风动力航行接近落水船员。

⑥在距离落水船员还有一个船长距离的位置停船，然后用前进挡的短促油门把船一点点挪过去，就像靠近系泊浮球一样。

⑦让船靠惯性停下，使落水船员刚好在船头的位置，这样船员可以把系绳递给他，让他把绳环套在头和肩膀以下。

小贴士 在船头，落水船员尽量远离螺旋桨。最好及早停下，一点一点把船向前挪，这要好过速度太快，错过落水船员位置。

⑧在接触落水船员的一刹那，立即换到空挡。落水船员系好之后，关闭引擎，消除螺旋桨的隐患。

⑨用任何适合船员和可用装备的救援技术把落水船员拉到船上（参见下页）。

⑩救援结束之后，引擎在挂挡航行之前，检查船的周围，确保没有绳子拖在水里缠住螺旋桨。

动力航行作为可选方法

如果必要，比如缺少经验、缺少自信，或者船上缺少船员，你总是可以选择用引擎把船带到船员落水位置，即使是在驾帆航行。

在“Y, T, P, S, C”程序之后，你的第一个动作就是要把船转向顶风，让船减速，然后卷起前帆，条件允许的话也包括主帆。

在发动引擎之前，确保没有绳子拖在水里。

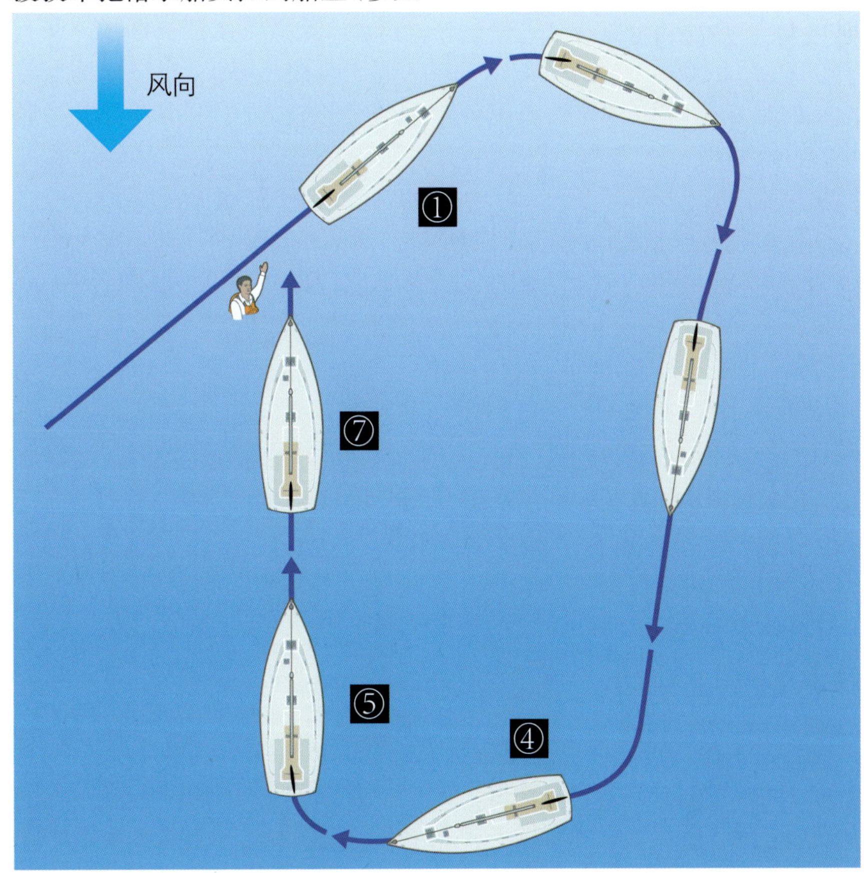

用可以利用螺旋桨致偏效应的船舷去救人，在MOB机动时这可以节省宝贵时间。图中演示了右旋螺旋桨的转向，倒挡时有助于船向右转向。

把落水船员救回船上

把船带回落水船员位置只是救援的第一步，现在你需要把他救回船上。即使是在落水船员清醒能够帮助自己，还有力气的情况下，这也不是一个简单的问题。船的干舷是一个很大的障碍，抓住一个湿漉漉的人并不简单。如果水很凉，时间就非常重要。

评估落水船员

当停在落水船员旁边时，你需要判断他是否能自我救助及可以到何种程度。这里讲述的大部分救援方法是假定落水船员可以对指令做出反应并做出一些行动，哪怕他没有足够的力气自己爬回船上。

第一件要做的事情就是把救援绳的绳环套进落水船员的手臂、头和肩膀。现在他已经系在船上了，我们就有了把他拖出水的方法，尽管他自己也要费很大力气。

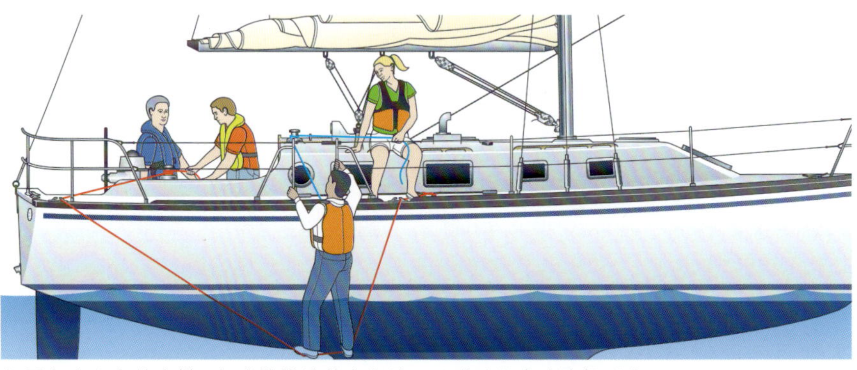

如果船上没有游泳梯，身手敏捷的落水船员可以利用绳索升降机登船。

游泳梯或游泳台阶

如果船上有游泳梯且海况允许，你或许只需把它放好，让船员自己爬上船。

很多现代帆船有一个可以“通行”的船尾板，通向一个游泳台阶，那里有一个泳梯，可以下降到水里。在平静的海况下，这个台阶提供了一个近水平台，落水船员可以抓住台阶，其他船员可以帮助他登船。

即使在中等海况下，船尾板的起伏可能会让这个方法过于危险，所以使用这个方法时要小心。

绳索升降机

当落水船员可以自救，但是没有梯子时，绳索升降机可以把落水船员提上来，这样船员在甲板上就可以抓住他。

制作升降机，要先把一根结实的绳子的一端系在船中羊角或者侧支索基部上。舷外放下一段很深的曲线，另一端通过船尾导缆回到前缭绞盘。船员用绳环拉住落水船员的同时，扶着落水船员站在绳子上（绳子需要足够长，足以让落水船员直立站在上边），用绞盘绞起绳子。当落水船员能够到脚护栏时，他可以自己找到平衡，为救援提供帮助。

继续绞紧绳子，直到落水船员的膝盖可以放到甲板上，这时你可以帮他翻过救生索。

如果船上带有可开启的救生索“门”，打开它，把落水船员从中间拽进来。这避免了抬他翻过救生索的麻烦（甚至可能是危险）。

小贴士 你可以在锚泊状态下游泳时练习使用绳索升降机。

使用小艇

很多巡航帆船拖曳一条小艇，把落水船员拉上小艇可能要比登船更简单。

需要一人（穿着救生衣）进入小艇来帮助落水船员。同时，甲板上的船员使用救援绳，把落水船员拽向小艇。

大部分硬体小艇都不够稳定，难以支撑某人爬上船舷。在水中最好的登船位置是船尾板，但是如果落水船员无法自理，连这都很困难——如果小艇很小，船尾两个人的重量可能太重了。舷外机则是另一个障碍。

充气小艇的稳定性足以让你从舷侧拉一个人上船。一个不太优雅但是有效的方法是跪在浮筒上，抱住落水船员的腋下及胸的位置，向后拉。运气好的话，你们两个人最终会一起落在船底。

如果水很温暖而且游泳者未受伤，那现在救援最紧张的部分结束了，但是你还是需要从小艇上回到帆船上。登上帆船之前不要松开落水船员身上的系绳，因为甲板上的船员可以用它来帮助被救人登船。

小贴士 如果落水船员穿了救生衣，所有这些过程会简单不少。

救生吊带

很多帆船携带LifeSling（商标名，一种救生吊带）。它的主要特点是把系在船上的一根125~150英尺长的可漂浮绳子连接在一个可漂浮项圈上。项圈还可以用作把落水船员提出水面的吊带。LifeSling成功应用于很多MOB救援事件中，ASA推荐把它作为一件非常有价值的工具使用。

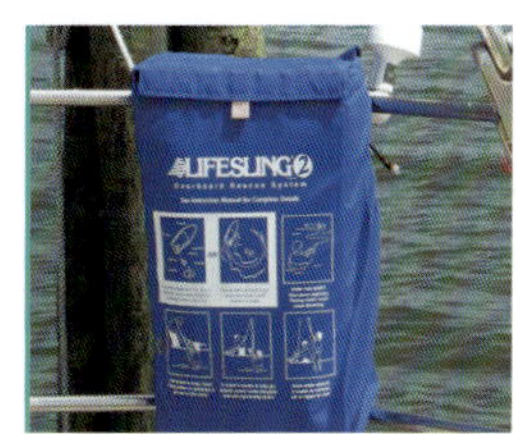

LifeSling救援装置在很多船上可以看到。

LifeSling 机动

LifeSling并不是代替你在响应MOB警报时抛到水里的漂浮物，因为LifeSling会被拖在船的后边，远离落水船员。恰恰相反，你要在驶回落水船员位置时才把它抛入水中，然后绕着落水船员椭圆转圈，把浮体带到落水船员能抓到的地方。LifeSling的使用省去了精确停船的麻烦，这在任何情况下都很难。

如果你的船配备有LifeSling，确保你的船员仔细阅读印在盒子上的说明，同样重要的是，要理解落水船员在整个过程中的角色。如果船是与他人共享使用的，每次出航前都要检查LifeSling。可浮漂绳子是摆放好的，不能打捆，放到容器中，确保它能正确地释放——而且一定要系在船上。

如果进行快停回船，你需要尽可能早地释放LifeSling。

①使用“Y, T, P, S, C”响应程序。

②船转到顶风，迎风换舷，但是前缭系紧不动，这样前帆反向受风。

③释放LifeSling。

④转向下风到达侧顺风，前帆打反，主帆放松。

⑤当落水船员正好在正横后方时，收紧主缭并顺风换舷。前帆继续保持收紧不动。

⑥把船航行到落水船员下风侧的一个船长距离的位置。通过放松或收紧主缭来控制船速，但是保持足够的速度可以迎风换舷。

⑦迎风换舷并以横风通过落水船员的上风侧。观察LifeSling在水中的轨迹。

小贴士 你或许能够在前帆反向受风的情况下完成这一步，也可能需要放开前缭——这是需要练习的。

⑧顺风换舷并贴近到落水船员的下风侧。目标是把LifeSling拖行经过落水船员。

⑨ 如果落水船员能够抓住绳子，则飘帆，停船，并降下帆。如果没抓住，就再绕一圈。

⑩ 把落水船员拖向船，准备从水中救起。

小贴士 如果没有LifeSling，你可以自制一个拖曳装置，把一段漂浮绳子系到一个浮垫或马蹄形救生圈上。

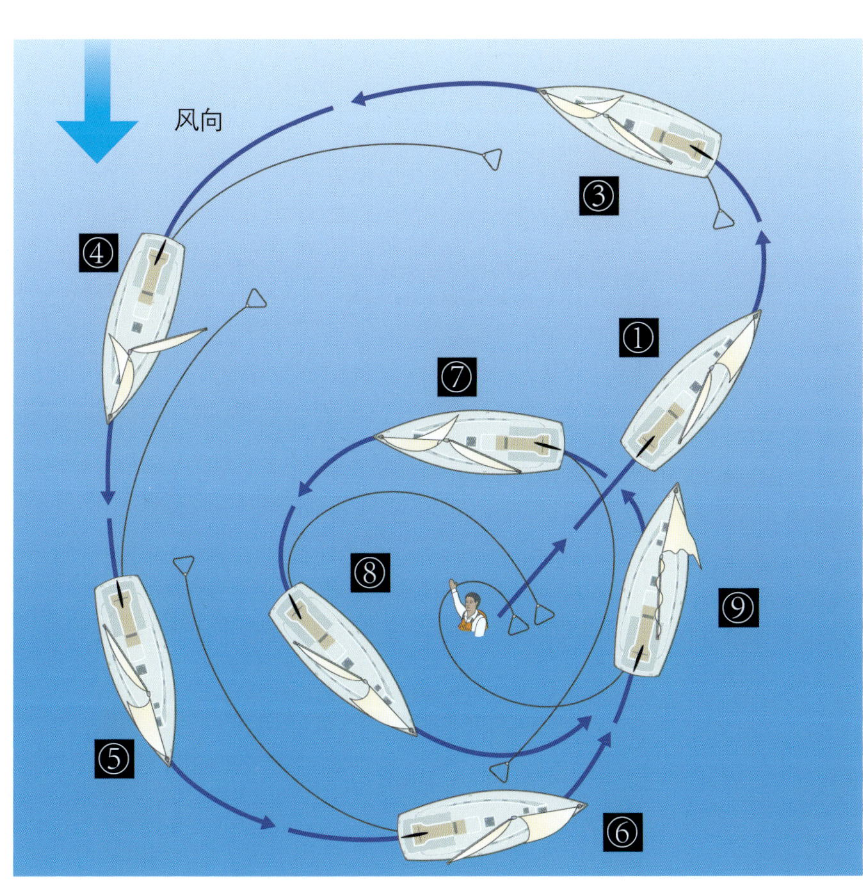

LifeSling机动的目标是把漂浮系绳拖行经过落水船员的位置。这需要练习。

如果你落水应该怎么做

目前为止，我们之前提到的MOB救援是以第三人的视角来讨论的，但是如果落水的人是你呢？就像其他紧急情况一样，如果你能事先想到这种可能性，就会知道应该怎么做来帮助自己获救。

把四肢聚拢在一起有助于保存身体的热量。

制造噪声

尽全力呼喊，挥舞手臂吸引甲板上的人注意，确保有人注意到你落水。

如果你是谨慎驾驶帆船，现在应该已经有一件救生衣牢牢地系在你的身上了。如果它是充气救生衣，但是没有自动充气，可以手动激活充气或者用嘴充气。然后抓出系在上面的哨子并吹哨。

如果没穿救生衣，想一想你能脱下什么——靴子、鞋子、刀，尽量获取浮力。

盯住船

按照流程，船员应该已经向你抛出了各种助浮物。如果可能，游向这些物体，把它们聚拢起来形成尽可能大的目标，便于船上的观察者观察和船向你接近。

看到船离你而去时，你的心情会有点低落，但是你的MOB救援演习经验告诉你，这是让船以最好的方向回到你身边的机动动作的一部分。同时，继续挥手和吹哨，确保船员一直能看到你。

保护自己

在冷水中，你必须保持身体的热量。即使是早期的低温症也会削弱你的体力，让你更难以自救。当船上的观察者锁定你之后，尽量少活动，采用减少热流失姿势（Heat Escape Lessening Position, H.E.L.P）。两腿并拢，双臂放于胸前，使身体与冷水的接触面积达到最小。

水中穿救生衣

如果你没穿救生衣，船上的人应在足够靠近后尽快扔给你一件救生衣。你需要尽快穿上，这样力量就不会浪费在保持漂浮上，而是用于回到船上。

不同设计的救生衣要求不同的穿衣技巧。你可以在游泳池练习这些技术，或在码头边模拟这个过程。你的帆船教练或许能提供更多的技巧。

Ⅰ类和Ⅲ类救生衣的翻转穿法

Ⅰ类和Ⅲ类救生衣后背和前胸都有浮体，在前面闭合。

1. 打开救生衣，把它翻过来，里面朝上。
2. 转动救生衣，让肩膀部分朝向你。抓住两个衣肩。
3. 把救生衣从头上翻过去，松开衣肩，两条手臂滑进衣服的腋窝。此时你的双臂应该是直立的。
4. 手臂向下按的同时，把救生衣向后向下压到身后，后仰躺在上边。
5. 躺在救生衣上之后，脸朝上，把衣服的侧面围在身上，这样就可以够到系带或拉链，系紧救生衣。如果救生衣有跨裆的带子，也把它系紧。

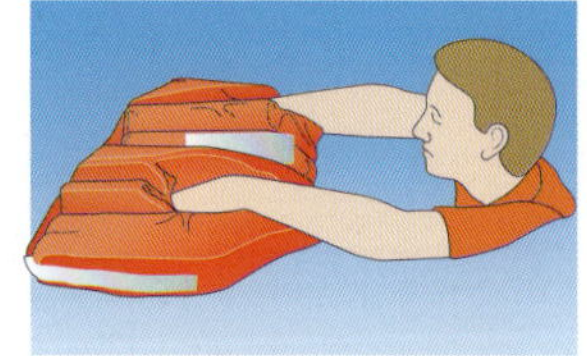

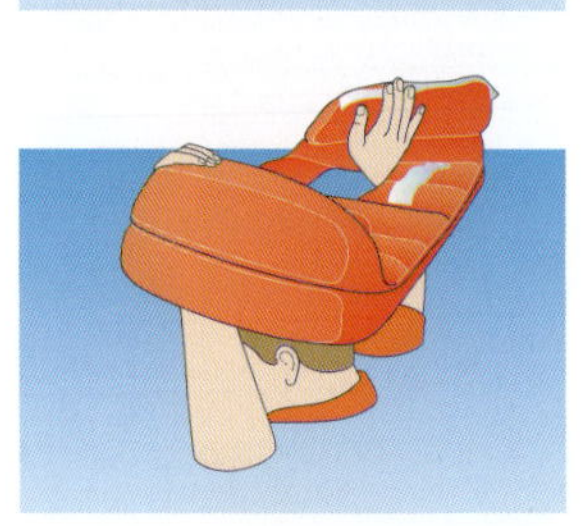

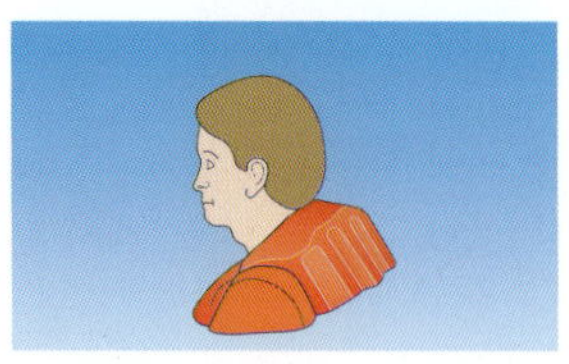

Ⅱ类救生衣的锁眼穿法

Ⅱ类救生衣在前面和头的后面有浮体，用一根带子固定在身体上。

1.转动救生衣，让头部的洞朝向你。
2.把头穿过洞，把脖垫拉到头的后方。
3.把身体浮正，躺在背上浮起，面朝上。
4.把系带绕过后背和肋骨，紧紧地把浮体系在胸前。

救生衣不只是让你浮在水面上，它还能把你从水中举起，让你更容易被看到，而且不用花费力量来使头部保持浮起。

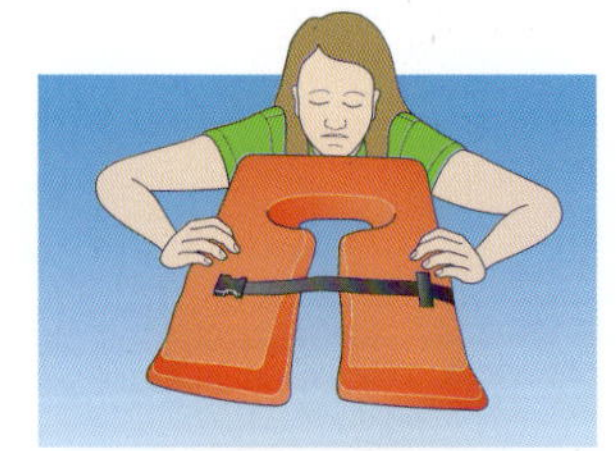

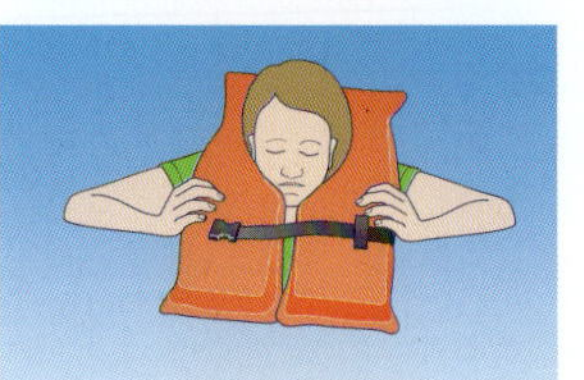

低温症及其治疗

身体过度降温时会发生低温症。你的身体核心温度降低几度（降到约95 ℉，合35 ℃）就会出现症状，在比你身体核心温度稍低的水中浸没很短的时间后，就可能出现低温症。即使在热带，如果身体浸湿且无法干燥，也会出现早期的低温症症状。低温症有不同的发展程度，受害者经常意识不到自己的情况，因此能够识别出其他人的症状非常重要。

冷休克

对于浸在冷水中的人，比低温症更加迫切的威胁是冷休克。这会导致突然的深吸气、心跳加速、血压升高。如果在水下发生不由自主的喘气，受害者可能会死于溺水——远远地早于低温症。对于体质差的人，心脏的异常活动可能导致心脏病发作。

显而易见的教训是不要落水。当在60 ℉/15 ℃以下的冷水中航行时，穿上保温服。小艇水手把这一点当作理所应当的事情。它或许不能防止冷休克，但能减缓低温症。

阶段 1——轻度低温症

症状:

■ 剧烈发抖

■ 口齿不清

急救:

■脱下湿的衣物，用毯子包住病人，盖住病人躯干、大腿、头、脖子。这个阶段的病人应该能产生足够的身体热量来战胜低温症。

■ 给清醒的病人喂温（不是热）的饮水。

■ 不要给低温症患者任何酒精饮料。酒精饮料会使身体释放热量，可以让人短时间内感到温暖，但是对恢复没有帮助。

阶段 2——中度低温症

症状:

■ 无法控制肌肉

■ 昏睡

■ 语无伦次

■ 衰竭

急救:

■ 身体已经不能产生足够的热量来温暖自身。脱下湿衣物非常重要，但是仅用毯子包裹病人不足以让他重新恢复温暖。用毯子或一个大睡袋把低温症患者与正常人包在一起是最好的办法。盖住病人的头。

■ 不要按摩患者的手臂和腿。首先要温暖病人的躯干。身体通过把温暖血液留在身体核心来保持重要器官的温度。这需要限制身体末端的血液供应，防止低温血液回流冷却身体核心。揉搓四肢只会导致低温血液从手臂和腿流回心脏，可能导致心律失常。

■ 不要给患者饮用液体，绝对不能喂酒精饮料。

阶段 3——重度低温症

症状:

■ 病倒

■ 无意识

■ 心跳停止

■ 呼吸停止

急救:

■ 严重低温症是医疗紧急状况。如果低温症患者对治疗没有反应，呼叫海岸警卫队或任何其他合适或可用的救援。

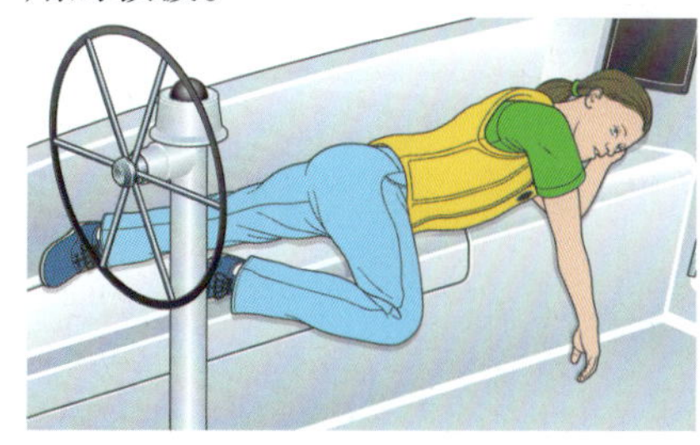

56

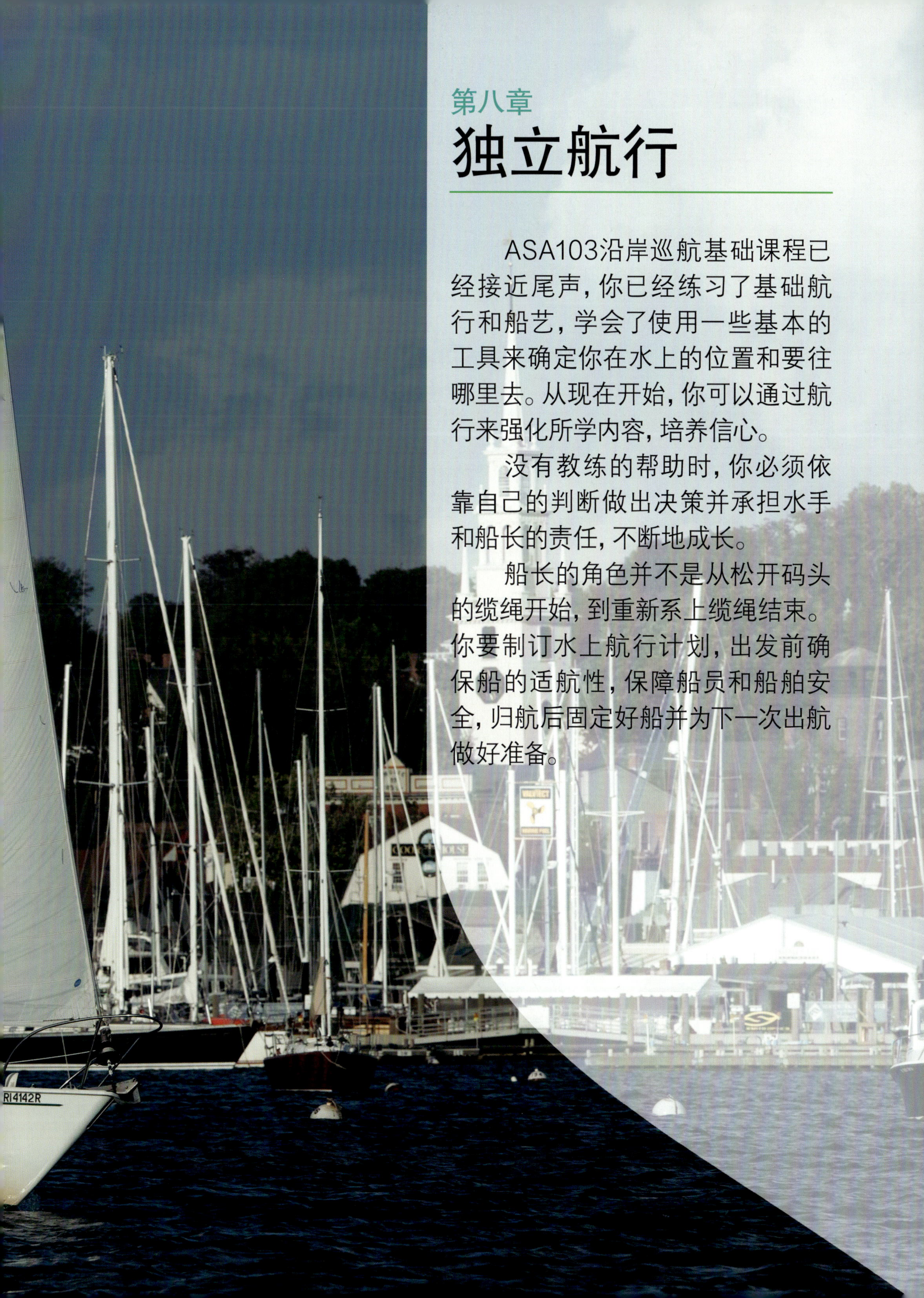

第八章

独立航行

ASA103沿岸巡航基础课程已经接近尾声，你已经练习了基础航行和船艺，学会了使用一些基本的工具来确定你在水上的位置和要往哪里去。从现在开始，你可以通过航行来强化所学内容，培养信心。

没有教练的帮助时，你必须依靠自己的判断做出决策并承担水手和船长的责任，不断地成长。

船长的角色并不是从松开码头的缆绳开始，到重新系上缆绳结束。你要制订水上航行计划，出发前确保船的适航性，保障船员和船舶安全，归航后固定好船并为下一次出航做好准备。

计划一次短程巡航

人生中很少有某个时刻会像第一次巡航时解开码头缆绳、准备启航的那一刻更令人兴奋、期待但又带着忧虑。但是不要只顾着激动，多花一点时间和精力去考虑下去哪里、怎么去，如何知道自己已经到达目的地。多做一点计划可以缓解焦虑，同时还能增加巡航的乐趣。

去什么地方

假设我们的船速有5节，从上午8点航行到下午4点有8小时的航行时间，或许我们可以计划一段约40海里的往返巡航……然而这是不可行的。

首先，这是一艘帆船，有时你可以5节的速度航行，但不一定就是你想去的方向。你需要把船开出码头，到达开放水域，这里才是航程的起点。单日航行估算20海里就可以了。8小时待在水上对于任何人来说都是漫长的一天。长时间的日晒风吹和疲劳可不好受。

研究巡航区域的海图，列出一系列在10海里半径以内的潜在目的地。计划轻松的航行不是性格软弱的标志，也不是不敢于承担——如果你能更早到达目的地，可以把剩下的时间用来练习航行。

阅读相关地区的巡航指南，了解可能的锚地或码头，愿意的话你可以停船吃午饭。在海图上标出合适的备选地。

怎么去

把你计划航行的航线绘制在海图上，记下它们相对于罗经花的方向（使用平行尺），想象一下不同的风会如何影响航线。（你甚至可以在海图上用箭头标出预报的风向。）

测量每段航线的长度并标记在方向的旁边。使用速度/时间/距离公式，计算每一段的航行时间（迎风段的时间要加一倍）。把这些时间加起来，并调整行程，使全部加起来的时间可以成为一次日间航行的合理目标。然后计划一个备用行程，以防风向与天气预报不一致。

小贴士　在熟悉的水域开始你的巡航生涯。随着你对航行区域、天气和船更加了解，建立起水手的自信，你可以做出更大胆的计划。

什么时间去

忙碌的生活不会给计划中的户外旅行空出太多时间，但显而易见的是，你想要选择一年中好天气出现概率最大的一段时间。

在计划的出行日期之前，开始关注长期的天气预报，了解天气的趋势。如果多雨大风的低压系统似乎很快会出现，那就延期——低压过境后的天气通常是晴天。

如果巡航地点是有潮汐的，注意高潮和低潮的时间，预计它们对你的计划有何影响。如果低潮意味着你唯一可以离港的时间是凌晨2点，请重新安排时间。即使潮高不是一个影响因素，潮流也可能是——2节的水流会在5节的船速上减去一大块，而风在入海河口处遇到逆流会形成危险的大浪。

计划日间航行时，可以补充海图信息的巡航指南很有帮助。

在可能出现午后雷暴的地区，要计划好旅行，把船在出现雷暴之前就加固好（固定在码头，系泊浮球或者自己的锚上）。

纸质海图

在电子时代，一些人认为纸质海图是多余的。实际上，纸质海图不只是电子仪器故障时的备用方案。要想看一下即将到来的巡航的整体图景，没有什么比铺开一张纸质海图更方便，上面会有巡航区域内的所有关键细节，而电子海图在缩放时关键细节就会消失。确保船上带有航行区域的详细海图。

带哪些人员

帆船的船长承担着一种责任。船员相信你能适任且安全地掌控船只——并且能在合理的时间内把他们带回家。

你会在狭小的空间内待一整天，因此要小心选择旅伴。不要邀请太多的人，因为在拥挤的驾驶舱内操作绳子会很困难。

好船员可以是来自你所在的ASA帆船学校的学生。邀请级别与你类似或比你更高的学生，因为他们会使用与你相同的帆船语言。你才刚刚入门，因此至少带上一个在情况变得紧张时可以帮到你的有经验助手。

带哪些装备

用哪种船型和带哪些装备取决于这是你自己的船，还是租的船，还是俱乐部的船。

如果这是你的船，你应该把所有推荐的和法律要求的安全器材和导航工具都带上，还有你认为有用或必要的额外器材。

租的船应该配有大部分器材（还附带可以事先对照检查的物品清单），但是你或许会想带一些自己的帆船装备和器材，以备随时用到。

俱乐部的船同样应该会配备常用的器材。在你第一次旅行结束之后，你就知道下一次要带什么东西，不带什么东西了。

补给

航行是一件容易让人饥饿的工作，我们的船上有储存食物用的储物箱，可以带上充足的耐放食物放在船上。高能量的点心食品，比如花生酱、薄脆饼干、曲奇饼、水果干，还有你最爱吃的能量棒，都可以带上船，以防天气或其他计划之外的事件让水上的一天被迫延长。

风吹日晒下，身体补水非常重要，因此要带上充足的饮用水（船上水箱中的水味道可能不太好）。同时带上其他饮料，比如苏打水和果汁，以满足船员的偏好。易拉罐要比玻璃瓶更好——船上很摇晃，打碎玻璃可不好玩。

饮食方面，带一些做起来、吃起来、清理起来比较容易的食品。如果你把它们用便携式冰盒带上船，最后垃圾也可以同样用冰盒带下船。

或许还要带一卷纸巾——不要忘记卫生纸和垃圾袋。

小贴士 计划是航行非常重要的一部分。让船员参与进来是很有趣且很好的教学方法。

舒适的天气、快乐的船员、状况良好的船和一份航行计划是水上完美旅行的保证。

个人帆船装备

帆船杂志的封面让我们相信船上的人只需要穿短袖或T恤，或者比基尼。这在热带或许是真的，但是在水一直很冷的地区，无论岸上气温如何，水上的风都会让人感到寒意。如果你被水打湿，即使温暖的天气都会感到冷。

衣物及其影响

为所有偶然事件做好准备，多带几层衣物——同一天在同样的风力下，顺风和逆风会让你感觉像是不同的气候。

对于衣物，考虑这些：

- 微纤维或棉T恤和短裤。
- 抓绒套头衫保暖衣。
- 防水防风夹克、防溅水防雨水裤子。
- 防晒宽檐帽。

小贴士 现在海事商店里有很多高质量且设计精良的用于恶劣天气的航海装备。不要太夸张——对于温带地区的沿岸巡航来说，远洋航海服有点多余了。

还可以带：

- 甲板上穿的帆船鞋。
- 航海手套。
- 防晒霜。
- 水手刀。
- 个人救生衣。

航行时你不需要带贵重物品——钱包、零钱袋，珠宝、手机，因此把它们放在包里。不要随便乱放任何东西，否则它们会跑到你所能找到的最低位置（可能会湿）。

小贴士 列出衣物和其他物品的清单，或者分解成“必备”和“有地方放就带上”两种类别，并放在航海包中。随着经验增加你可以不断在清单中添加物品（或者删除物品）。

宾客指南

所有客人（“奴隶船员”的一种委婉说法）跟你有相同的需求，所以如果你有要带的物品清单，可与他们分享。

如果你是船长，你有责任确保船上配备有要求的安全器材。宾客除了穿戴合适的救生衣外，不需要携带任何个人安全器材。宾客可以带的其他珍贵物品是动听的音乐、耐心和幽默感。

在开始巡航的前一天，与宾客分享你的计划行程，让他们为帆船上快乐的一天做好准备。

小贴士 未上过帆船的宾客可以观看ASA官网的“Your First Sail（你的初次航行）”视频（www.americansailing.com网站），了解明天要发生的事情，会从中受益不少。

小贴士 如果有任何船员需定时服药，哪怕是阿司匹林，也建议他们带上比航程多一天的量，以防万一。任何有医疗问题的人应该提前报告问题及其影响。晕船的人应该在登船前数小时服晕船药。

有时，舒适的清风会伴随着雨水，或一点浪花，所以要合理穿着以保持干燥和温暖。带上额外的干衣物，以备被浪打湿。

个人航海包

帆船上的空间是有限的，所以只打包需要的东西。软包最好，因为它可以塞进帆船上很常见的不规则空间。如果船上很湿，防水包或带有防水底的包有明显的优势。

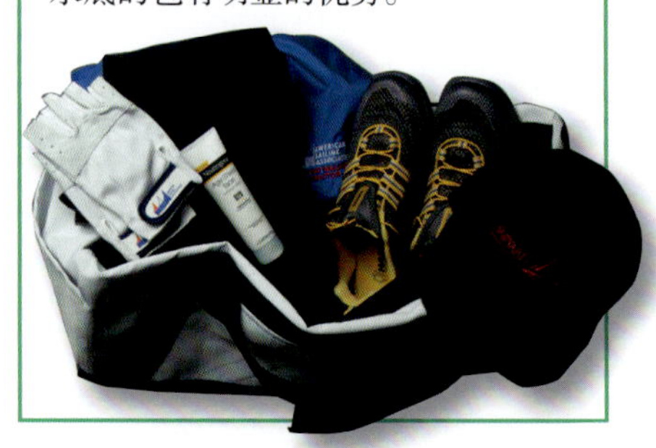

船长简报

当客人或船员上船后，带他们参观一下船，正如第一章所述，描述一下总体布局和各种东西的使用方法。让他们对船上系统有个整体的了解，演示下如何操作马桶，如何打开和关闭舷窗。

给船员的讲解

在出发之前，确保船上每个人熟悉船上安全器材的存放位置和使用方法。如果你能以非常正式的方式讲解，每个人都会知道这是件非常严肃的事情。运气好的话，这将是你表现出最有“船长范”的唯一机会。

- 向船员展示救生衣的储存位置，给每人分发一件，必要的话，演示一下如何穿。
- 指出灭火器的位置，阅读标签上的使用说明。
- 指出和解释信号弹的使用方法。
- 打开VHF无线电台，演示一下基本操作——规范运作的船会把操作流程贴在无线电台旁边。
- 对照纸质海图讲一下当天的行程，给出航线、距离、大概的时间，记下路上的标志物。
- 在甲板上，指出升帆索、卷帆绳、缭绳、斜拉索和其他控帆绳，必要时讲清仪表如何工作——即使是有经验的船员也愿意听到讲解，因为不同的船装配不同。
- 最后，描述你准备如何起航离开码头或泊位，必要时分配任务。

小贴士 向新手船员讲明需要避开的危险区域和需要小心的位置——横杆扫过的弧形区域、下风侧的侧甲板、船头、后甲板和舱口盖的光滑表面。

航向新港口

当你第一次离开母港进行日间航行时，可以看到路上所有的明显地貌。如果你能采取简单的谨慎措施，在出港时偶尔回头看一下，回港时就会感觉轻松不少。

拜访一个陌生港口就是另一回事了。除非你的巡航指南上有图片，否则你可能甚至不知道它长什么样。这时，细心观察和研究海图就很有回报了。

在出发之前，在海图上研究一下路线，并记下路上的助航浮标和陆标及经过的大概时间（根据航行的速度估算）。

寻找特征地貌——防波堤、烟囱、高崖等可以在进港口时引导进入港口的标志。你或许可以把它们当作叠标，引导你到达一个可以发现航道标志的点，这些航道标志在背景中可能难以发现。

如果计划在目的地停留，你需要找到一个适合降帆的位置。你或许能够一直驾帆驶进遮蔽水域，也可能想在外面降帆然后使用动力航行进入……总之做出谨慎的决策。如果计划得好的话，你应该已经知道在哪里下锚或锚泊了。

如果进入港口的路线是一条曲折的航道，注意航道标志的顺序。检查水流——确保它不会把你向一侧推。在不熟悉的水域，慢比快好。

在进入陌生港口的路上，不时回头看一下。离开时，你会庆幸自己已经对出港航线有了大致的了解。

在航行到陌生港口之前，利用海图、巡航指南、谷歌地图了解陆地和水域的布局。

妥善放置帆船

日间航行结束后，帆船要停在泊位一整天或者一周，甚至更长时间，船最好能保持在系船的位置不动，并且在遇到坏天气时不会受损。几个简单的步骤和清单可以帮助你确保船完好，还能在下次你（或其他人）出航时随时可用。

固定在码头上

航行归来时，或许你已经迅速地把缆绳和防碰球系好了，然后去做其他卷帆和盖上帆罩之类的工作。尽管在当前天气条件下船看上去系得非常结实，但是风向或风力变化时就不一定了。现在是整理好防碰球和缆绳的时候了。

侧舷停靠

如果船停在浮动码头的一侧，则调节船首缆、船尾缆和倒缆，使船与码头平行。

船首缆会把船头向码头拉，同时防止船后退。

船尾缆会把船尾向码头拉，同时防止船前进。

如果只有船首缆和船尾缆，船还是会左右摆动的，这可能会导致未受防碰球保护的船体部分接触码头。

增加一根前倒缆和一根后倒缆可以限制船来回摆动。当绳子以相等力度收紧时，船的移动会明显少于没有倒缆的情形。

倒缆系在船上哪个位置取决于船上和码头上可用的五金件，但是要确保它们不会缠住防碰球，把防碰球从船和码头之间抬走。

确保你有足够的大小合适的防碰球，有策略地沿着船体中部三分之一船长放置，使其能够应对船与码头不严格平行的情况。有的时候，风吹向码头，防碰球会剧烈活动。

当船停靠在有明显潮汐落差的水泥码头或木栈码头时，泊缆需要足够长，足以适应船随潮水的升降。

防磨器材

水手最大的一个敌人就是摩擦（chafe）。当有绳子或帆与桅杆系统或者船体的一部分产生摩擦时，会遭受磨损。

泊缆会磨损其穿过导缆钩或导缆孔的部位，尤其是码头暴露在风浪中时，但是你可以用防磨器材来保护它们。采用哪种材料取决于问题的严重性和你手边可用的材料。

防磨材料保护泊缆在风和水流影响下不受船移动时产生的摩擦。

临时在风大浪急的暴露码头过夜时，在泊缆的磨损位置上系些碎布就足够了。

长期在同一个泊位停船的水手可以在泊缆上贴一些半永久的防磨材料，船出航时把泊缆留在码头。这种材料可以是塑料管，甚至是消防软管。

无论使用何种材料，它必须能让绳子在其中延展和收缩。尼龙在受力时拉伸很大，可以让它吸收冲击负载，因此很适合用作缆绳。

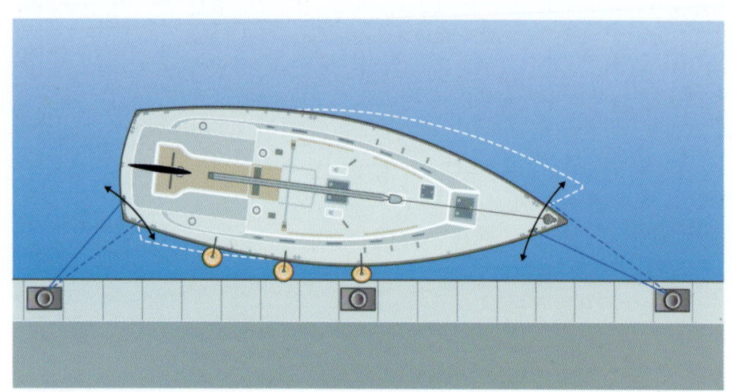

当只用船首缆和船尾缆时，如果有风或水流让船来回摆动，船可能无法倚靠防碰球。

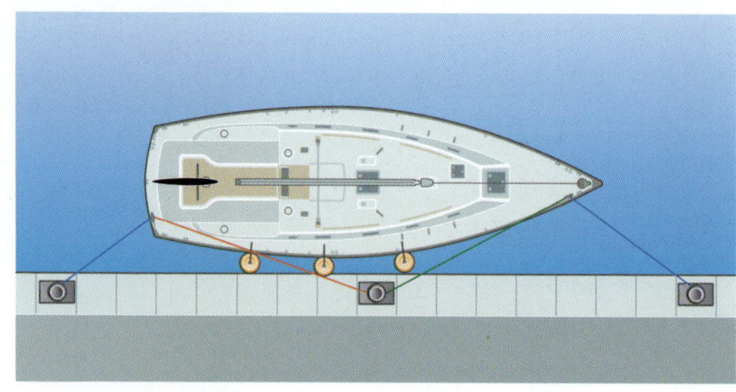

用倒缆正确系好之后，船会正好靠住防碰球，即使有风或水流的影响，船也只会向前或者向后移动一点点。

把船系在泊位

泊位有很多种配置。一个简单的泊位是在每个角上有个系船桩，在主码头侧面有个短的登船码头。装备齐全的泊位可能还配备一个与船同长的桥式码头或浮式码头。

要想在一个简单的泊位上系好船，你需要2根船首缆（两侧各一根）、4根倒缆（每侧两根）和2根船尾缆（每侧一根）。当你离开船时，需要用这些绳子组成的网来支撑住船，让船居于泊位中心且不会前后或左右移动。

小贴士 如果你设置的船尾缆可以在码头上延长或收短，则可以通过调节它们来方便上下船，在你离开时再把船放回泊位中央。

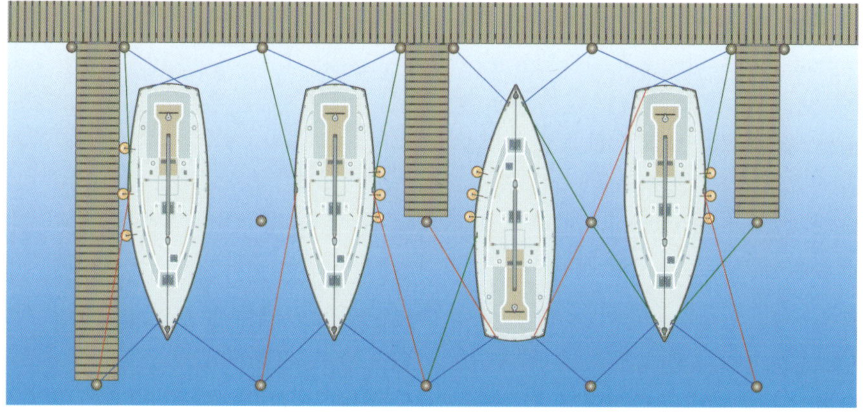

在码头泊位加固船舶是一门艺术，固定方法取决于当地盛行的天气和泊位布局。

缆绳系在船上还是岸上

如果你留在船上，并且希望能在船上调节缆绳，尤其是在风浪导致船移动很大，你难以登岸的情况下。这时，你可以把绳环套在码头上的羊角或桩上，把绳子末端引到船上。

如果你准备离开船，让码头工作人员或其他人来打理你的缆绳，你希望每根绳子都有足够的长度到达岸上，这样他们可以不用登船就可以调节绳子。在这种情况下，你要在码头上把绳子打成整齐的圈，这样人们就不会被它绊倒或不小心把它踢到水里。

像这样的简易泊位在潮差比较小的地区很常见。船必须固定好，不能接触其他船、码头或者系船桩。

船的固定：甲板上方

在离开船之前，你希望当你下次满怀期待地回来准备航行时，船及其装备的状态依然良好，可以迅速离港。当你把船放回泊位时，要检查帆和器材，安排好小问题的维修，这样它们才不会妨碍你或其他人的航行。

储存好帆

■ 把主帆折叠或卷在横杆上（根据船的实际情况），并盖上帆罩。

■ 如果前帆是用挂钩绑在前支索上的，则打开挂钩，折起帆，打包，放在它经常放的位置。

■ 一阵强风可以把松散卷起的前帆扯成碎片。要确保所有前帆卷帆器已经卷紧，并且没有帆布露在外面，帆后角和帆脚要用防UV罩盖住。如果卷得太松，风力允许的话，放开帆重新卷一次。不要把帆后角暴露在外面——收紧卷帆索，直到缭绳在帆上至少绕三圈。系住卷帆绳，把前缭收紧并固定。

整理好绳子

■ 从主帆上解下主帆升帆索，并把它的卸扣挂在通常的储存位置（在很多船上，挂在横杆末端）。

■ 目视检查所有升帆索，确保它们没有纠缠或与桅杆、固定索具产生摩擦。

小贴士　好的做法是把备用升帆索的卸扣扣在支柱的基部或甲板上其他方便的位置，这样它们在风中不会拍打桅杆。这样可以保护升帆索和桅杆不受损坏，而且可以给邻居一个安静的夜晚。

小贴士　如果船上有尾袋，需先将绳索的固定端用火焰灼烧处理，再将绳索引入尾袋。

理想情况下，你想保护活动索具免受日晒和空气中的尘土，但它们大部分是永久固定的，所以你能做的就是把绳子放在暴露最少的位置。

检查所有的控帆绳确保都已经固定好。绳子尾巴摆好放在盒子或袋子里，或者打成捆挂起来。

■ 把所有绳子打捆：前缭、卷帆绳和靠近舷梯口的各种主帆控帆索。可能的话，把绳捆挂起来，尤其是那些没有被盖住的绳子，这样就不会积聚灰尘和潮气。

松散的器材

■ 检查一下甲板四周，捡起你可能用到的小零件，比如抓取滑轮或船钩，把它们收在合适的地方。

■ 从驾驶舱收集起绞盘手柄和其他贵重的松散物品，并安全地存放好，防止它们在你不在的时候丢失。

引擎

■ 检查离合是否打到了空挡。如果船上带有启动钥匙，把它从引擎控制面板上拔下来，放在合适的地方。

小贴士　可能的话，所有的绳子最好打成捆挂起来，这样它们在淋雨之后可以晾干。下次你登船时，就不会看到一堆湿漉漉的绳子了。

在某种程度上，长期锚泊的船比停放在码头的船受到损伤的风险更低。它会保持顶风停泊，而且不需要防碰球。由于船更多地暴露在浪中，因此甲板上方和下方的所有东西都要固定好。

船的固定：甲板下方

正如你想让甲板上的每件东西在你下次航行前都能准备妥当，你同样也会希望内舱保持良好状态，所有的系统都能正常工作，而且不会有上次船上用餐后的剩饭。把船锁上之前，看一遍检查清单，确保万无一失。

引擎舱

■ 打开引擎舱，检查引擎四周和底下是否有水（或许来自冷却系统）或油滴的痕迹。用鼻子闻一下——是否有意料之外的气味，比如柴油或焦橡胶味。

■ 关闭引擎原水入口的通海阀。

小贴士　把引擎钥匙挂在通海阀上或附近位置，这样下次启动引擎时会首先想到打开通海阀。

■ 如果需要使用引擎回码头，现在是检查机油位的好机会。需要机油的话，记在纸上，等下次用船时，多带点机油来。

舱底和管道

■ 抬起几块地板，检查舱底是否有水。

当帆船长时间无人照料时，任何可能掉落的东西都不能随便放。

■ 检查舱底泵的滤网，清理所有堵塞物。

■ 测试舱底泵，先把开关从“自动（Auto）”调到“手动（Manual）”，测试完之后再换回来。

■ 关闭厨房水槽排水口的通海阀、洗手间水槽的通海阀、洗手间进水口。

■ 检查水箱中的液面位置（必要的话加水）。

居家收纳

■ 收纳好松散的物品——即使是在码头上，浪和船的尾流也会让船里的东西滚来滚去，掉到地板上。

■ 确保所有抽屉和储物箱都已经关紧。

■ 关闭内舱和洗手间的门，这样当有浪摇动船时，它们也不会乱摆。

小贴士　如果内舱门上带钩或其他保持开门的装置，就利用它们保持开门状态。开门有助于改善内舱的通风。

■ 如果船上有冰盒，而你一两天之内不打算回来，清空里边的食物和冰，把内表面擦干净，敞开盖子。

■ 关闭并加固所有舷窗，但确保甲板通风口是敞开的，这样船才能呼吸。

电力设备

■ 关闭配电面板上所有电路，蓄电池开关打到“关闭（Off）”。（自动舱底泵一般直接连到蓄电池上，因此在需要时，它仍能继续工作。）

“每个东西都有放的地方，每个东西都放在该放的地方”，这是一条很好地保持船整洁和安全的规则。

注意　如果船上连有岸电，无论是连接状态还是断掉状态，由教练或船长决定哪一个电路保持带电。

记录问题

■ 记录你发现的任何问题或短缺，安排负责维护船只的人修理。

小贴士　把所需的维护和已经完成的维护记录在航行日志中，这样下次上船的船员便知道哪些维护已经做了，哪些还需要做。

回到甲板

■ 检查确认所有舷窗已经关闭，用码头上的水管冲洗甲板，冲掉盐和尘土。

■ 再检查一遍缆绳和防碰球。

■ 把垃圾和可回收物品带到岸上，如果可以的话，放在合适的垃圾筒里，或者带回家处理。

绳结

在ASA101课程中，你已经了解了很多在船上不可或缺的绳结，它们在岸上也应用广泛，比如在汽车车顶架上捆东西。因为它们非常重要，所以这里再补充讲一次。不断练习打这些绳结，直到闭着眼睛都能在5秒之内打完每个绳结。

单套结

单套结用来在绳子末端打一个环，比如缆绳，或者用于把前缭系在前帆的帆后角上。单套结不易被甩开，即使是受很大的力之后也容易解开。

①用一只手握住一个末端。

②在距离末端有一段距离的位置，把绳子转一圈打个眼，这样活动部分就压在固定部分的上边。

③把末端向上穿过眼，从后方绕过固定部分，然后回到眼里

④收紧固定部分和刚打好的绳环，收紧成结

如果想把前缭系在前帆上，在步骤②和③之间，把末端穿过帆后角索眼即可。

小贴士 如果把手握的末端看成一只兔子，就相当于兔子从洞里出来，绕树一周（树即固定部分），然后回到洞里。

旋圆双半结

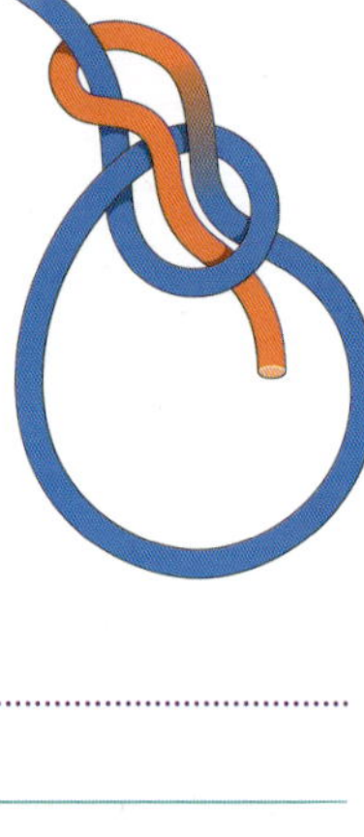

由于圆环的摩擦阻力，这是一个即使在受力时也能轻松打的绳结。尽管不能很好地承受抖动，但也依然很结实，不会磨损绳子，解起来也容易。这个绳结可以用来把缆绳系在锚泊的浮球上。

①把末端绕着物体做一个完整的环。

②绕着固定部分打一个半结。

③绕着固定部分打第二个半结。

④用力拉末端收紧两个半结，直到顶住圆环。

如果在打第一个半结的时候，让末端从圆环中穿过，就做成了渔人结（fisherman’s bend），更加结实。

丁香结

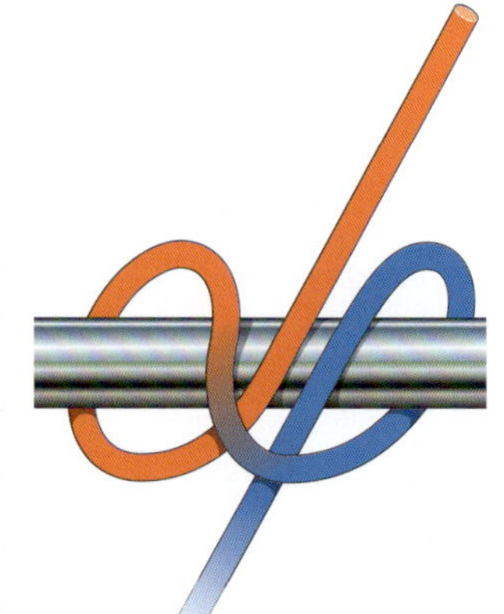

丁香结非常便利，因为它打起来又简单又快——可以绕着管子、柱子，甚至另一根绳子打，但最好只用作临时绳结。如果受到时有时无的力，丁香结易松掉（尽管多加一个半结也可以加固），而且它在受力的情况下难以解开，所以应该在墨菲定律出现前就把它替换掉。

①绕着你准备系的物体转一个完整的圈，把活动部分从固定部分上方交叉通过。

②以同样的方向，但是在与固定端相对的一侧再绕物体一圈，把尾巴收进这个新的绳圈。

③收紧两端，加固绳结。

羊角结

在现代帆船的驾驶舱中，自紧绞盘和夹绳器顶替了很多羊角的工作，但是缆绳一般系在甲板和码头上的羊角上。

①在羊角基部绕一个完整的圈，这样绳子从两个角的下方通过。

②将图示红色部分对角穿过羊角顶部和对面羊角的下方。

③图示红色部分再次对角交叉穿过羊角的上部和另一个羊角的下方，画8字，这样绳子在羊角上方压住上一个绳圈。

④重复步骤②、③，最后把末端压在最后绳圈的下方，形成一个锁环，结束绳结。

小贴士 如果绳子受很大的力，在形成锁环之前多画几个8字，否则解开时会有困难。还有，一些人造纤维绳子很滑，需要绕更多的圈来防止打滑。

8 字结

当你想要确保绳子的末端——比如前缭、升帆索——不会在你不注意时滑出来时，第一个想到的绳结就是8字结。

①在绳子的一端做一个小环。

② 把末端绕过固定部分，然后向上回去穿过绳环。

③把两端拉紧形成绳结

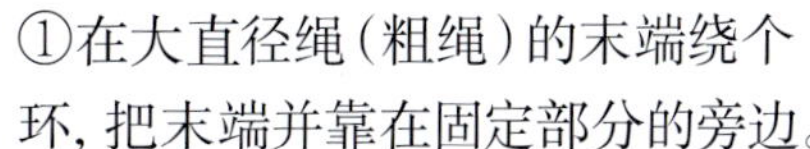

打这个绳结时距离绳子的末端约6英寸，这样在绳结打好后，你还有绳子可抓。

平结

这个绳结用于在缩帆后绑住主帆的缩起部分，因此又称为缩帆结（reef knot）。

①两只手分别拿住绳子两端，一根压在另一根上边——左压右。

②再次让两个末端交叉，这次是右压左。

③把绳结拉紧。

平结是对称的，可以放平，而且不会卡死。它用来相接两段粗细和类型相近的绳子（或者同一根绳子的两端）。

不要用平结来连接两根受力的绳子，否则它会翻转并松开。

轮结

轮结用来把一根绳子系在另一根你想施加力的绳子上，比如在解开绞盘缠绕时，用一根短绳卸掉前缭上的力。

①拿着末端，绕着你准备系的物体转一圈，方向是你想施加力的方向。

② 在部定部分的同一侧，再绕第二个完整的圈。

③绕第三圈，交叉跨过固定部分，并把末端压在刚绕的圈里，就像丁香结一样。

在绳子上打轮结时，把第二个圈压在第一个圈上，可以给绳结更大的握力。

接绳结

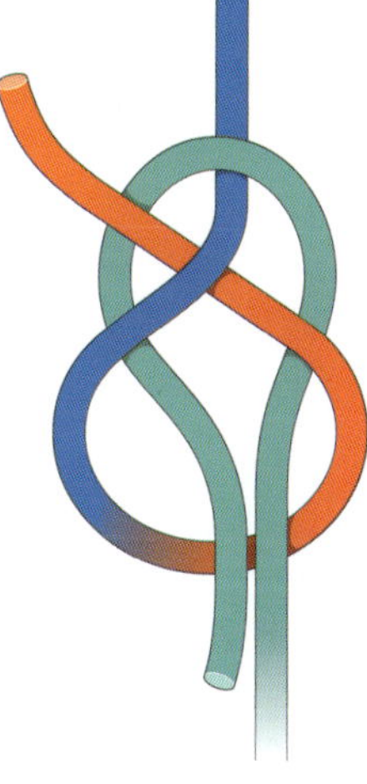

很早以前，帆的边缘中间缝有帆边绳。当帆边绳绕过帆后角后，会形成一个眼。帆的缭绳就用一个接绳结（sheet bend）系在这个眼上。这个绳结在连接两根绳子时依然很有用，尤其在一根绳子直径比另一根更小（更细）时。

①在大直径绳（粗绳）的末端绕个环，把末端并靠在固定部分的旁边。

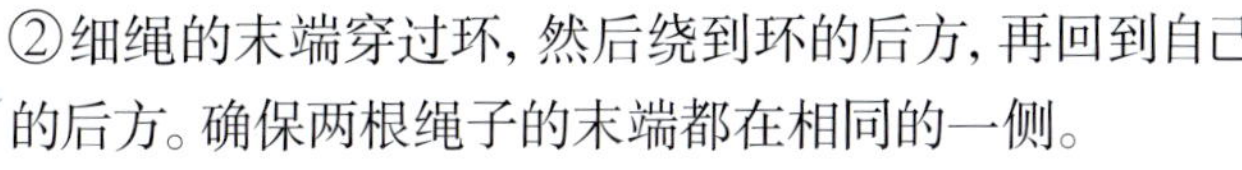

②细绳的末端穿过环，然后绕到环的后方，再回到自己的后方。确保两根绳子的末端都在相同的一侧。

③把绳结拉紧。

为了让绳结更牢固，你可以把细绳的末端多绕一圈，再压到自己下方，形成一个双接绳结（double sheet bend，又称becket bend）。

短缭绳

如果你想从一根绳子上卸下受力，比如工作前缭，想把它的滑车前移，或者是解开缭绳绞盘上的缠绕，你可以使用短缭绳方法。

要想设置短缭绳，把一根备用绳子的一端系在前帆的帆后角上。如果你不能安全地抓到帆后角，可以把短缭绳用一个轮结直接系在前缭上。

如果你只是想简单地把滑车前移，可以把短缭绳系到一个附近的羊角上，放松工作缭绳，直到短缭绳完全受力。此时移动滑车，然后收紧前缭。

要想解开绞盘缠绕，则把短缭绳连到绞盘上。摇紧短缭绳，卸掉工作前缭上的力，这样就可以解开绞盘缠绕。

使用短缭绳需要站在下风舷的侧甲板上，因此要非常小心，并且记好“一手为船，一手为己”。

追逐梦想

ASA101基础龙骨船认证给予了你足够的知识和技能，让你得以探索靠近母港的容易航行水域。完成ASA103沿岸巡航基础课程之后，你现在具备了驾驶一艘中等大小的巡航帆船来“探索防波堤外面的世界”的能力，可以看到海湾之外更远范围的景色。

无论你的快乐是简单地沿着海岸反复迎风换舷，航行到一个有餐馆的码头，或者是访问一个隐秘的港湾，下锚游泳，我们都鼓励你长期地参与帆船运动，利用每一个机会来练习你的技能。你的ASA帆船学校可能与俱乐部有联系，或者可以出租给你一艘船，还能帮助你找到志趣相同的人一起玩帆船。每次下水，你都能

建立更多的自信——并且有更大的梦想。

当然，还有更多内容可以学——尤其是如果你的梦想是在遥远的异域胜地航行，比如加勒比海、地中海，或者南太平洋。ASA教学阶梯下一级的设计就是帮助你来实现这些目标。ASA104课程光船租赁（中级沿岸巡航）可以让你熟悉租赁一艘帆船和巡航所需的技能。我们会阐述清楚如何、何时、何地可以租船。更重要的是，ASA104课程会教会你如何操纵更大的帆船及其船上系统，还有在船上长时间生活所需的技能。

在ASA104课程中，你会进入帆船冒险的下一阶段，而且可以追寻你的梦想，到任何想去的地方，无论是南太平洋、西北太平洋、欧洲还是新英格兰，可以不断加深对大海的理解并提高在海上生活的能力，让新的远方变得触手可及。

祝你一路顺风，切记还要继续练习，练习，练习——还有欣赏航行的美景。

复习题（答案见第165页）

填空

1. 大多数巡航帆船携带有______无线电台，不仅可以用于紧急情况下的呼救或与其他站的日常通信，还可以用于接收______预报。

2. 大多数水手遇到的危险是夏天的______，可能会发展很快，并带来______和大雨。

3. 雾通常发生在岸上空气又热又______，而海水温度很______（高/低）时。

4. 最大的潮差发生在______潮时，此时月亮为______。

5. 潮水来的时候（潮高由低变高），会产生______潮，这取决于当地地貌。潮水向外流时，称为______潮。如果没有潮流，称为______潮。

   a. 涨　　b. 落　　c. 平

6. 在潮流中航行时，潮水的方向称为______，drift是水流的______。

7. 如果船搁浅，首先要采取的行动是______缭绳，或者把引擎打到______挡。

8. ______是一个便携锚，用以使船摆脱搁浅。

9. 如果船有严重漏水，应该立即采取下列哪项行动：

   a. 通知船员　　b. 操作排水泵

   c. 查找漏水源头　　d. 以上全部

10. 如果螺旋桨被缠住，一定要立即将引擎换到______挡，并关闭。

11. 如果侧支索或前后支索故障，最重要的是保持______直立，可以通过卸掉张力并提供额外支撑，比如备用______。

12. 至少列举3个有引擎帆船上潜在的起火或爆炸的源头：______，______，______。

13. 用快停法营救落水船员的好处是______。

14. 使用快停救援方法时，（在抛出救生圈并指定观察者之后）第一个动作是______，使______系在羊角上不动，使前帆反向受风。

15. 落水的船员应该保持______姿势，以减小热量的散失。

16. 处于失温症第二阶段（中等）的船员，应采取下列哪些措施（判断对错）：

——脱掉湿衣服；

——按摩手臂和腿；

——用毯子包住头和身体，用另一个人的体温来取暖；

——服用液体，包括酒精饮料。

17. 计划航程时，一定要选好______，以应对可能突然出现的恶劣天气和问题。

18. 列举出至少5条船长在航行前向船员和乘客做安全简介的内容：______，______，______，______，______。

附录

美国联邦法律对船舶携带器材的要求

美国联邦法律要求所有船舶需携带相关安全装备并符合其他法规之规定。现在我们来看看与ASA103学员可能要用到的休闲船舶相关的一些内容。

船舶注册

法律规定所有机动船应当在各州注册；关于帆动力、划桨驱动的船舶注册，各州规定会有不同。已经注册的船舶在使用时必须随船携带注册证明。

注册码

州注册船舶必须将其注册码标绘于船身前部两舷，字体采用粗黑体，字体高度至少3英寸，字体颜色应当与船体色有明显对比。州核验贴纸必须与注册号相距6英寸以内。

船籍证书

5净登记吨以上的船舶可去海岸警卫队登记注册。登记注册的船舶必须将正式的证书编号永久标注在船内结构件上，字体高度至少为3英寸；在船尾板上必须标注船名及船籍港名，字体高度至少为4英寸。船籍证书必须随船携带。（长度小于30英尺的帆船常常没有资格登记注册。）

大部分州要求登记注册的船舶也在州内注册。一些也需要他们显示州注册码和/或核验贴纸。

个人漂浮设备

所有船舶必须为每一位船上人员配备一件经过海岸警卫队认证的个人漂浮设备或救生衣（Ⅰ型或Ⅱ型或Ⅲ型）。Ⅴ型救生衣必须穿在身上才算符合前述规定。

个人漂浮设备必须性能良好，且随时可以投入使用（不能仍然放在其包装内尚未取出）。

个人漂浮设备必须有合适的尺寸，尤其是针对儿童的。

长度大于16英尺的船舶必须携带一件Ⅳ型可抛式个人漂浮设备，且随时可以投入使用。

视觉求救信号

所有船舶必须携带日间求救信号，除了长度小于16英尺的船舶和长度小于26英尺的不使用发动机的无甲板帆船。

可采纳的日间求救信号包括：一面橙色求救信号旗；三个手持式或漂浮式橙色烟雾信号，或三个日夜通用型红色照明弹（手持式、降落伞式、流星式均可）。

所有船舶在日落到日出期间航行时必须携带夜间求救信号：三个日夜通用型红色照明弹可以满足规定。

烟火类信号设备（烟雾信号和照明弹）必须在保质期内。

灭火器

凡使用舷内机或携带舷外机燃料的船舶及拥有可闭合舱室的船舶都必须携带灭火器。

灭火器应当使用B类，用于扑灭可燃液体的火灾。船舶长度不同，灭火器数量与尺寸也不同。

注意：经海岸警卫队认证的B-Ⅰ类相当于UL（美国保险商实验室）的5-B:C等级；B-Ⅱ类相当于UL的10-B:C等级。

声响设备

所有长度大于12米（39.4英尺）的船舶必须配备汽笛（正如航行规则所规定的）和雾钟，并按航行规则的规定发出声响信号。

长度小于12米的船舶必须能够发出“有效的声响信号”，可使用气喇叭、口吹喇叭、哨子。

在美国内陆水域，长度小于20米（65.6英尺）的船舶可不用雾钟。

航行灯

所有船舶必须按照航行规则在日落到日出期间或在能见度差的情况下展示航行灯（见第79页）。

排污铭牌

长度大于26英尺的船舶必须明示“禁止排油”标牌和MARPOL铭牌，铭牌上印着海上处置垃圾的规则。长度大于40英尺（含）的船舶还必须明示一份垃圾管理方案。

船用卫生设备（MSD）

船上安装的马桶必须与经过海岸警卫队认证的MSD连接。所有通向船外的排放口必须能够被密封。

航行规则

长度大于等于12米（39.4英尺）的船舶必须随船携带一本《航行规则》。

各州法规

各州也有各自的补充法规，合规船舶才能取得核验贴纸。

执法权

海岸警卫队及其他执法部门可以让休闲船舶停下，并登船检查船舶是否符合相关规定。如不符合规定会被处罚。

指导检查

海岸警卫队的相关附属机构或US Power Squadron可根据船东的需要前来指导检查，帮助船舶符合各项规定。

美国联邦法定运输工具设备要求		小于16英尺	16~26英尺	26~40英尺	40~65英尺
船舶注册及船体编号		 船体编号+注册证明	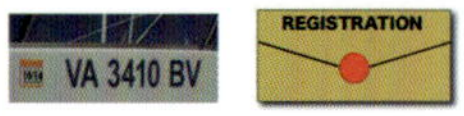 船体编号+注册证明	 船体编号+注册证明+船籍证书（如已注册）	 船体编号+注册证明+船籍证书（如已注册）
个人漂浮设备		 Ⅰ Ⅱ Ⅲ 1人1件（Ⅰ型或Ⅱ型或Ⅲ型）	 Ⅰ Ⅱ Ⅲ Ⅳ 1人1件（Ⅰ型或Ⅱ型或Ⅲ型）+1件Ⅳ型	 Ⅰ Ⅱ Ⅲ Ⅳ 1人1件（Ⅰ型或Ⅱ型或Ⅲ型）+1件Ⅳ型	 Ⅰ Ⅱ Ⅲ Ⅳ 1人1件（Ⅰ型或Ⅱ型或Ⅲ型）+1件Ⅳ型
视觉求救信号	白天	无须装配	 求救信号旗和/或3枚烟雾或日夜照明弹	 求救信号旗和/或3枚烟雾或日夜照明弹	 求救信号旗和/或3枚烟雾或日夜照明弹
	夜间	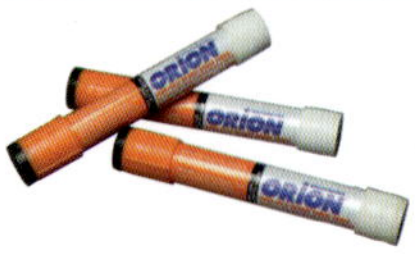 3枚夜间照明弹	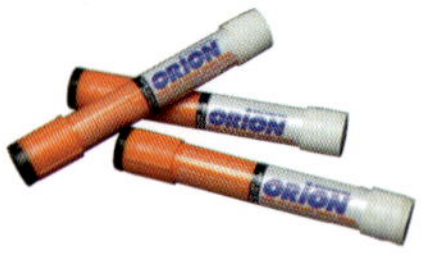 3枚夜间照明弹	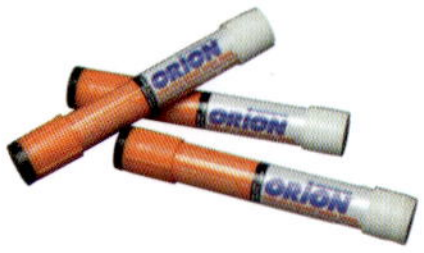 3枚夜间照明弹	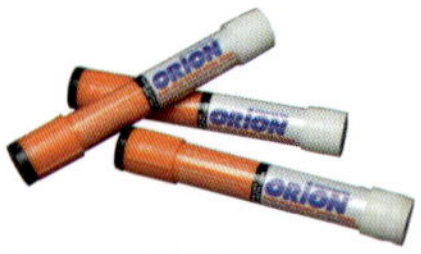 3枚夜间照明弹
灭火器		无须装配	 1只B-Ⅰ	 2只B-Ⅰ 或 1只B-Ⅱ	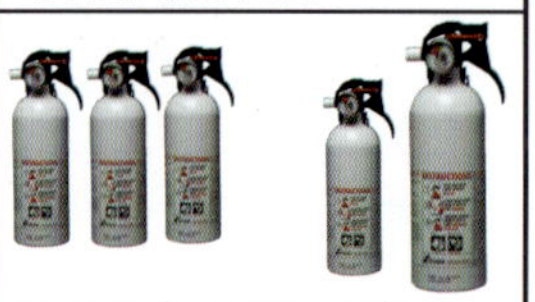 3只B-Ⅰ或B-Ⅰ和B-Ⅱ各1只
声响设备		 手持式气号或口吹号	 手持式气号或口吹号	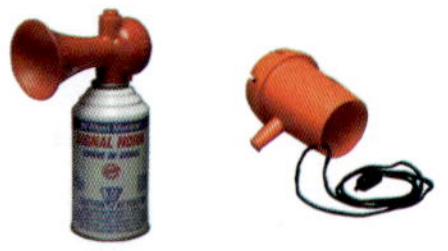 手持式气号或口吹号	 按规定配备汽笛
航行灯	无发动机		 推荐使用航行灯	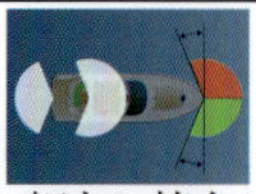 舷灯+艉灯+桅灯	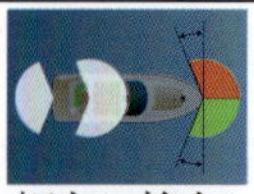 舷灯+艉灯+桅灯
	有发动机	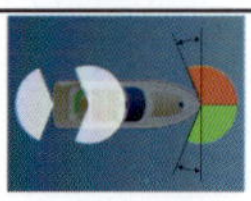 舷灯+艉灯+桅灯	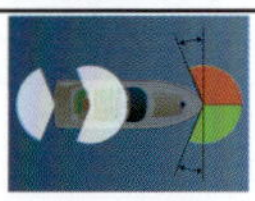 舷灯+艉灯+桅灯	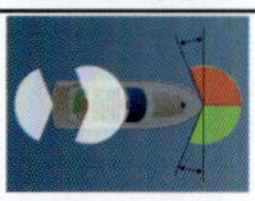 舷灯+艉灯+桅灯	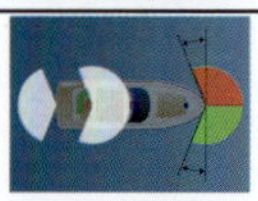 舷灯+艉灯+桅灯
	排污铭牌	无须装配	无须装配	 禁止排油+MARPOL铭牌	 禁止排油+MARPOL铭牌+垃圾管理方案
	船用卫生设备	通常没有	Ⅰ型或Ⅱ型或Ⅲ型	Ⅰ型或Ⅱ型或Ⅲ型	Ⅰ型或Ⅱ型或Ⅲ型
	《航行规则》	无须携带	无须携带	无须携带	随船携带 

汽油安全须知

船上很少使用汽油发动机，只有一些老船上使用。因为存在爆炸风险，汽油机的安装必须符合美国联邦法律的要求。汽油机的机油、冷却、排气系统与柴油机类似。

安全预防措施

汽油与空气会形成易爆混合物，遇到火花或明火就会点着。汽油蒸气比空气重，如果进入船舱或在舱内泄漏，会在舱底沉积。

船上有许多用电设备。如果维护不当，一些设备可能会产生电火花。许多简易开关每次使用时都会有火花。正因为有此安全隐患，故不能让燃料及其气体进入船内，在使用发动机或为其加油时尤其要注意。

最好的早期预警系统就是你的鼻子，操纵机动船之前，要在船内好好闻一闻。如果闻到汽油，在开船或打开电子设备开关之前，先让舱底排气扇运行10分钟。如果还有气味，检查一下是否有管道问题导致燃油泄漏。

启动汽油机

舷内汽油机与柴油机的操作步骤大致相同，但需要注意以下明显差别。

启动汽油机之前先要让舱底排气扇运行几分钟从而确保没有汽油气体在发动机周围徘徊以免碰到火花。（还有一个好办法就是打开发动机舱也闻一闻气味。）

与柴油机类似，汽油机启动前也要检查发动机挡位是否处于空挡，然后给一点点油门。

汽油机没有预热塞（电热塞）但有阻风门，下一步就是拔出阻风门。

转动发动机的启动钥匙，转到启动位置别松手，就和汽车上面一样。

等到发动机点火成功之后再松手。

在阻风门被拔出状态下让发动机短时间运行一会儿，然后把阻风门切换到“运行”位置。

确认有冷却水从排水口流出来。

在进挡位之前，继续让发动机再运行几分钟热热身。

想要关闭发动机，就关掉点火装置。

让舱底排气扇运行大约5分钟，让发动机舱的汽油气体消散。

加油

船在加油码头停妥后，灭掉所有明火，关掉所有电子设备，把蓄电池开关也关掉从而消除隐患。让船员上岸。把舱口、舷窗、舱梯盖板都关上。

找到加油口，上面一般会有文字标注。一定要非常小心，千万不要把汽油加进其他甲板开口。打开加油口。

与柴油机加油一样，把加油嘴紧紧地抵住进油管，以防止积聚静电。

当加完油、关闭油盖、放回加油喷嘴后，不要忘了打开舱口盖、舱梯盖板、舷窗，运行舱底排气扇约5分钟。闻一下船舱里面，如还有气味，继续运行排气扇直到气味消散。一定要等到所有汽油气体消散后才可以打开电子设备或发动机。

在上述工作完成之前，不要让其他船员上船。

舷外机

若为舷外机且使用可分离油箱，则拔出油管，取下油箱放到加油码头上去加油，这样加油过程中汽油气体不会驻留在船上，小心地加满油箱。

把油箱拿回船上之前，一定要把滴漏在油箱上的汽油擦干净，或让其挥发掉。

美国联邦法规

美国海岸警卫队（或其他有关部门）对使用汽油机的船舶进行安全检查时，会检查发动机及燃油系统是否合规。

■ 回火控制：所有汽油发动机（内置或外置）必须配备经认证的回火控制装置。

大部分汽油机安装了这种装置。任何人想要购买汽油机船舶但自己又不熟悉汽油机的，应当请机械师检查一下发动机是否合乎法律规定。

■ 通风：1980年8月1号之后生产的，且汽油机安装在密闭船舱内的船舶，必须配备动力通风系统。在该日期之前生产的船舶，必须配备自然通风系统或动力通风系统。

比如舱底的排气扇就是动力通风系统，能把舱底的空气抽出并排放到船外。这种排气扇不会产生火花，由蓄电池直接供电，在其他电子设备（可能产生火花）都关闭时也不影响其工作。

词汇表

A

Aback 反受风；当风在“错误”的一边

Abaft 在某某之后（向船尾）；例如“正横位后方”

Abeam 正横，与船的中心线呈直角

Accommodations （船内的）住宿生活区域

Aft 向船尾；或在船后

After 向着船尾

Aground 搁浅，船体或龙骨碰到海底

Aid to navigation 助航标志，浮标或其他用来指示航道、危险、导航特征的设备

Aloft 在甲板上方，往往指桅杆系统

Amidships 在船中部，朝着船中部

Anchor 锚，想让船停下时下放到海底的装置

Angle of attack 迎角，帆对着风的角度

Apparent wind 视风，船舶移动所产生的相对风与真风的结合体

Astern 在船尾后面

Athwartships 横穿过船的

B

Backing 让帆反受风的行为

Backstay 后支索，桅杆顶部与船尾之间的支撑索

Backwinding 见“Backing”

Ballast 压舱物，位于船舶底部的让船舶稳定的重物

Batten 帆骨，从帆后缘插入帆骨袋用来支撑帆布的狭长板条

Batten pocket 帆骨袋，缝制在帆布上用来放置帆骨的狭长口袋

Beacon 固定航标，固定安装在水上或岸上的航标

Beam（1） 船宽（船身最宽处的宽度）

Beam（2） 位于船头与船尾中间的船舷

Beam reach 正横风，帆向角，此时的风在船身正横位

Bear away 转向下风，船头远离风向

Beat, beating 近迎风航行

Berth（1） 船上的床

Berth（2） 泊位；绑船或停泊的地方

Bilge 舱底，船身内部最底层的空间

Bilge pump 舱底泵；用来将水抽离舱底的泵

Binnacle 罗经基座；放置船用主罗经的底座

Blanketed 被遮挡，比如正顺风航行时主帆挡住了前帆的风，前帆就是被遮挡

Block 滑轮

Boathook 船钩，一头有钩的杆子，用来钩住线缆或索环

Bottom 海底；海床或任意水体的底部

Boom 横杆，用来支撑主帆的帆脚

Boom vang 斜拉索，操控索具的一种，利用滑轮组能把横杆往下拉紧

Bow 船首；船的前部

Bowline 单套结；在线缆尾端打一个线圈

Bow line 船首缆，一种缆绳，或称码头绳，用于把船头系到码头上

Broad reach 侧顺风，帆向角，此时的风向位于正横风与正顺风之间

Bulkhead 舱壁，船舱内分隔舱室用的直立的隔板、木墙壁

Buoy 浮标，锚定于海底的漂浮物

By the lee 正顺风航行时风从主帆同侧吹来，此时很危险，往往是意外顺风换舷的临界状态

C

Cabin 船舱，船内部的空间

Cam cleat 凸轮夹绳器，固定绳索的装置，利用弹簧带动夹钳使绳索固定住

Can buoy 罐形浮标，圆柱体浮标，一种航标

Capsize 翻船

Cardinal point 基点，四个最基本的罗经点：北、东、南、西

Cast off 完全解开绳索；完全解开一个被绑紧的线缆

Catamaran 双体船；拥有两个船体的船

Centerboard 稳向板，从船底向下旋转的板体，用来提供侧向阻力

Chafe 磨损，因摩擦而导致帆或线缆磨损

Chafing gear 防磨损装置，用来防止磨损的材料

Chainplate 支索底座/链盘，安装在船身的金属构件，用来连接支索

Channel 航道，狭窄的水上通道，若位于深水区则由航标来标示

Chart 海图

Chart table 海图桌，导航时使用的桌子或桌椅

Chock 导缆钩，一个由缆绳穿过的固定导缆

Cleat 羊角，把受力的缆绳固定住的装置

Clevis pin 销轴，带U形锻压头的销子，一种用来固定索具的销子

Clew 帆后角，帆下部后部的一角

Close-hauled 近迎风，帆向角，此时的帆最贴近风向

Close reach 远迎风，帆向角，此时的风向位于近迎风与正横风之间

Closest tack 最近受风舷，近迎风航行时，哪一舷受风能够让船与

目的地之间的距离最短，该舷就被叫作最近受风舷

Coachroof 舱顶，中舱的“屋顶”

Coaming 驾驶舱栏板，阻挡甲板的水流入驾驶舱的低矮的围栏

Cockpit 驾驶舱，船上掌舵控帆的区域，往往是甲板凹陷的那块区域

Coil（1） 打捆；把绳索整齐地绕起来

Coil（2） 绳捆；被整整齐齐绕好的绳圈

Cold front 冷锋，移动中的冷气团的边缘

Companionway 舱梯口，从驾驶舱或甲板进入船舱的通道

Compass 罗经，根据地球磁场指示方向的仪器

Compass card 罗经标度盘，罗经内刻有度数和/或罗经点的圆盘

Compass rose 罗经花，海图上两个以同心圆形式出现的罗经标度盘，一个对应真北，另一个对应磁北

Cotter pin 开口销，一种插销，比如可以用来防止U形锁栓脱落

Course 航向，船舶行进的方向

Cringle 索眼，缝合在帆上的绳环或金属环

Cunningham 主帆下拉索，用于拉紧主帆前边的绳索

D

Daggerboard 中插板，船底的一块垂直向下的板，用来提供侧向阻力

Deadlight 固定式舷窗，不可打开

Deck 甲板

Deviation 自差，由船上的磁场引发的罗经的误差

Dinghy 小艇

Dividers 圆规

Dock（1） 码头

Dock（2） 靠泊，停靠（动词）

Dock line 缆绳，码头绳

Docking 靠泊，停靠（名词）

Downhaul 下拉索，用于拉紧帆前缘的绳索，具体操作是在桅杆横杆连接器将横桅向下拉紧

Downwind 顺风，下风，与风的运动方向一致

Drag 拖锚；锚在海床上滑行，没有钩住

Draft（1） 吃水深度，船体在水面以下的深度

Draft（2） 弧深，帆面弯曲的弧度

E

Ease 放松（受力的绳索）

Ebb tide 落潮

Eye of the wind 正迎风，风眼

F

Fair 顺畅，没有障碍

Fairlead 导缆，能够使绳索顺畅运行的装置，通过正确的角度将绳索引向绞盘、羊角或其他装置

Fake, flake 摆绳，将线缆以平行长度摆开，目的是让绳索能够顺畅运行

Fall off 顺风偏转，船头远离风向

Fender 防撞球，通常是充气的橡胶圆柱体，用来放在船与码头之间起到防护作用

Fetch 风区长度，风不受阻碍所吹过的距离

Fiddle rail 边框、桌边框，家具平面，桌面，搁板周围凸起的部分，用来防止餐具或其他物品滑落

Fitting 安装件，固定在船上或桅杆上的金属部件

Flake 折叠，把物体均匀、宽松地折叠好，比如叠帆

Flood tide 涨潮

Foot 帆脚，帆的底边

Fore-and-aft 纵向地，与船的中心线平行地

Foredeck 前甲板，甲板的前部，通常在最靠前的桅杆之前

Fore-reach 远迎风缓行，在恶劣天气时采用的航行技巧，大大减少帆的数量与面积

Foresail 前帆，主帆前缘的帆，通常是前帆或jib帆

Forestay 前支索，从前面支撑桅杆的支索

Forward 朝向船头

Fouled 缠绕的，缠住的

Freeboard 干舷，船体露出水面的高度

Full 满帆，帆没有飘帆或拍打的状态

Furl 卷帆，把帆卷在帆桅或支索上

G

Galley 船上的厨房

Gear 装备，船上装备的统称

Genoa 热那亚帆，一种大前帆，其后部能够延伸到桅杆后方

Give-way vessel 让路船，根据航行规则，为了避免相撞而应当改变航向或速度的船舶就是让路船

Glow plug 预热塞、电热塞，在柴油发动机启动之前加热汽缸的装置

Going astern 向后退

Gooseneck 横杆桅杆连接器，连接横杆与桅杆的铰接装置

Grommet 金属环，装在帆上的金属环

Ground tackle 锚具，船上的锚与锚链锚索的统称

Gunwale 舷边，甲板边缘与船身连接的地方

Gust 阵强风，只持续一段时间的风力增加

H

Halyard 升帆索，用来升帆降帆的绳索

Hank 挂钩，把帆前缘挂到支索上的金属夹子或织物搭扣

Hatch 舱口，甲板上有盖子的开口

Head（1） 帆上角，帆的顶角

Head（2） 船上的卫生间

Head to wind 顶风，船头对着风向

Headboard 帆头板，帆上角的加固件

Head down 顺风偏转，船头远离风向

Header 不利风摆，迎风航向上，风向相对于船向船头（前）摆

Headfoil 前帆卷帆轨，安装在前支索上的金属或塑料套，升前帆时要把帆前缘带塞进该套

Heading 船首向，船头所指的方向

Headsail 前帆，位于最靠前的桅杆之前的帆，通常是前帆

Headstay 前支索，桅杆顶部与船头之间的支撑索

Head up 迎风偏转，船头贴近风向

Headway 前进

Heave-to 缓行，通过帆与舵的配合让船保持几乎不动的状态

Heel 侧倾，由于风力的作用使船身向一侧倾斜

Helm 转舵装置，舵柄或舵轮，用来控制船的方向

Helmsman 舵手，操作的人

High pressure 高压，高气压占据的区域

High tide 高潮

Hoist 升起

Holding tank 污水箱；存放污物的箱体

Hull 船体

I

Inboard 舷内，朝着船内；向着船内；在船内

In irons 顶风区；无法航行，船正迎风，无法进行

J

Jackline 甲板安全带，固定在甲板上的绳索，用来扣住安全绳

Jammer 卡绳器；钢丝芯撑

Jib 前帆的一种，安装在主桅杆前方的一面三角帆

Jibe 顺风换舷，让船转向，船尾穿过风

Jibsheet 前帆缭绳，连接在前帆帆后角的缭绳，用来调节受风角度

Jump 拉升帆索，升帆的时候在桅杆处拉升帆索

K

Kedge 副锚

Kedge off 抛副锚移船，用小锚拉船使船摆脱搁浅的方法

Keel 龙骨，船底的一个重要结构；帆船的龙骨常常是鳍状的且带有压载物

Keelboat 龙骨帆船，具有龙骨及压载物的帆船

Knot（1） 绳结

Knot（2） 节，速度单位，每小时一海里

L

Land breeze 陆风，地面空气冷却后流向水面所形成的风

Lazy 空闲的，用来说明缭绳的状态，比如位于上风处的不受力的前缭，就是空闲前缭

Leech 帆后缘，帆的后面的那条边

Lee 下风

Lee helm 下风舵，帆船航行时所表现出来的顺风偏转的趋势

Lee side 下风侧

Lee shore 下风岸，风吹向岸，这个岸就是下风岸

Leeward 下风处，船上远离风的那一侧

Lifeline 救生索，甲板周围由支柱支撑着的钢索，用来防止人员落水

Lift 抬升，有利风摆，迎风航向上，风向朝船尾（后）摆

Line 线缆；一段在船上有特定用途的绳索

Locker 锁柜

Logbook, log 日志，航海日志

Low pressure 低压，低压区，低气压占据的区域

Low tide 低潮

Lubber's line 船首基线（罗经里面一条固定的线，用来表示船首向）

Luff（1） 帆前缘，帆的前面的那条边

Luff（2） 飘帆，由于船头太贴近风从而导致的帆的飘动

Luff（3） 迎风偏转让帆飘

M

Magnetic North 磁北，地磁北极的方向

Main boom 主帆横杆，支撑主帆的横杆

Mainmast 主桅杆，帆船上最主要的那根桅杆

Mainsail 主帆，安装在主桅杆后侧的帆

Mainsheet 主缭，控制主帆横桅的缭绳，等同于在控制主帆

Make fast 系住，比如把绳索绕在羊角上

Mark 标记，泛指航标

Mast 桅杆，垂直固定在船上的杆子，用来支撑一面或多面帆

Moor 系泊，用缆绳来停泊船舶

Mooring 系泊点，长期固定在水底的用来系泊船舶的锚

Mooring buoy 系泊球，与系泊点相连的浮标，用来让船系泊

Multihull 多体船，具有多个船体的船舶

N

Nautical chart 海图

Navigate 导航；引导船只在水体上穿行

Navigation 导航

Navigation light 航行灯，常常称作号灯，船舶在夜间或能见度不良的情况下航行时必须显示的灯

Navigation Rules 航行规则，为了防止船舶碰撞而设立的规则

Neap tide 小潮，上弦月、下弦月的时候发生的潮汐

No-discharge zone 禁排区，禁止排放污水的区域

No-sail zone 无法航行区，由于帆与风之间的角度关系而导致帆无法产生驱动力的区域

Nun buoy 锥形浮标，一种航标

O

Off the wind 顺风；风从船后侧吹来时的帆向角

On the wind 迎风；风从船前侧吹来时的帆向角

Outboard（1） 在舷外；远离船的中心线，在舷边外

Outboard（2） 舷外机，安装在船尾的发动机

Outhaul 主帆后拉索，用来拉紧主帆帆脚的绳索

P

Parallel rule 平行尺

Pendant 短绳，比如系泊用的短绳

Pier 桥墩；码头

Pinch 帆船航行时太贴近风以致飘帆

Point of the compass 罗经点，传统罗经刻度盘上把360° 平均分成32个表示方向的点，这些点就是罗经点

Pontoon 浮动码头，一种系泊并且漂浮在水上的装置，用来系泊船舶

Point of sail 帆向角，航向与风向的角度

Port（1） 港口

Port（2） 左舷，人站在船上，面朝船头时左侧的船舷

Portlight 可开启舷窗

Port tack 左舷受风（风从船的左侧吹来）

Prop walk 螺旋桨致偏效应，螺旋桨工作时导致船尾侧向甩动的现象

Prop wash 螺旋桨排出流，螺旋桨工作时逆向推开的水流

Propeller 螺旋桨，带有多片辐射状桨叶的设备，旋转时能够推开水或空气从而产生推力

Puff 一阵风，短时间风力增大，但力量小于狂风

Pulpit 护栏，船头或船尾的护栏，通常用来连接救生索

Q

Quarter 艉舷，船身最宽处与船尾之间的部分

Quarter berth 艉舷床铺，船舶住宿生活区域位于艉舷部分的床或铺位

Quay 码头、埠头，船舶靠泊并装卸货物的地方

R

Radar reflector 雷达反射器，让船舶更容易被雷达识别的装置

Range（1） 范围，距离

Range（2） 叠标，两个参照物排成直线便于参照航线，如通过航道时就会用到

Raw water 原水，从船外直接抽进来的水

Reach 横风，帆向角，此时的风向位于近迎风与正顺风之间

Reef（1） 暗礁，通常指淹没于水面之下的岩石或珊瑚礁，对航海构成威胁

Reef（2） 缩帆，缩小帆暴露在风中的面积

Rig（1） 装，安装，比如装主帆

Rig（2） 帆装；帆装总成；帆桅总成；帆桅配置（帆船上所有的帆、桅、索具的总称；帆船上所有的帆、桅、索具的搭配方式，比如一根桅杆两面帆，或三根桅杆十面帆）

Rigging 索具，用来支撑桅杆或控帆的绳索或钢索的总称

Rode 锚缆，连接船和锚的绳和/或链

Roller furling 卷帆器，用来把帆卷到支索上的工具

Rope 绳子

Rope clutch 夹绳器，把绳索夹紧从而固定住绳索的装置

Rudder 舵，船底的可活动装置，用来操控船舶航向

Run 正顺风/尾风，帆向角，此时的风向位于船的正后方

Running rigging 活动索具，用来升帆、降帆、调帆的可调节的索具

S

Safety harness 安全吊带，穿在身上用来提供安全的背带，上面可以挂一根安全绳

Safety tether 安全绳，一根坚韧的绳子或带子，两端有金属扣

Sail tie 绑帆带，用来捆绑帆的带子

Sailcloth 帆布，用来制作帆的材料

Sailing by the lee 意外顺风换舷的临界状态，正顺风航行时，风从主帆那一侧吹来

Saloon 客厅，船舶住宿生活区域内

用于进餐和休息的地方

Scope 锚链长度比例，施放的锚链长度与水深加船首出水高度的比例

Scupper 排水孔

Sea breeze 海风，地面的热空气向上升腾，海面上相对较冷的空气就向岸上移动所形成的风

Seacock 通海阀，船用阀门，通常安装在穿舱件上

Secure（1） 固定

Secure（2） 安全

Self-tailer 自紧臂，绞盘上的一个装置，能够在绞盘转动时自动收紧绳尾

Shackle 卸扣，索具上使用的金属连接件，能闭合

Shackle key 卸扣钥匙，用来拧紧或拧松卸扣的工具

Sheet 缭绳，用来控制帆相对于船和风的角度的绳索

Shorepower 岸电，连接岸上的供电设备使船获得的电力

Short sheet 短缭绳，一根临时使用的缭绳，用来转移工作缭绳所受的力

Shroud 侧支索，给桅杆提供横向支撑的索具

Sidedeck 侧甲板，位于半露船舱和船舷边缘之间的甲板

Sidelight 舷灯，左舷或右舷的航行灯，可见光范围从船头正前方到该舷灯所在一舷的正横后22.5°

Slab reefing 折叠缩帆，一种缩帆的方法，主要特点是降一部分帆从而缩小帆暴露在风中的面积

Slack water 平潮，潮水不涨不落的阶段

Slip 狭窄泊位，挤在码头、桥墩、水中立柱之间的停泊水域

Sloop 单桅纵帆船，这种帆船有一根桅杆、一面主帆、一面前帆

Snatch block 抓取滑轮，可以打开直接抓取绳索的滑轮

Snub 挽桩，通过将其绕在羊角或绞盘上的方式，拉住受力的绳子

Spar 杆具，用来支撑帆的杆子，比如桅杆、横杆

Spinnaker 对称球帆，又大又轻的圆形帆，用于顺风航行

Spreader 撑臂，桅杆上的横向支柱，用来撑开侧支索使其远离桅杆

Spring tide 大潮，新月、满月时发生的潮汐

Stanchion 支柱，用来支撑救生索的金属杆子

Standing rigging 固定索具，用来支撑桅杆的索具，这些索具的位置基本固定不动，比如前支索、后支索、侧支索等

Stand-on vessel 直行船，两船相遇时必须保持航向与速度的船

Starboard 右舷，人站在船上，面朝船头时右侧的船舷

Starboard tack 右舷受风，风从船的右侧吹来

Stay 支索，一种固定索具，用来支撑桅杆

Steaming light 蒸汽灯，又称桅灯，一种航行灯，灯光范围从船头到每一舷正横后22.5°；正在使用发动机的帆船应当显示桅灯

Stemhead fitting 船首件，船头的一个装置，用来连接前支索、前帆的帆前角

Stern 船尾

Stern light 船尾灯，一种航行灯，灯光范围从船尾到每一舷正横后22.5°

Stow 收好，放好

Stripping arm 自紧臂的一部分

Surge 退滑，放松正在受力的绳索，但该绳索仍然绕在羊角或绞盘上并且处于受控状态下

Swinging room 摆动空间，锚泊的船受制于所施放的锚链长度而自行在水面摆动的范围

T

Tack（1） 帆前角，帆前缘下方的角

Tack（2） 迎风换舷，抢风行驶，调转船头使其穿过风从而改变航向

Tack（3） 受风、受风舷，根据船舷受风情况来描述航向的术语，如port tack左舷受风，starboard tack右舷受风

Tackle 滑轮索具，穿过一系列滑轮的绳索，用来增加机械拉力

Tail（1） 绳尾，工作绳索绕在绞盘或绳索制动装置后面的尾端部分

Tail（2） 拉绳尾

Tail bag 绳尾袋，收纳绳尾的袋子

Telltale 气流线，系在帆上的又轻又短的布条，用来指示空气的流动从而有助于控帆

Through-hull fitting 穿舱件，船体上的一个部件，通过它把水抽入或排出船体

Tidal range 潮差，高潮和低潮的水位高度之差

Tide 潮汐，受到日月引力作用而产生的海面周期性涨落的现象

Tiller 舵柄，一根杆，用来控制舵的角度从而控制船的方向

Toerail 脚挡

Topping lift 横杆吊索，当横杆没有被帆支撑时，用来支撑横杆

Transom 船尾板，船体尾部的闭合船体的平板

Traveler 滑车，一套滑车、滑轨系统，能够让主缭与甲板的连接部位横向移动

Trim（1） 控帆，通过拉缭绳来控制帆

Trim（2） 帆相对于风的位置

Trimaran 三体船

True North 真北，地球北极的方向

True wind 真风，人在一个固定不动的地方感受到的风

Trunk cabin 半露舱，甲板向上凸起的船舱部分

Turnbuckle 花篮螺丝，用来收紧钢索类索具的螺母

Twist 扭曲，受到风的影响而产生的帆的底部与顶部的迎角不同，从而产生的帆体的扭曲

U

Upwind 上风；风吹来的方向

V

Vang 斜拉索，一种操用来收紧杆具的活动索具，如横杆斜拉索

Vessel 船舶，各类船的总称

Variation 磁差，磁北与真北的偏差

V-berth V形床铺

W

Warm front 暖锋面，移动中的暖气团的边缘

Waterline 水线，船身外面与水面的交线

Weather helm 上风舵，帆船航行时所表现出来的迎风偏转的趋势

Winch 绞盘，一个带有齿轮驱动的鼓轮的装置，通过手柄操纵，在拉动绳索的时候放大机械力；还可以用来挽桩

Windage 风阻，船身、帆装及甲板以上其他结构部件对风形成的阻力

Windward 迎风

Windward side 迎风面

Windlass 锚机，一种用来收放船锚的特殊的绞盘

Wing on wing 蝴蝶帆，顺风航行时前帆和主帆分别位于船的两侧

Winging the jib 采用蝴蝶帆方式航行

Working 受力的，用来说明缭绳的状态，如当前正用来控帆的缭绳就是工作缭绳

Z

Zephyr 夜风，一种轻风，适合夜间航行

索引

页码表示该页含有相关内容；粗体页码表示该页还有插图。

A

安全 36~41
  汽油 156
安全导索 38
安全区域 75
安全装备 10，38~41，130
  检查 **14**
  安全背带 **38**，39，**65**
  安全绳 **38**，39，**65**
岸上供电 12

B

波浪 93，116
补给 45，141

C

舱口 9，17，126，147
操纵受限 27，74，75
侧面航标 **80**，**81**
侧顺风 **63**，93
侧向阻力中心（CLR） **48**，49
侧支索 **4**，128
缠绕 126，127
潮汐 121，140
乘客 36，37，142
抽水泵 **11**，17，**18**
抽水泵—淡水 **46**
储物柜 **3**，7，**17**
船舶停放 144~147
船舶之间的责任 74，75
船舱 6，7，**8**，**9**，**44**，45，147
船员安全事项 143
船员轮岗 37
船员招募 140
船长讲话 143
船长责任 16，36，37

D

淡水 11，**46**
倒缆 **102**，**103**，144
  停靠 26，**106**，108，109
倒退 23，**25**，30
低温症 **137**
底舱抽水泵 **11**，17，**18**，41，127，147
电子设备 **11**，147
电子导航 **87**
电子通信 122，123
掉落水中 **136**，**137**
叠标 95
对遇局面 **74**
多级缩帆法 64
舵 **5**，30，49，126
  操舵系统 3，5
  丢失 127
  居中 19，104
舵轮 3，5，19，25
  “中心点” 19，27

F

发动机 **13**，20
  启动柴油机 **21**
  关闭柴油机 21
  停船 22
  维护与加油 54，55
  停放 146，147
  汽油 156
帆
  准备 20，**56**，57
  应对各种情况 **50**，**51**
  卸力 50，**62**
  升帆 **58**，**59**，111
  营救落水人员 132
  存放 146
帆罩 56
方位 94，95
防磨损装置 110，**144**
防水 **17**
防撞球 26，107
废水 11
分道通航制 **76**
风
  估计速度与方向 19，120
  靠码头 **26**，**108**，**109**
  迎风航行 **49**
  调帆 **50**，**51**
  视风 **60**，93
  罗经 **92**
  离码头 **105**
  影响 116
  预报 117，118
  变化预兆 118，119
风力发电机 **13**
服装 142
浮标 **80**，**81**，95，121
  系泊 110，**111**

G

搁浅 **125**
  个人漂浮设备（PFD） 39，65，**130**，154，155
  个人装备 142
固定航标 80
管道 **11**，147
规定 154

H

海岸警卫队 **37**
呼叫 122~125，131，137
海风/陆风 118
海里 86
海图 **40**，82，**83**，140
海图桌 6，**7**，**10**
航标 **80**，**81**
航道 4，122，124，131
航点 87
航行规则 27，72~79，**97**，154，155
航行计划 140~143
航行礼仪规范 27
航迹标绘仪 **87**
航向修正 **91**
航向绘制 **85**，140

号灯 **79**，154，155
横杆吊索 57，64
横杆斜拉索 57，62~64
呼救
MAYDAY 123，129，131
PAN PAN 123，129，131
SECURITÉ 123，118
弧度 60，**61**
滑轨 57，62
缓慢前进 67
缓行 **66**

J
机动船 75
系泊 **110**，**111**
夹绳器 **66**
甲板 **4**，5
走动 4，**38**，39
检查 **18**
安全 **38**，**39**
停放 **146**，147
驾驶舱 **3**，**19**，**57**
减少热量散失的姿势（HELP）**136**
交叉相遇局面 74
绞盘 **54**，**55**
叫扔指按呼（YTPSC） 131
紧急情况 124~129
近迎风 **49**，61，93
救生衣 **10**，**16**，38，130，143
检查 16
穿 38，51，**65**
在水中 **136**
救生索 **135**
距离计算 86，140
军舰 75

K
可抛式设备 **16**，130，131，154
快速停船法 132

L
垃圾 46，147，154
缆绳
绳圈法 **103**
准备 106，107
系泊 110
停放 **144**，**145**
雷达反射器 **41**，72
雷雨 99，**119**，140
冷休克 137
联邦设备运输要求 154~156
瞭望 **72**
漏水 **126**
路线 87
罗经 **84**，91
海图 **85**
转向 **90**
航行 **92**，93
方位 **94**
罗经花 **85**
找出方位 **94**
罗经座 **5**
螺旋桨 **23**，25，26，107，**133**
螺旋桨尾流 23，**24**，30，104
螺旋桨致偏 **23**，24~26，104，108
落水人员 130~137
装备 **16**，**130**
标记杆 **39**，**130**
营救 131~134
使用发动机 **133**
救生索 **135**
在水中 **136**
低温症 **137**

M
码头
使用发动机 26，102~109
离开 104，105
停放 **144**
锚 5，**40**，79
下锚 99，125，127
锚更 **100**，101
起锚 101
锚泊 96~99
锚地信息 97
锚机 101
锚具 96
美国内陆水域航行规则 74
灭火器 **10**，16，129，154，155
铭牌 46，154，155

N
NOAA 82，**83**，116，121
能见度不良 78，79，95
扭曲 60，**61**，**62**，**63**

P
排油 42，154
烹饪区 **6**，**7**，**45**，147
炉子 45，129
偏航 49，93
漂动空间 **98**
平衡 48，49

Q
气压 120
汽笛 130，136，154
汽油 28，29，156
前帆
缩帆 **51**，**65**
升帆 **59**
调帆 61，**62**，63
扭曲 **62**，63
使用发动机 67
存放 146
前帆卷帆索 57
前缭 57，59，61，62，128
前缭—滑轨 61~63，65
潜水者 **27**
全球定位系统（GPS） **99**，143

R
燃料 28，43，45，129，156
让路船 72~75
热水 46
日志 86，147

S

三点转弯法 **24**

上风摆（迎风摆） 92

升帆索 56~58，61，64，128，146

绳结 148~149

绳梯 **134**

失火 129

失去控制的船舶 74

时间 86，95，140

使用发动机航行 67

使用发动机控船 22~26，102~108

事故 124

手电筒与闪光灯 **16**，41，84

手机 40，122，123

受风舷

  不同的受风舷 **73**

  最短距离受风舷 92

数字选择呼叫（DSC） 122

水流 **91**，107，121，140

水手刀 **41**，84

水箱 11，46，147

顺风舵 48

速度 22，78

  仪器 18

  估计 86，140

缩帆 50，**51**

  航行中 **64**，**65**

缩帆索 57，64，65

索具

  检查 **18**

  动索 **56**，57

  故障 128

T

太阳能板 **13**

天气 116~121

  仪器 19，**120**

  预报 116，117，140

  天气图 **117**

调帆 60~63，65

  与舵配合 49

  术语 60

停船 22，25，30，132

停放 144~147

通风 **9**，157，166

通海阀 **11**，20，147

头舱（卫生间） 16，**8**，**47**

拖船 124，125

V

VHF 无线电通信 40，143

  使用 122，123

  紧急 122，124，131

VHF 无线电台 122，123

W

桅杆断掉 118

桅杆内置式卷帆器 **59**

尾流 27

卫生设备 47，154，155

物品摆放 **4**，7，**17**

雾 78，120

X

系列参照物 **95**，**100**

狭水道 74

  操纵 105

  停泊 **145**

下风岸 67

舷窗 **9**，**17**

舷外机 28~31，127

  汽油 28，156

  小艇 31

限于吃水 75

小船气象公告 116

小锚移船 **125**

小艇 31，134

效力中心（CE） **48**，49

卸扣 **18**

新的港口 **143**

信号

  视觉信号 10，154，155

  操纵和警告 77

  声响信号 77，78，154，155

  能见度不良 78

信息监管航标 80

蓄电池 **12**，13

蓄电池选择开关 **13**

Y

沿岸航道 **82**

药物 40，142

仪器 19，**120**

迎风舵 48，49

迎风换舷的角度 93

应急舵柄 5，**127**

游泳者 27

渔船 **75**

遇险呼救 122~124，129，131

遇险信号 10，154，155

远迎风 **62**，93

Z

照明弹 10，**16**，**124**，129，154，155

正横风 **62**，63，93

正顺风 **63**，93

直行船 72~75

主帆

  调帆 49，62，63，**65**

  缩帆 **51**，**64**

  升帆 **58**，111

  桅杆内置式卷帆器 **59**

  弧度和扭曲 **61**

  使用发动机 67

  存放 146

  主缭 57，61，62，128

注册 154，155

转向 5，19，30

  罗经 **90**

  故障 127

转移缭绳 149

追越 **73**

走动 4，**38**，39

复习题答案

第二章第32页的答案

1. 自动排水
2. 花篮螺丝
3. 高（或迎风）
4. 驾驶舱锁柜
5. 应急舵柄
6. 舱底
7. 通海阀
8. 可燃液体（或石油）
9. 12，直流，蓄电池
10. 岸上供电，充电器，发电机
11. 选择，发动机用电
12. 开口销（或环销）
13. 水，排水口
14. 燃料
15. 空挡
16. 排出流
17. 螺旋桨致偏效应
18. 左侧（或左舷）
19. 休闲潜水，A
20. i 花篮螺丝
    g 支索底座
    c 脚挡
    f 舱口
    h 驾驶舱栏板
    d 驾驶舱地板
    j 舱梯
    b 主绞盘
    e 罗经座
    a 船首组件
21. d 厨房
    i 沙龙区
    f 海图桌
    c V形床铺
    e 洗手间
    a 艉舷床铺
    g 可开启舷窗
    b 储物锁柜
    h 船舱地板

第四章第68页的答案

1. 船长，船，船员
2. 安全绳，安全背带，安全带
3. 大风大浪，恶劣天气，水温低，夜航，能见度低，走出驾驶舱，船边上没有救生索，身体不适
4. 手机，VHF无线电对讲机，备用绳索、麻线，海图，作图工具，锚，望远镜，急救箱，工具箱，水手刀，手电筒/闪光灯，钟，船钩，便携式水泵，软木塞，水桶，雷达反射器
5. 发动机，油量计
6. 过滤器，冷却
7. 缓慢
8. d
9. 3
10. 冷却，岸电
11. 船用卫生，污水
12. 迎风偏转，放松主缭，把主缭滑轨滑向下风处，把可调节后支索收紧，收紧主帆后拉索，主帆缩帆
13. 主帆后拉索，弧深
14. 后，前
15. 远迎风
16. b; a; c
17. 侧顺风
18. 前
19. c; a; d; b

第六章第112页的答案

1. 正横，尾（或艉）
2. 意图，回复
3. 左舷，追越
4. 五（5），倒
5. 雷达反射器
6. 舷，白
7. 推荐
8. 航向，船首向
9. 磁差，罗（或罗经）
10. 磁铁，工具，手电筒，闪光灯，手机，VHF无线电对讲机，含铁物品
11. d; a; c; b
12. d; c; b; a
13. a; c; b
14. c
15. 指向（或指着），行驶（或驾驶、航行、前进）
16. 对着（或朝着、迎着）
17. 倒缆
18. 手，脚，防撞球
19. 手势

第八章第152页的答案

1. VHF，天气
2. 雷暴，大风
3. 潮湿，低
4. 大，满
5. a; b; c
6. 流向，速度
7. 放松，空挡
8. 小锚（或辅锚）
9. d
10. 空挡
11. 桅杆（或主桅杆），升帆索
12. 出现故障的电力线路，燃料，汽油，酒精，液化石油气，柴油，丙酮，煤油，丙烷
13. 船可以更加靠近落水船员
14. 迎风换舷，前缭
15. HELP或减少热量散失（的）
16. 对，错，对，错
17. 锚地（或码头、系泊点等）
18. 救生衣，灭火器，照明弹，无线电对讲机，行程，操作指导，靠港离港方案，任务分配

致谢

ASA深深感谢以下人员：Cobham Commercial Systems提供第130页的闪光灯图片;NOAA提供第76页、第83页的海图；Dave Norton为我们把海图转为数字格式。